KB153303

신인문이란 무엇인가

박용수 지음

신인문이란 무엇인가

박용수 지음

도서출판 섬영사

§ 이 책을 읽는 분을 위한 9가지 도움말

하나 그 어떤 선입관이나 주관적 지식을 던져 버리고 벌거벗은 영혼과 양심으로 읽기 바랍니다.

현대인의 절대다수는 물질이나 전통. 그리고 종교나 이념의 노예가 되어 있기에 스스로도 느낄 수 없는 선입관을 깔고 있지요. 그러다 보니 그 영혼의 틀속에 있는 논리만으로 세상을 보게 됩니다. 이미 논리의 출발점에서부터 비논리가 깔려 있는 것이죠. 이 책에서 핵심적으로 다루고 있는 '변질된 이성' 때문이죠.

진정한 사랑과 행복은 원초적 자유의지에 바탕을 둔 논리적 사고에 의해 달성된다는 것이 이 책의 메시지입니다.

둘 사랑과 행복이 이 책이 추구하는 핵심목표라는 것을 반드시 기억하고 읽기 바랍니다.

다양한 내용들이 복잡하게 얽혀 있고 되풀이 글도 많이 있지만 깊이 들여다보면 삶의 두 가지 보석인 사랑과 행복을 갈고 닦는 데에 필요한 논리적 연장들에 불과하지요.

누구나 성공을 하면 영혼과 물질이라는 두 마리 토끼를 잡게 되는 데 그 중에 물질이라는 토끼는 풀밭에 다시 풀어주어야만 진정한 성공으로 발효되어 사랑과 행복으로 승화된다는 것이 바로 이 책의 핵심 주제죠.

셋 논리를 생명처럼 여기며 완성되었음을 염두에 두고 읽기 바랍니다.

아무리 철통같은 전통이나 대중상식이라도 비논리적 부분이 발견되면 집요하게 끄집어내어 시시비비를 가리니 전통이나 관습에 익숙해진 근본주의자들의 마음을 상하게 하기도 합니다.

그러나 어쩔 수가 없군요. 지금 인간사회는 완벽한 논리로 이루어진 대자연과 다릅니다. 대부분의 문화들은 원초적 비논리가 뿌리 깊게 박혀 있어 사회를 모순과 파멸로 재촉하고 있기에 바라만보고 있을 수가 없지요.

인문은 자동차 조립공정과 똑같습니다. 수백 가지의 공정과정 속에 하나의 과정만 비논리적이어도 조립된 완제품은 불량이 됩니다. 더군다나 공정과정의 초기에 하나의 비논리라도 끼어들면 치명적 결함을 가진 완제품이 됩니다.

바로 오늘날의 인문과 똑같지요.

넷 특히 연결성과 균형성의 논리에 역점을 두고 있다는 것을 염두에 두고 읽기 바랍니다.

어느 부분만을 강조하는 나무의 인문이 아니고 연결과 균형을 중시하는 숲의 인문이기에 27년이라는 오랜 세월이 걸린 것이죠.

연결성과 균형성이야말로 삶속에 얽혀 있는 원초적 비논리를 제거할 수 있는 중용철학의 바탕이지요.

다섯 '소통'을 매우 중요하게 다루었습니다.

소통은 '인간사회의 평화공존'과 '개인의 사랑과 행복'이라는 두 가지 희망을 동시에 해결해 주는 유일한 열쇠이며 논리와 직결되어 있는 용어이기 때문입니다.

'국가 간의 전쟁'이나 '개인의 불행'의 원흉은 불통이며 그 불통 속에는 비논리가 드리워져 있다는 것입니다.

상대(나라)의 비논리를 지적하기 이전에 우리(나라)의 비논리부터 찾아내어 과감히 개선하거나 여과할수록 진정한 소통이 이루어지며 서로의 화합을 이루어 낼 수가 있습니다.

한국의 대학자인 이황과 이율곡의 학문(이기론과 사단칠정론)에 강한 반론을 제기한 이유도 여기에 있으며 전 인류의 소통이 가능한 인문을 만들어 내기 위한 철학적 양심일 뿐입니다.

여섯 오늘날의 종교 속에 내재된 모순을 보고 침묵할 수가 없었습니다.

'없는 것을 있다 하고 보지도 못한 것을 보았다 하는 비논리적 관념에서 야기되는 파멸적 갈등'을 바라보며 그냥 지나칠 수 없는 인문학적 양심입니다. 선악이나 신과 귀신의 개념을 주축으로 삼고 있는 오늘날의 종교개념을 비판하지 않고는 신인문의 길을 한발짝도 나아갈 수 없었기 때문이지요.

인간은 종교가 필요합니다. 그러므로 종교의 자유는 인간의 기본적 자유입니다. 그러나 대화나 토론을 통한 설득의 법칙을 철저히 존중하는 종교만이 인류평화를 구현해 낼 수가 있습니다. 그러한 의미에서 신인문학은 광의의 종교입니다.

일곱 지식인과 대중이 함께 공유할 수 있는 인문서야말로 '진정한 인문서'라는 확신을 가지고 썼습니다.

인문은 지식인들의 전유물이나 '지식쌓기'가 아니며 대중의 삶에 참다운 가치관을 일깨워 주는 영혼의 생명수입니다. 그러므로 전문용어나 학술용어보다는 대중용어를 사용하여 대중들이 쉽게 다가갈 수 있도록 하였습니다. 지식인과 대중이 공유할 수 있는 인문서가 널리 읽혀질 때 인류가 그렇게도 열망해 온 '진정한 소통'의 시대가 열립니다.

여덟 '세상을 뿌리부터 바꾸지 않으면 안 된다'는 절박감과 '반드시 바꿀 수 있다는 확신과 자부심'으로 천년의 베스트셀러를 완성시키겠다는 각오로 썼습니다. 1~2년 혹은 10~20년의 세월동안 독자들의 사랑을 받고 사라지는 책이라면 애초부터 쓰지 않았을 것입니다.

아홉 반드시 정독하시기 바랍니다.

하루에 다섯 장(10~20page) 정도만 음미하며 읽으시기를 권합니다. 오랜 세월동안 발효되고 농축된 글이기 때문이지요. 구인문에 길들여진 관습적 지식으로 속독이나 편독을 하면 농축되었다는 자체도 모르기에 진부하게 느껴지거나 영혼의 혼란만 가중되어 흥미를 잃게 됩니다. 그것은 마치 농축된 원액을 물처럼 마셔 그 맛도 모르고 건강에도 해로운 것과 같지요.

삶의 연결고리와 균형추를 완벽하게 찾아 사랑과 행복의 뿌리를 밝혀내기 위해서는 반드시 정독을 권합니다.

§ 서 문

인문의 뿌리는 과연 무엇인가?

인문학은 왜 모든 학문의 원천인가?

그리고 우리 인간은 왜 인문의 몰락이라는 절박한 상황에 직면했는가?

이제 우리는 이와 같은 3가지 질문을 스스로에게 던지고 새로운 인문의 길을 깊이 사색하며 개척해야 한다. 인문의 몰락은 곧 인간의 몰락이며 그 몰락은 당장 우리들의 자녀에게 직접적으로 닥쳐올 절망의 계곡이기 때문이다.

그리고 이제는 그 사색의 방법 또한 기존의 방식에서 벗어나야 한다. 잎과 줄기만을 만지작거리는 사색이라면 여태껏 그래 왔듯이 천년 세월로도 불가능하다.

인문의 뿌리를 파헤쳐야 한다.

뿌리를 알려면 흙을 파헤쳐야 하듯 기존의 모든 인문의 뿌리를 의심부터 하는 것이 바로 새로운 인문을 개척하는 유일한 방법이다. 확실히 알고 있다고 확실히 믿고 있는 가장 원초적인 곳에 큰 오류가 있다고 생각해야만 새로운 인문의 길이 열린다.

이를테면 종교는 왜 사랑을 바탕에 두는가? 과연 신과 귀신이 존재하는가? 이성만으로 인류의 몰락을 막을 수 있을까? 선악의 개념은 과연 우리 인간에게 유익했는가? 신과 귀신, 본성과 이성, 선과 악, 진실과 거짓, 영혼과 육체, 그리고 천당과 지옥 등의 이분법적 개념은 왜 탄생되었으며 어떤 결과를 초래했는가? 등등의 원초적 질문을 던져야 한다.

결론을 먼저 말해야겠다. 인문의 뿌리는 생존과 사랑에서 시작된다. 그리고 오늘날까지 그 인문을 견인해 온 것은 바로 사랑이다. 그 사랑에 의해 행복도 우러난다.

이러한 간단한 원리를 모르는 자가 어디 있겠는가? 그러나 기존의 인문학의 뿌리 속에는 빈틈없이 포장된 절망적 모순이 도사리고 있다. 기존의 인문에서 가르치고 있는 사랑이 겉으로는 진실과 화합을 노래하고 열망하지만 그 결과는 서로의 증오와 반목의 역사만을 나열하고 인간 사회를 점점 분열과 갈등의 구렁텅이로 밀어 넣어 헤어날 수 없는 절망으로 치닫고 있다는 것이다.

이러한 사실을 알고 있는 자라 할지라도 완벽한 양면논리를 정립시키지 못하고 섣불리 말하고 행동하다 기존의 인문으로 무장된 절대 다수의 제도권 세력에 부딪혀 그 어떤 응집력도 보여 주지 못하고 뿔뿔이 흩어져 있다. 기존의 인문학의 뿌리 속에 들어 있는 절망적 모순을 대중에게 설득시키기 위해서는 한 치의 오차도 없는 탁월한 양면논리로 인문학의 뿌리를 파헤쳐야 한다.

이 책에서 가장 강조한 내용을 열거하면 다음과 같다.

하나 인문의 뿌리는 오직 생존과 사랑이라는 것.

둘 사랑, 인문, 본성, 이성, 지성, 정치, 문화, 교육, 철학, 정치철학, 정의, 자유, 진정성, 성공, 행복, 중용, 능력, 리더십, 속물 등의 인문 핵심 용어들에 대한 신인문학적 정의를 세웠다는 것.

셋 인간의 이성은 성대의 기적을 통해 본성으로부터 분리 독립되었으며 이러한 진화과정에서 합리적 이성과 변질된 이성이 함께 나오게 되었다는 것.

넷 인간의 진정한 정체성은 오직 양면논리로부터 나와야 된다는 것.

다섯 논리적 근거가 모호한 선과 악, 그리고 신과 귀신은 인간이 만들어 낸 것이고 자연의 이치와 어긋난 것이기에 작은 사랑과 작은 화합은 만들어 주지만 결국 큰 사랑과 큰 화합을 빼앗아 간다는 것.

여섯 공자의 중용철학만큼은 뛰어난 구인문이며 구체적 정의가 반드시 필요하고 그 철학적 파이를 넓혀야 한다는 것.

일곱 이황의 이기이원론과 이율곡의 이기일원론이라는 성리학 논쟁은 이제 구시대적 형이상학이며 이기일체론과 이기순합론으로 정돈되어야 한다는 것.

여덟 선악론으로 무장된 사단칠정론 또한 인성의 뿌리부터 잘못 인식한 무익한 논쟁이라는 것.

아홉 본성은 선악으로 구분하는 것이 아니라 카리스마(기)와 배려(이)로 이루어져 있다는 것.

열 이성은 꽃이라는 본성의 품격을 올려 주는 꽃받침일 뿐 인간성의 주인은 본성이라는 것.

열하나 행복과 행운의 차별성을 깨우쳐야만 삶과 생활의 진정한 가치를 느낄 수 있다는 것.

열둘 능력과 실력의 차별성을 깨우쳐야만 삶과 생활의 균형을 맞추고 진정한 행복을 알게 된다는 것.

열셋 진정성과 진실성의 차별성을 깨우쳐야만 삶과 생활의 균형을 맞추고 진정한 행복을 이룬다는 것.

필자는 이 책을 완성하는 데 28년의 세월이 걸렸다. 갈등과 분열인자들이 혼재된 구인문을 해체 분리하여 진정한 사랑과 행복을 구현할 수 있는 새로운 인문부품(인문용어의 새로운 정의)을 개발하는 데 20여 년이 걸렸고, 그 부품들의 조립과 조율(용어와 용어들의 연결고리와 균형추)에 8년이 걸렸다.

끝으로 이 책은 구상할 때부터 전세계에 번역출판을 목표로 준비된 책임을 강조하고 싶다. 지구촌은 하나이며 인문의 뿌리도 하나이기 때문이다.

|차 례|

03 신의 탄생

06 카리스마와 배려의 성리학

07 능력이란 무엇인가?

10 속물이란 무엇인가?

11 신인문이란 무엇인가?

신인문
이란
무엇인가

인문이란 무엇인가?

01

001 인문이란 무엇인가?

 탄생에서 죽음에 이르는 이 땅의 모든 생명체의 삶에는 두 가지 큰 목표가 설정되어 있다. 바로 생존과 사랑이다.

 특히 인간에게만 존재하는 문학, 역사, 철학, 예술, 성공, 명예, 가문, 지식, 자유, 평화, 정의 등은 이 두 가지의 목표와 연관되어 있는 보조품일 뿐이다. 사랑의 씨앗을 뿌리기 위해 생존의 과정에 몸부림치고 그 사랑의 열매를 맺기 위해 생존의 불씨를 휘날리고 있는 것이다.

 그리고 품격 있는 생존과 사랑의 품에 안기기 위해 끝없이 경쟁하며 치열한 에너지를 내뿜고 진화해 왔다. 이러한 과정을 거치면서 모든 생물의 정상에 우뚝 서게 된 생명체가 바로 인간이다.

 이제 이 지구상에서 인간 이상의 고등동물이 나타나는 것은 거의 불가능하다. 이와 같이 인간이 만물의 영장으로 자리매김하게 된 이유는 무엇일까?

물론 여러 가지 진화적 여건들이 있겠지만(직립, 안구발달, 뇌용량, 도구사용 등) 가장 핵심적인 것은 서로의 마음을 깊이 전달할 수 있는 소통의 능력이었다. 이러한 탁월한 언어능력을 가진 인간은 본능적 재능(후각, 청각, 시각, 순발력 등)이 훨씬 앞서 있는 동물보다 수백 수천 배의 조직력과 단결력이 형성되었고 결국 이 땅의 지배자가 된다.

동물들은 소통의 한계 때문에 불통의 사각지대가 존재하여 서로간의 불신이 생겨도 설득이 불가능하지만, 탁월한 소통이 가능한 인간은 서로의 마음을 깊이 이해할 수 있어 조직의 신뢰가 점점 두터워졌고 이것이 인간의 무한한 능력을 발휘하는 바탕이 된 것이다. 그리고 최후의 승자가 된 인간은 또 다른 고뇌를 시작하게 된다.

힘과 자신의 판단만으로 살아갈 수밖에 없는 동물들의 생존과 사랑의 저변에는 대책 없는 경쟁과 혈투만 도사리고 있을 뿐 행복과 평화의 개념이 부족하다는 것을 깨닫고 생존과 사랑의 새로운 개념이 절실하다는 것을 공감한 것이다. 화합과 공평에 대한 대화가 끝없이 펼쳐지고 도구와 그릇, 그리고 농사법과 상혼제례법을 넘어 문자까지 창조하여 함께 공유하게 되며 후세까지 전수되는 사회시스템을 이룩했다.

그렇다면 인문이란 무엇인가?

생존과 사랑에 인간적인 멋과 아름다움을 담아 그 품격을 높이고 개인과 사회가 행복을 공유하는 접점을 찾아내기 위해 인간이 창조해 온 문화와 문명의 총체다.

OO2 오늘날의 인문모습

　인간의 몰락이 다가오고 있다. 종교인도 과학자도 지식인도 대중들도 이구동성이다. 지구상에서 수 만년을 살아온 인간이 이제는 100년의 미래마저도 불안에 떨고 있다. 몰락을 향해 초고속으로 달리고 있는 것이다.

　오늘날의 인문의 모습 또한 마찬가지다. 몰락의 핵심적인 원흉은 인간의 에너지 과소비로 인한 지구온난화와 환경오염이다(100년 전보다 수천 배의 에너지를 과소비하고 있다). 그렇다면 에너지 과소비의 원흉은 무엇일까? 영혼의 풍요(철학과 문학과 역사와 예술과 음악)보다 물질의 풍요(경제)에 지나치게 집착하는 사치와 과시문화다. 이러한 대중문화가 사회적 통념으로 굳혀진 것은 갑부나 재벌들의 생활양식에 있다는 것을 언급하지 않을 수가 없다.

　그들은 영혼의 풍요보다 물질축적의 힘을 자랑하기 위해 넓은 토지 위에 호화판 주택을 짓고 비싼 골동품과 그림과 병풍을 사들였으며 온갖 보석과 최고의 명품을 즐기고 있다. 이들을 바라보는 대중들은 인간적 삶의 행복보다 물질과시적 삶의 즐거움에 빠져들 수밖에 없다는 것이다.

　이와 같이 인류 몰락의 가장 깊은 저변에는 사치나 과소비 문화를 태동시켜 대중들에게 전이시키는 갑부나 재벌의 탐욕적 생활방식이 웅크리고 있다는 것이다. 이제는 갑부도 재벌도 대중들도 모두 탐욕적 관습에 중독되어 스스로가 탐욕자라는 사실을 느끼지 못하는 지경에 이르렀다. 오히려 스스로를 현실에 성공한 자로 확신하며 살아가고 있다. 잘못된 전통과 관습은 무서운 중독성을 가지고 있기 때문이다.

나눔이 사회적 통념이었던 태초의 인간사회가 축적의 사회로 변질되고 그 목표를 달성하기 위해 탐욕으로 무장하면서부터 진정한 인간성을 내던져 버린 것이다. 더욱 심각한 문제가 있다. 인간의 물질탐욕을 목숨을 걸어서라도 막아야 할 정치지도자들부터 탐욕과 권력의 올가미에 씌어 헤매고 있다. 오히려 어마어마한 재산을 축적하여 갑부나 재벌이 되어도 더욱 축적할 수 있는 제도적 기틀을 마련해주어 탐욕적 사회와 과소비 풍토를 더욱 부추기고 있다. 대중들의 영혼 또한 탐욕과 과소비의 노예로 물들어 갈 수밖에 없는 것이다.

이를 바로잡는 유일한 길이 있다. 바로 새로운 인문의 창조다. 기존의 인문은 탐욕을 제어할 수 있는 통제력을 잃어버린 지 오래다. 과도한 물질탐욕은 부끄러운 일이라는 대중적 상식을 만들지 못했다. 오히려 탐욕자를 성공한 자로 포장시켜준 인문이었다. 이것이 기존의 인문이 몰락해 가고 있는 핵심적인 이유다.

이와 같이 인간의 몰락은 인문의 몰락과 직결되어 있다. 인문이 몰락하고 있는 이유를 밝혀내야만 한다. 하지만 그것은 너무나 간명하다. 바로 구인문의 뿌리에 그 무언가가 기생하고 있었던 것이다. 그 뿌리에 기생하고 있는 혹은 줄기와 잎을 무성하게 만든 뒤에야 말라 죽게 만드는 이중성을 가진 혹이다. 그것은 마치 몸에 완전히 퍼질 때까지 모르고 있다가 마지막에 죽음을 부르는 암세포의 모습과 흡사하다.

그 악성종양은 기존의 인문학자들조차 밝혀낼 수 없을 정도로 구인문의 뿌리 속에 깊이 박혀 인간의 존경과 부러움을 한몸에 받으며 계속 굵어지고 결국 인간의 심장을 향해 화살촉을 들이댄다. 그 악성종양도 사랑을 그리워하며 절규하지만 인간의 사랑을 철저히 파괴시키고 있다. 사랑에 목마른 인간들은 그 사실도 전혀 모른 채 그 악성종양까지 사랑하고 있는 것이다. 바로 탐욕이며 오늘날의 인문 속에 너무나 깊이 내재되어 있다.

탐욕은 인간에게 필수적인 꿈이나 욕심과는 다르다(125, 126절 참조). 그 차이를 명확히 구분시켜 주지 못하는 오늘날의 인문이기에 끝없는 탐욕으로 몰락의 길을 걷고 있는 것이다. 탐욕과 욕심을 구분시켜 주는 신인문의 논리를 깨우친 정치적 리더들이 인간적 영혼을 회복시키는 제도적 대안을 만들어 낼 때 비로소 갑부와 재벌, 그리고 대중들의 영혼 속에 뿌리깊이 박혀 있는 탐욕의 뿌리가 녹아내리고 절약과 나눔을 우선하는 인간문화가 꽃피게 될 것이다.

003 인문의 뿌리

인문의 뿌리는 태초의 생존과 사랑에서 시작된다. 그것은 오늘날처럼 영혼의 품격이 가미되지도 않았고 물질에 오염되지도 않은 순수 그 자체였다.

그럼 태초의 사랑부터 더듬어 볼까?

태초의 사랑은 생존을 위한 사회적 화합과 혈통을 위한 개인적 경쟁이라는 두 가지 목적을 가지고 인간의 본성 속에 깊이 새겨져 있었다. 사회와 개인이라는 양면을 고민해 온 대자연이 인간의 이마에 새겨 놓은 것이다. 동물의 세계에서는 지금까지도 유효하다. 다른 무리들의 공격을 방어하기 위해 서로간의 화합이라는 사회적 사랑이 반드시 필요했고 강하고 좋은 혈통의 증식을 위해서는 경쟁과 갈등을 동반하는 개인적 사랑 역시 필요했던 것이다. 대자연과의 이치(양면논리)에 따른 인간의 숙명이다. 목숨과도 바꿀 수 없는 개인적 사랑이지만 공평만을 중시한다면 보다 더 진화된 종을 출현시키지 못하여 멸종이나 도태의 위기가 도래되기 때문이었다. .

그러나 인간은 이성을 깨우치면서 개인적 사랑에 대한 불공평성을 해결하려 했으며 그 대비책을 세우는 데 혼신의 노력을 다해 왔다. 바로 인간에게만 존재하는 혼인제도가 가장 대표적 사례다. 이러한 것이 전통과 관습이 되어 인간의 삶속에 하나 둘 자리 잡게 된다. 바로 인문이 시작되는 것이다.

이와 같이 태초의 생존과 사랑이 인문의 뿌리이며 그 뿌리가 원동력이 되어 인문의 줄기와 잎과 꽃과 열매를 다양한 형태로 만들어 내기 시작한 것이다.

OO4 사랑이란 무엇인가?

'삶' '사람' '사랑' '살랑'의 글꼴을 사색해 보자. 'Life' 'Live' 'Love' 'Liverty' 역시 마찬가지다. 우연히 닮아 있는 글꼴이 아니며 인문학적 의미를 내포하고 있다. 인간의 삶속에 가장 가치 있는 것은 사랑과 자유라는 것이다. 그러므로 사랑하고픈 이상형이 눈앞에 나타나면 자신의 양심과 정의감과 인간성과 진정성을 보여 주려 애쓰고 탐욕과 게으름과 비인간적인 모습은 숨기려 한다. 이것이 바로 인문의 뿌리가 사랑이라는 증거다. 그리고 그 위에 이성적 품격으로 곱게 포장하고 카리스마와 배려를 알맞게 뿌린 열정과 매력을 추가하여 더 깊은 사랑을 인정받고 싶어 한다.

그러나 사랑에 성공한다는 것은 쉬운 일 아니다. 그래서 모두들 사랑하기를 원하면서도 사랑하지 못하거나 사랑에 실패하며 생을 마감하기도 한다. 사랑이 뭔지를 모르고 사랑을 노래하면 그 사랑은 멀어져 가듯, 사랑의 뿌리를 깨우치기가 귀찮아 사랑의 꽃과 열매만을 원한다면 어리석은 사랑으로 종결된다는 것이다.

그렇다면 사랑은 무엇일까? 사랑은 4단계로 연결되어 숙성된다.

첫째 단계

사랑은 정의로움에서 시작된다. 정의로움이 보이지 않는 자에게서 사랑을 느낄 수가 없다. 만일 정의롭지 못한 자에게 사랑을 느끼는 자는 자신의 탐욕을 사랑으로 착각하고 있는 자이다.

특히 갑부나 재벌의 자녀와 사랑에 빠진 자들의 대다수는 재산보다 진정성에 반했기 때문이라고 주위사람들에게 말하지만 스스로가 탐욕의 세계를 그리워하는 경우가 절대다수다. 그러므로 세월이 흘러 황혼기에 접어들면 사랑은 사라지고 탐욕에 오염된 자신의 영혼을 뒤늦게 발견하게 된다. 정의로움이란 독점과 축적이 아닌 공평과 나눔의 개념이기 때문이다.

어린아이들이 너무나 사랑스러운 것도 정의로움의 싹인 순진함이 있기 때문이고 성장해 가면서 그 아이에 대한 사랑이 자연스레 식어 가는 이유도 여기에 있다.

그러므로 누구라도 정의롭게 살려고 하면 사랑의 첫째 단계를 완성한 자다. 사랑의 바탕이 정의로움이라는 의미는 인문의 뿌리가 사랑이라는 논리를 더욱 선명하게 해 준다.

둘째 단계

사랑은 인간성과 진정성에서 자라난다. 인간성과 진정성은 사랑의 기둥에 비유되며 정의로움이라는 흙 위에서 피어나는 꽃과 같다. 직업의 종류나 직위의 고하를 막론하고 성실하게 살아가며 탐욕을 부리지 않는 자를 보면 사랑스러움을 느끼는 이유도 바로 여기에 있다.

그러므로 누구라도 정의와 성실과 노력만 있으면 사랑의 둘째 단계를 완성한 자다.

셋째 단계

사랑은 지혜와 용기로 채워진다. 지혜와 용기는 사랑의 천장에 비유되며 지식과 체험과 사색을 통해서 달성된다. 이러한 자는 이성적 품격이 높아져서 주위에서 배우려는 자들이 모여들며 많은 사랑을 받는다.

그러나 지혜와 용기를 지식과 힘으로 착각하고 물질과 직위와 성공을 탐하는 마음으로 변질되면 사랑의 1, 2단계가 자신도 모르게 함몰된다. 그것은 마치 아무리 든든한 천장으로 지어진 집이라도 집터와 기둥이 비뚤어지기 시작하면 결국 무너지는 것과 같다.

쉬운 예로 논문표절과 같은 지식 훔치기를 통해서라도 성공과 직위를 얻으려는 지식인들이 이에 속한다. 세월이 흐를수록 탐욕이 가득 찬 이중성이 드러날 수밖에 없기에 1, 2단계의 사랑만을 가진 평범한 자보다도 사랑을 받을 수가 없으며 증오와 갈등의 사회를 만드는 인간 좀벌레다.

이러한 자들은 아무리 지혜와 용기를 가진 듯 무장하여도 세월이 흐를수록 그들의 얼굴이나 언행에서 탐욕이 자라나고 사랑스러움이 서서히 사라져 가는 것을 누구나 경험할 수가 있다. 갑부나 재벌들이 성공과 출세라는 용어에는 어울려도 사랑이라는 용어와는 어울리지 않는 이유도 바로 이런 맥락인 것이다.

넷째 단계

사랑은 카리스마와 배려의 배합능력으로 극치를 이룬다. 사랑이라는 집 내부를 멋과 아름다움으로 치장하는 인테리어에 비유되며 이성과 감성의 조합논리를 말한다.

좀 더 쉽게 표현하자면 정의와 성실과 노력을 갖춘 자가 지혜와 용기까지 갖추고 그것을 주위에 전달하는 힘과 매너까지 지녔다면 4단계의 사랑을 완성시킨 자이다.

이러한 자는 소통의 달인이기에 모든 이에게 올바른 '이'와 '기'를 전달하며 자신의 꿈을 이루는 행복을 누리면서도 사회를 사랑으로 가득하게 한다.

1, 2, 3, 4단계 중 어느 단계라도 소홀함이 없는 사랑이야말로 인간이 자연으로부터 받은 가장 위대한 선물인 동시에 삶의 목표이고 자아실현의 완성이다.

005 철학적 사랑과 이념적 사랑

사랑은 보는 시각과 생각하는 방향에 따라 다양하게 구분되고 있다. 에로스와 아가페, 그리고 진실과 거짓, 그리고 인간과 신 등이 그 대표적인 사례다.

그러나 이러한 구인문적 구분은 표피적이고 인위적이어서 사랑에 대해 더 깊은 사색을 주지 못하고 있다. 이와 같이 내면을 더욱 파헤치지 못하는 사랑의 구분은 지식으로 흥미로움을 줄 수 있을지 몰라도 사랑에 대한 지혜를 터득하는 데 한계가 있다.

그리고 더욱 심각한 문제도 있다. 이분법적 흑백논리로 변질되어 인간의 갈등과 분열, 그리고 소모적 논쟁을 불러일으키는 근원적인 요소를 내포하고 있다. 그렇다면 사랑에 대한 깊은 사색을 주어 지혜를 깨우치게 하는 사랑의 구분은 없을까? 바로 철학적 사랑과 이념적 사랑이다.

우선 철학과 이념의 3가지 차이점부터 알아보자.

첫째 철학은 전체 속에서 일반성을 추출하여 삶의 가치를 이끌어 내며 양면성을 지니고 있다면, 이념은 부분적 특성을 추출하여 삶의 가치로 느끼며 단면성을 지니고 있다.

숲 전체를 중요시하는 개념이 철학이라면, 숲 속에 있는 큰 바위 얼굴이나 오래된 거목에 관심을 집중하는 개념이 바로 이념이라는 것이다.

둘째 철학은 뿌리의 가치를 파고드는 것을 우선한다면 이념은 화려한 꽃의 가치를 파고드는 것을 우선한다.

그러므로 철학은 흙을 파고 들여다봐도 뿌리가 흙색이어서 오랜 세월의 사색을 통해 익혀야 하는 데 비해, 이념은 그 색깔과 모양이 뚜렷하여 대중들의 영혼에 빠르고 쉽게 파고드는 강점을 지니고 있다.

셋째 철학은 연결성과 균형성에 그 가치를 두고 있는 반면 이념은 차별성과 선명성에 가치를 둔다. 이러한 철학의 정체성 때문에 양쪽의 이념으로부터 견제와 의심을 받을 수도 있어 계보나 울타리를 만들기 어렵지만 이념은 선명한 울타리를 쳐놓고 계파나 조직과 힘을 극대화할 수 있는 강점을 가지고 있다.

오늘날 정치인들의 대다수가 정치철학보다 정치이념에 몰두하고 있는 이유도 여기에 있다. 그들은 긴 세월을 학습해도 울타리를 치기 어려운 정치철학보다 짧은 세월에도 강력한 울타리를 칠 수 있는 정치이념이 권력탐욕을 채우는 데 유리하다고 생각하고 있기 때문이다.

정치인이 이념의 하수인이 되어 있고 국민 역시 그 이념에 물들어 소모성 이념논쟁만 끝없이 몰두하니 진정한 정치는 소멸되고 사회는 더욱 이념화되어 갈등과 분열과 증오로 치닫고 있는 것이다.

오늘날의 사랑 또한 마찬가지다. 긴 세월동안 다양한 체험과 깨우침을 요구하는 철학적 사랑보다 비교적 짧은 세월과 노력에도 자신의 개성을 강하게 구사할 수 있는 이념적 사랑을 선택한다는 것이다. 그것은 마치 뚝배기 된장찌개 요리가 귀찮아 인스탄트 식품을 즐기게 되는 이치와 같다.

이와 같이 이념적 사랑은 쉽게 이루어지고 즐겁기도 하지만 오래가지 못하고 갈등과 분열과 증오를 파생시킬 확률이 높다. 그리하여 사랑의 끝자락이 부끄럽고 자존심 상해 포장된 사랑으로 헛된 삶을 보내는 자가 있는가 하면, 사랑을 내던지고 이별이나 증오의 삶으로 생을 마감하는 자도 있다.

인간들이여!

한두 가지 핵심적 특성에 반해 버리는 이념적 사랑보다는 연결과 균형이라는 전체적 조화를 중시하는 철학적 사랑을 하라. 철학적 사랑은 영혼의 스토리가 다양한 사랑이기에 자신과 상대를 깊이 알고 이해할 수 있는 자들의 사랑이다.

그러므로 폭넓은 소통이 가능하여 깊고 두터운 인간관계가 형성되며 세월이 흐를수록 영원성과 진정성이 더욱 숙성되면서 멋과 아름다움이 평생토록 우러나는 것이다.

이와 같이 세상에 태어나서 살아가는 핵심적인 이유는 바로 품격 있는 사랑에 도전하여 행복한 삶에 성공하는 것이며 그 사랑의 지혜가 축적되어 후손들의 행복까지도 영향을 미치는 문화가 되는 것이다. 이러한 삶은 가문의 명예나 물질축적 등의 화려함과 웅장함으로는 흉내조차 낼 수도 없으며 오직 평범함 속에서만 태동된다.

젊은이들이여!

먹고사는 생존의 즐거움 위에는 행복한 삶을 보장해 주는 깨우침의 즐거움이 있음을 확신하고 끝없이 배우고 익히며 사색하고 체험하여 지혜와 용기의 창문을 열어 젖혀라. 그리하면 철학적 사랑이 그대를 향해 미소를 던질 것이다.

그리고 정치인과 교육인이여!

다양한 체험학습과 견학을 핵심적인 교육과정으로 채택하여 학생들에게 철학적 소양과 꿈을 길러 주는 선도적 역할을 해야 한다.

댓글

그렇다면 사상은 무엇일까?

철학이나 이념처럼 인간의 영혼을 다루는 학문이다.

그러므로 영혼의 정체성을 단면성과 선명성과 차별성에 우선하는 사상은 이념이나 종교인 것이고 양면성과 균형성과 연결성을 우선하는 사상은 철학인 것이다. 진보철학이나 공자이념이나 기독교철학이라는 용어는 사용하지 않고 공자사상철학이나 주체사상이념이나 기독교사상 등은 자연스레 사용되는 이유는 바로 여기에 있다.

006 태초의 논리 탄생

태초의 사랑은 자연의 이치에 근거한 원초적 사랑이었다.

사회적 사랑은 서로의 생존을 위한 화합의 차원이기에 인간의 절대다수가 수긍할 수 있는 사랑이었지만 개인적 사랑은 선택받은 소수자만의 사랑이었던 것이다.

힘과 조직을 가지지 못한 다수도 '개인적 사랑의 자유'를 갈구했지만 사랑의 독점자의 눈빛에서 느껴 오는 살인적 공포에 항상 불안과 불만으로 가득 차 있었다. 동물들의 사랑과 별 차이점이 없다는 것을 느낀 다수는 개인적 사랑의 자유를 획득할 수 있는 방안을 끝없이 사색했다.

그들의 사색은 사랑의 독점을 사랑의 공평성으로 전환하는 것이었고 그 목적을 달성하기 위해 사랑의 독점자에게 힘과 투쟁이 아닌 그 무언가로 설득하는 것이 반드시 필요했다. 이러한 설득은 목숨을 바쳐서라도 해야 할 삶의 큰 축이었기에 태초의 논리를 탄생시키는 계기가 되었다. 이러한 논리는 자연성 위에 인위성(인간위주로서의 가치관)을 정립하기 시작하는 단초를 제공했다.

사랑에 대한 불만을 직접적으로 노출시키기보다는 논리와 예술적 행위로 승화시켰고 이러한 품격은 생존에 대한 불안과 공포까지도 함께 승화시키면서 인문의 줄기와 잎으로 돋아났는데 그것이 바로 춤과 노래, 그리고 그림이나 상징적 기호로 표출되었다.

상징적 기호와 제스처는 끝없이 발전하여 문자와 언어를 탄생시키고 이것은 철학과 종교, 그리고 역사와 문학의 체계화로 발전되어 인간에게 피드 백 되어 돌아왔다. 이것이 바로 인문의 꽃이며 열매인 것이다. 인문의 뿌리가 사랑이라는 것을 은밀히 속삭이고 있는 것이다.

007 목숨 건 설득

　그대는 태초의 사랑이 인간에게 태초의 논리를 탄생시키는 계기가 되었다는 논리가 비약이라고 생각하는가? 그렇다면 지금 당장 타임 머신을 타고 태초의 인간으로 돌아가라.

　태초의 인간의 삶은 크게 두 가지 상황이 수시로 반복된다. 하나는 배가 고프거나 두렵고 위험한 상황이며, 다른 하나는 배가 부르고 안락한 상황이다. 전자의 상황이 닥치면 닥칠수록 먹이를 찾아 헤매거나 신이나 귀신에게 기도했고 후자의 상황에 접어들면 잠을 청하거나 많은 생각에 잠긴다.

　그 생각의 핵심은 무엇인가?

　그것은 오늘날까지 변치 않고 이어져 내려오는 사랑의 욕구였다. 우리가 사는 동안에는 아름답고 품격 있는 사랑을 끝없이 꿈꾸듯 태초의 인간도 사랑의 욕구만은 예외가 아니었다. 배불리 먹고 잠을 푹 잔 이후에 안정이 지속되면 사랑에 대한 상념에 여념이 없었다.

　그러나 인문이 정립된 오늘날과 같은 혼인제가 아니었다. 그 사랑은 힘 센 극소수가 독차지하고 있었다. 일반 다수의 인간들은 힘으로도 기술로도 불가능한 일이었다. 사랑을 위해 죽음도 불사해야 하는 열악한 조건이었지만 대자연이 인간의 이마에 새겨 놓은 사랑을 결코 포기할 수는 없었다. 기득권을 쥐고 있는 족장에게 사랑의 공평성에 대한 부탁도 아부도 해 본다. 그러나 근원적인 방법은 아니었다. 다수의 인간에게는 공통된 고뇌였고 함께 고민하며 족장에게 설득하려 들기 시작한다. 힘이나 조직으로는 족장의 마음을 움직이게 할 수 없었고 목숨을 건 설득력만이 가능했다.

그리고 그 설득력은 논리를 기초로 하지 않으면 불가능한 일이었던 것이다. 목숨을 건 설득력이 탁월해질수록 족장의 마음은 흔들렸고 사랑의 공평성은 점점 가까워져 갔다. 인간의 진정한 사랑의 출발점이 된 것이다. 힘의 사랑이 논리의 사랑으로 변하기 시작한 것이다. 인간 태초의 논리는 이렇게 탄생되었다.

타임머신이여, 돌아오라.

008 이성의 탄생

논리가 무엇인가?

논리는 '내가 이러면 안 되지'와 '저 친구가 저러면 안 되지'라는 공평성 개념에서부터 시작된다. 그리고 '내가 왜 이러면 안 되고' '저 친구가 왜 저러면 안 되지?' '그렇다면 우리는 언제 어디서 무엇을 어떻게 왜 해야 하는지'를 끝없이 사색하여 공평과 화합의 체계를 만들고 그 체계를 상대에게 정확하게 전달하여 그 타당성을 인정받는 설득의 바탕이론이다.

태초의 인간은 동물과 달리 자신과 상대를 동시에 생각하는 공평성에 민감했다는 것이다. 남들을 위한 배려의 품격이 동물에 비해 탁월했다는 의미다. 이것이 논리적 사색을 태동시킨 원동력이었다.

물론 동물도 본능적 배려를 가지고 있다. 늑대무리의 우두머리는 자신의 새끼를 굴속에서 낳아 기르는 암컷의 안정을 위해 2주 동안 자신은 물론이고 그 어떤 다른 식구들도 굴속으로 들어가지 못하도록 굴 입구를 지킨다. 이러한 배려가 본능속의 배려이며 개인적 사랑에 대한 공평한 배려는 없다.

그러나 인간은 어느 동물에 비해 사랑의 욕구가 강했기에 사랑의 독점자에게 사랑의 공평성을 부단히 요구했고 결국 그것이 가능했던 것은 논리를 통한 설득이었던 것이다.

이와 같이 오직 인간만이 개인적 사랑에 대한 공평성을 획득하려는 노력으로 논리를 중요하게 생각하기 시작했고 그와 동시에 본성 밖으로 분리, 독립되는 새로운 인간성이 나타나기 시작했는데 이것이 바로 이성이다.

이성은 하늘에서 떨어진 것이 아니며 본성에서 떨어져 나왔을 뿐이라는 것이다. 물론 분리, 독립되어 있어도 우뇌와 좌뇌처럼 연결되어 있다. 반드시 기억해야 할 대목이다.

오늘날까지도 이성과 논리는 서로 핑퐁처럼 주고받으며 우리들에게 본성의 품격을 올려 주고 있다.

009 성대의 획기적인 진화

태초의 사랑의 독점성에 공평성이라는 반기를 들며 이성과 논리를 탄생시키는 데 대성공을 거두고 인문의 뿌리를 내리기 시작한 인간들에게는 큰 행운이 있었음을 부인할 수가 없다.

손짓과 몸짓(바디 랭귀지)을 할 수 있는 직립과 두뇌의 대용량도 행운이었지만 가장 큰 행운은 바로 성대의 획기적인 진화였다. 다양하고 섬세한 발성이 가능해지자 소통 또한 그 만큼 섬세해 지고 깊은 대화를 나누기 시작했다.

동물들이 사랑의 독점을 위해 목숨 건 혈투를 하고 있을 때 그 모습을 지켜보며 끝없이 고뇌하며 사색했던 최초의 인간은 다양한 목소리를 낼 수 있는 성대를 활용하여 사랑의 독점자에게 공평성의 논리를 구체적이고도 섬세하게 표현하면서 설득하게 된다. 그리고 결국은 사랑의 공평성에 대한 합의를 이끌어 낸 것이다. 인문의 뿌리가 줄기를 만들어 낸 것이다.

다른 포유류나 영장류도 사랑은 있었다. 그리고 공평성에 대한 열정도 있었다. 그러나 그들은 아름답고 다양한 목소리를 낼 수 있는 성대가 없어 사랑의 독점자와 섬세하고 원활한 소통과 설득이 불가능했기에 서로간의 신뢰를 쌓을 수가 없었다. 그리고 논리도 합의도 인문도 탄생할 수가 없었다는 것이다.

인간의 자유와 평등, 그리고 책임과 권리의 뿌리도 사랑의 공평성을 이룩한 논리에 의해 탄생되고 그 논리가 토론문화로 뻗어나가 엄청난 문화를 만들어 낸 원동력은 바로 '성대의 기적'이라는 사실을 반드시 기억하라.

010 소통과 인간

　최초의 인간 호모사피언스는 성대의 기적이라는 퍼즐의 마지막 조각을 완성시키면서 탁월한 소통에 성공했고 대화와 토론을 통해 강력한 결집력과 전략을 만들어 지구촌으로 퍼져 나가기 시작했다. 그러나 가는 곳마다 걱정되는 존재가 있었다. 바로 성대가 완벽하지 못해 소통이 잘 안 되는 유사인간들(예를 들면 네안데르탈인)이다. 이들은 호모사피언스와 동시대에 공존하며 먹이사냥을 하였기에 현실적으로 충돌이 일어나는 경우가 허다했다.

　호모사피언스는 유사인간들과의 교류와 합의를 통해 평화로운 공존을 모색하려 했지만 불가능했다. 그들은 몸집이 크고 힘도 세며 도구까지 사용할 수 있었지만 섬세하고 다양한 발성을 할 수 있는 성대를 가지고 있지 못해 이해관계가 복잡하게 얽힌 섬세한 소통을 할 수가 없었기 때문이다. 이러한 소통부족이 지속될수록 서로(호모사피언스와 네안데르탈인)의 오해와 불신은 두려움으로 증폭되었으며 서로가 서로를 살상하는 사태로 악화된다.

　결국 무리들끼리의 소통이 더욱 섬세한 호모사피언스가 탁월한 조직력으로 유사인간들을 멸종시킬 수밖에 없었다. 합의를 도출할 수 없는 상황에서 생존에 대한 불안과 공포를 종결지어야 하는 몸부림이었기에 선악의 문제로 다가갈 사안은 아니었다. 그리고 호모사피언스는 이 땅의 완벽한 지배자로 등극하며 평화를 누린다.

　그러나 인간은 또 다른 불통 속을 헤매며 대혼란에 빠지게 된다. 바로 인간과 인간 사이의 불통이다. 씨족과 씨족, 그리고 부족과 부족 사이의 경계선에서의 마찰이다. 제각각의 다른 언어와 관습을 가지고 있었기에 양보하기 어려운 중요한 이념이나 제례의식이 충돌하게 되면 소통이 원활치 못해 합의가 힘들게 되고 결국 큰 싸움이 벌어졌다. 그리고 언어가 더 발달되어 소통이 탁월한 씨족이 그렇지 못한 씨족의 이념과 의식을 흡수하면서 부족이 된다.

이와 같이 언어와 관습이 제각각 다른 인간들 사이의 이념 차와 물질욕이 갈등을 증폭시켜 불통의 원인이 되고 급기야 전쟁이 출현한 것이다. 인간의 역사가 전쟁의 역사라고 할 만큼 많은 희생을 치루고 엄청난 문화가 파괴되어 사라진 원인이 바로 불통이라는 것이다.

그렇다면 정보의 발달로 인해 언어의 세계화로 발전된 오늘날의 소통은 어떠한가? 역시 종교와 이념간의 불통이 가장 심각한 문제가 되고 있다. 과거보다 더 격화되고 대형화되어 테러와 전쟁으로 치닫고 있다. 세계 제2차 대전이 그랬고 이슬람 세력권(이란, 이라크, 팔레스타인 등)과 기독 세력권(미국, 영국, 이스라엘)의 갈등이 대표적 사례다.

마지막으로 자본주의의 개념이 대중들에게 잘못 전달되어 사회전체에 탐욕(변질된 욕심)이 번지면서 탄생된 양극화는 있는 자와 없는 자를 분리시키며 불통의 원흉이 되고 있다. 사회적 그리고 환경적 여건으로 엄청난 부를 축적한 자들이 오로지 자신의 능력만으로 성공을 이루었다고 착각하며 더 많은 축적으로 더 큰 저택과 높은 담을 쌓고 스스로가 인간적 소통을 멀리하는 것이다. 물론 그들도 최소한의 나눔을 행하고 있다.

그러나 축적과 독식이라는 목표에 대한 수단으로 사용할 뿐이다. 그들끼리만 모여 있을 때는 '게으르고 무능하기에 가난하다'라는 단순한 논리로 자신들의 부지런함과 인내력을 자랑하며 스스로 불통

속에 빠져든다. 그들의 자녀들 또한 고급 요리나 명품을 손쉽게 즐기고 문명의 이기로 탄생된 스포츠(골프와 요트, 승마 등)를 놀이삼아 스스로가 귀족인 듯 착각하는 '가엾은 자부심'으로 가득 차 있다. 이들은 된장국과 김치국, 그리고 콩나물국과 무국으로 단련된 서민들과의 불통을 뿌듯한 이질감을 느낄 정도다.

이와 같이 그 어떤 시련의 체험도 없이 고고해진 불통의 탐욕자들은 영혼과 영혼을 연결시키는 철학적 대화를 우둔하고 게으른 자들이 즐기는 소모적인 논쟁일 뿐이라고 비웃는다. 오로지 물질에 대한 축적과 정보와 투자와 과시에 대한 대화에 열을 올린다. 결국 불통의 씨앗은 거목이 되어 인간의 목을 조르고 있는 것이다.

호모사피언스에서부터 오늘날의 현대인까지 끝없는 갈등과 분열과 전쟁을 일으키고 사랑과 평화를 짓밟은 원흉은 바로 불통이었던 것이다.

011 바보의 지혜

태초의 사랑은 서로 사랑하고 헤어지더라도 상대를 탓하거나 증오를 품지 않았다. 서로가 좋아서 사랑했고 상대와 헤어진 후도 사랑의 추억만을 생각했다. 어느 한 쪽에서 헤어지자고 말하면 이유를 묻지도 않았고 이유를 달지 않았다. 미련도 애착도 배신도 모두 사치요 탐욕이라고 생각했다. 그저 헤어져야 할 시간이 왔다고 생각했을 뿐이다.

종교나 전통, 그리고 계율이 체계화되기 이전이었기에 선과 악, 그리고 진실과 거짓을 구분하는 가늠자가 필요하지 않았고 그러한 흑백을 따진다는 것은 사랑을 능멸하는 행위이며 사회를 갈등과 증오로 가득 채우게 될 것이라는 것을 이미 알고 있었다.

이성 이전에 본성 속에 내재되어 있는 지혜인 것이다. 대자연이 가르쳐 준 본성의 지혜인 것이다. 그러나 오늘날에 이르러 변질된 이성에 능수능란한 자들이 이러한 본성의 지혜를 '바보'라 칭하니 '바보의 지혜'로 정의한다.

012 사랑은 세상에서 가장 절묘한 양면논리

'힘 센 극소수만이 독점적 사랑을 하는 태초의 인간사회를 공평한 사랑으로 전환시키려는 절대다수의 헌신적 사색이 논리를 탄생시켰다'는 논리에 흡족하고 있는가? 혹시 '사랑의 공평성을 획득하기 위해 논리가 탄생되었지만 사랑은 왜 논리적이지 않는가?' 라고 의구심을 가지고 있는가?

그러한 의구심을 당장 걷어치워라. 어느 누가 감히 사랑을 비논리적이라 말하는가? 이 세상에 사랑만큼 섬세하고 심오한 논리가 어디 있는가? 자신의 미래와 후손의 운명을 어느 누가 비논리적으로 결정하겠는가?

진정한 사랑은 본성과 이성이 매우 절묘하게 연결된 품격 있는 양면논리에 바탕을 두고 있다. 사랑의 논리는 인간의 지식을 바탕으로 한 이성적 논리 사이사이에 본성적 논리가 섞여 들어가는 양면논리로 되어 있다. 본성적 논리는 섬세하고 부드러운 감성논리와 강하고 거친 야성논리로 이루어져 있으며 언행이나 침묵, 그리고 눈빛과 운율 등에 적절히 섞여 사용된다.

이와 같이 사랑의 양면논리야말로 너무나 난해하기에 이 논리를 습득하여 숙달하기 위해서는 수많은 시행착오가 요구된다. 이러한 수많은 시행착오와 체험을 거치지 않고 이성이라는 단면논리만으로 사랑에 도전하여 실패하는 자가 '사랑은 논리가 아니다'고 푸념한 것이 대중적 상식이 되어 버린 것이다. 이성적 논리만으로 사랑을 품으려 했으니 사랑의 논리를 너무나 깔보았던 것이다.

또 다른 예를 하나 들어보자.

1981년 프랑스 대선 당시 지스카르 데스탱과 미테랑과의 대선후보 TV 토론과정을 지켜봐도 해답이 나온다. 누구나 지스카르가 논리적이었다고 말했지만 프랑스 국민은 어눌한 듯 중후한 미테랑을 선택했다. 국민의 사랑을 확인시켜 준 것이다.

단면(이성적) 논리에 탁월했던 지스카르는 양면 논리의 설득력을 가진 미테랑보다 국민의 사랑을 받지 못했다. 지스카르는 자신의 본성적 논리에 대한 약점을 덮으려고 안간힘을 쓰는 달변가일 뿐이었다.

한국에도 극한 이념가나 달변 철학가들이 유명인으로 자리 잡고 있지만 그들은 이성적(머리) 논리에만 탁월하고 본성적(가슴) 논리에 미흡하기에 세계적 철학가나 정치가가 될 수 없는 것이다. 그들의 달변의 바탕에는 진정한 사랑보다는 승리와 성공을 앞세우고 있을 뿐이다.

그들은 침묵과 눈빛과 운율 등에서 우러나오는 이성과 감성과 야성이 섬세한 논리의 조합으로 이루어져 있다는 사실은 깨우치지 않고 선천적 본능 정도로 생각하니 사랑의 양면논리를 발견할 수가 없는 것이다.

우리가 읊조리는 훌륭한 시나 그림, 그리고 멋진 춤이나 아름다운 노래, 그리고 운동선수들이 보여 주는 멋진 몸짓 속에는 수많은 양면논리들이 너무나 타당하게 연결, 압축되어 있는 것이며 인간에게 최고의 기호품이 되어 버린 스마트폰 역시 양면논리의 압축판이다.

그리고 대자연의 동식물과 우주의 움직임도 한 치의 빈틈이 없는 양면(이와 기)논리로 이루어져 있다.

그리고 사랑이야말로 이 세상에서 가장 난해하고 절묘한 양면논리로 이루어져 있다. 사랑에 성공한 자야말로 가장 논리적인 자이며 가장 훌륭한 삶을 실천한 자이다.

큰 성공을 거둔 후 황혼에 접어들어 후회스러운 그 무언가가 자신을 끝없이 짓누르고 있다는 사실을 느낀다면 진정한 사랑의 양면논리를 완연히 체득해 보지 못하고 단면(이성적 또는 본성적) 논리에만 매달려 살아왔던 후유증임을 알라.

013 춤과 노래와 대화의 심연

진정한 사랑을 획득하려는 자는 양면논리에 탁월해야 한다. 그 중에서도 본성적 논리에 우선적으로 탁월해야 한다.

본성적 논리의 바탕에는 춤과 노래와 대화가 있다. 이것은 결코 암기만으로는 불가능하다. 끝없는 실습과 수많은 체험을 통해 몸에 배도록 해야 한다. 멋진 춤과 노래와 대화 속의 리듬과 박자와 운율은 우리네 가슴을 열게 하고 뜨겁게 하여 응어리진 그 무엇을 풀어 주는 기승전결의 완벽한 논리가 존재한다.

우리는 그 논리에 감동하는 것임에도 완벽하게 분석하여 표현하기가 어려운 본성적 논리이기에 멋과 아름다움이라는 감성적 표현으로 간단하게 정리해 버리는 것일 뿐이다. 이러한 감성적이고 내면적인 논리도 세밀한 연구를 통해 언젠가는 정확한 논리로 인정받게 될 것이다.

진정한 논리는 양면논리를 말하며 본성(감성과 야성)적 논리는 가슴에 와 닿고 이성적 논리는 머리에 와 닿는다. 바로 가슴과 머리를 통합시켜 주는 논리라는 것이다. 사회적 통합이나 개인적 삶이 머리보다는 가슴이 앞서야 하듯이 이성적 논리에 앞서 본성적 논리가 더 견고해야 하며 춤과 노래와 대화의 중요성은 바로 여기에 있는 것이다.

품격 높은 춤과 노래와 대화로 본성적 논리를 갖춘 뒤 이성적 논리까지 탁월한 자는 일반적 삶의 모습에도 그 리듬과 운율이 스며들어 있어 품격 있는 사랑을 주고받을 수 있는 능력이 나타나며 행복하지 아니할 수 없다. 그 아득한 옛날부터 인간에게 춤과 노래가 삶의 일부분이 되었던 것은 단지 흥겨운 것만이 아니었으며 본성적 논리를 터득하는 학습이었던 것이다.

동물들이 섬세한 춤과 노래와 대화가 불가능한 것은 본성 속에서 이성을 독립시키지 못해 논리를 탄생시키지 못한 결과라는 것이다.

오늘날 교육이 본성적 논리인 춤과 노래와 대화를 등한시하고 경제와 과학과 외국어에 몰두하고 있는 것은 본성적 논리보다 이성적 논리에만 치중하는 것이며 이것은 결국 사랑이 메마른 사회로 향하고 인간성의 상실로 치닫게 된다.

이러한 교육제도의 편향성 또한 인문의 몰락을 가져오는 한 단면이 아니고 무엇인가?

O14 4가지 원흉들

그대들은 오늘날의 철학과 종교와 역사와 문학, 그리고 춤과 노래와 대화 속의 심연을 들여다보았는가? 그 속에서 다루고 있는 핵심 소재가 무엇인가? 바로 사랑이다.

인문의 뿌리가 태초의 사랑이었기에 그 줄기와 잎과 꽃과 열매 또한 사랑의 향기가 그윽하고 풍성할 수밖에 없다. 오늘날 인문의 모든 분야가 그 방향으로 흘러가야 된다는 의미다.

사랑이야말로 인문의 진정한 목표이며 정체성이라는 것이다. 모든 대중들에게 공평하고 품격 있는 사랑을 가슴에 가득 채우게 하는 지혜를 제시해 주는 인문이어야 하는 것이다. 이것이 인문의 가장 큰 역할이다.

그 외의 다른 곳에 중심을 둔 인문이라면 그 인문은 인간의 미래를 불행하게 만드는 인문임을 기억해야 할 것이다. 인문의 위기가 고조되고 인문의 몰락을 가속시키는 원흉인 것이다.

그 원흉들은 4가지로 분류할 수 있다.

첫째 사랑이 어느 한 면에만(본성 또는 이성) 빠져 있는 인문.
둘째 사랑이 이념화되어 버린 인문.
셋째 사랑을 중요하게 다루면서도 절대적 존재를 내세우는 인문.
넷째 사랑을 좁은 영역(성적인 매력)으로 바라보는 인문이다.

이러한 4가지 부류의 인문을 논리적 대화와 토론으로 점검, 분석하여 자연스럽게 왜소화시키는 것이 신인문의 역할이다.

그러나 이러한 잘못된 인문은 긴 세월동안 인간의 전통과 관습 속에 기생하고 있었기에 절대다수가 그 낌새를 알아차릴 수가 없다. 그리고 낌새를 알아차려도 양면논리를 정립하지 않고 함부로 비판하거나 행동하면 '낌새조차 모르는 절대다수'의 조소와 야유를 면치 못한다. 그리고 탁월한 양면논리로 대중을 설득시킬 수 있는 인간은 더더욱 드물기에 그저 인문의 몰락만을 물끄러미 바라보고 있는 것이다.

합리적 이성과 변질된 이성

02

O15 합리적 이성과 변질된 이성

인간의 이성은 원래 본성 속에 있었다. 그러나 인간만이 유일하게 성대의 기적이 일어났고 탁월한 소통력은 논리를 탄생시켰다. 이때부터 이성은 서서히 본성 밖으로 독립해 나왔다.

본성의 품속에서 뛰쳐나온 이성은 논리와 핑퐁처럼 주고받으며 사색의 바다를 헤엄쳤고 더 폭넓은 논리와 이성의 세계를 넘나들었다. 그리고 끝없는 대화와 토론을 이끌면서 인간의 전통과 관습이라는 문화를 발전시키는 원동력이 되었던 것이다.

그럼에도 불구하고 오늘날까지 내려온 전통과 관습에는 비논리적이거나 허황된 것들이 혼재해 있다. 예를 든다면 춤과 노래, 그리고 음식보다 혼인과 제사, 그리고 종교 등이 더 심각한 문제를 안고 있다.

이와 같은 비논리적이고 허황된 전통과 관습은 대부분 두껍고 화려한 껍질을 뒤집어쓰고 있다. 어느 누구도 그 껍질을 깨고 속을 들여다볼 수 없도록 몰딩시켜 놓은 것이다. 그 비논리와 허황성에 대해 따지고 묻는 자는 버릇이 없거나 부정적 사고를 가진 자로 낙인찍히기 일쑤이며 화를 입을 것이라는 공포감까지 엄습해 오는 대중적 여론까지 확고하게 조성시켜 놓았다.

인간의 이성에 의해 논리는 발전되고 그 논리에 의해 만들어진 춤과 노래, 그리고 음식 등은 아직까지도 미풍양속으로 인간의 지혜를 일깨워 주기도 하지만, 비논리적 부분이 두껍게 내재되어 있는 혼인이나 제사, 그리고 종교 등은 물질이나 영혼의 탐욕과 매우 교묘하고 깊숙이 연관되어 허황된 모습으로 지속되고 있다는 것이다.

이렇게 서로 다른 두 가지의 모습으로 현존하고 있는 이유가 있다. 전자는 태초의 사랑을 위한 공평성의 논리가 뿌리 깊게 박혀 있지만 후자는 태초의 공포와 불안을 해소하기 위한 비논리(선과 악, 그리고 신과 귀신 등)가 뿌리 깊게 박혀 있기 때문이다.

첫 단계가 비논리로 이루어져 있으면 이후의 논리가 아무리 탁월해도 껍질만 두껍게 만드는 허황된 논리로 끝맺음하게 되고 사상누각의 논리가 된다는 것은 진리인 동시에 상식이다.

이와 같이 본성에서 독립된 이성은 인간에게 엄청난 변화와 발전을 가능케 했지만 다른 한편으로는 원초적 비논리를 온갖 논리로 덮어씌워 철판과 같은 각질을 만들어 놓았다.

이성은 태초부터 두 얼굴이었던 것이다.

전자의 이성은 인간의 본성을 가꾸려는 이성이었기에, 인간의 불완전성을 논리적 개념으로 완성시키려는 이성이었고 후자의 이성은 인간의 본성을 부끄럽게 여기는 이성이었기에, 인간의 불완전성을 선과 악이나 신과 귀신 등의 비논리적 개념에 의지했던 이성이었다.

전자가 인간의 본성을 올바르게 인식하고 그 본성 속에 존재하는 양심을 가꾸어 사회의 공평과 화합을 이룩하는 논리적 이성이라면, 후자는 인간의 본성을 스스로 믿지 못해 선과 악과, 그리고 신과 귀신 등의 적대적 개념에 의존하여 사회의 갈등과 분열을 증폭시키는 비논리적 이성이다.

전자를 합리적 이성이라 정의하고 후자를 변질된 이성이라 정의한다.

016 합리적 이성

'나는 악착같이 일하고 절약했으며 사업에 성공하여 큰 저택과 엄청난 금은보화를 모았고 이제 그 재물을 모두 자식들에게 물려주려는데 이것 역시 변질된 이성인가?'라고 반문하고 싶은가? 그렇다. 변질된 이성의 대표적 사례다.

지금부터 합리적 이성을 정의하면서 변질된 이성을 되새겨보자.

합리적 이성이란 사회나 주변을 생각하는 논리를 우선하여 자신의 삶을 풍요롭게 개발해 내는 이성을 말한다. 배움에 목말라 학문을 익히거나 취미생활을 통해 만족감과 즐거움을 찾는 것은 모두 합리적 이성이며 이는 인간의 본성적 욕구까지 충족시켜 준다.

그러나 이러한 욕구에 물질이나 영혼의 탐욕이나 비논리가 스며들면 사회나 주변에 직접적이거나 간접적인 피해를 주게 되며 그 즉시 자신의 영혼 속에 변질된 이성이 자리 잡게 된다.

이러한 합리적 이성은 물질에 대한 3가지의 원칙이 있다.

첫째 필요한 재물은 절약을 해서라도 모으지만 필요이상의 과다
　　한 재물은 모으지 않는다.

둘째 그래도 필요이상의 재물이 들어오면 즉시 합리적 나눔의 행
　　하는 지혜를 익히는 데 여념이 없다.

셋째 큰(뿌리) 논리를 양심으로 삼기에 그와 직결된 작은(잎새) 논리
　　를 앞세우지 않는다.

엄청난 재물을 모은 그대의 이성은 첫째 항에도 둘째 항에도 어긋
나 있으며 셋째 항에도 문제가 있다. 필요이상의 엄청난 재물을 자녀
들에게 모두 물려준다는 그 자체는 '내가 벌어놓은 재물이니 자녀에
게 물려줄 권리가 있다'는 의미에서 논리적이다. 그러나 그 논리는 '필
요한 만큼의 재물'이라는 전제가 있는 잎새 논리임이 분명하다.

이러한 잎새 논리는 '필요이상의 엄청난 재산상속은 인간사회의 공
평과 화합을 해친다'라는 뿌리 논리와 배치된다. 아무리 탁월한 잎새
논리라도 뿌리 논리와 일치하지 않은 잎새 논리는 논리의 가치를 상
실한다.

적당한 재산상속은 자녀를 위한 배려이지만 필요이상의 엄청난 재
물을 갈고리로 긁듯 독차지하여 자녀에게 그대로 상속해 주는 것이
양심에 반하지 않는다고 생각하는 자체가 바로 변질된 이성이라는
것이다.

진정한 생존과 사랑을 우선하며 합리적 이성으로 살아온 자가 천
년의 세월동안 무노동으로 먹고 살 수 있을 만큼의 재물을 소유하고

있다는 것은 도덕적으로나 현실적으로 거의 불가능하다.

합리적 이성주의자는 그런 재물을 모으는 집념과 의지 이전에 나눔의 과정을 먼저 생각하는 자이기 때문이다. 100억 재산을 가진 자가 1000명의 가난한 자에게 1000만원씩 나눈다면 그들은 생존을 위한 노동의 시간을 줄이고 문화(춤, 노래, 창작, 토론)를 체득할 수 있는 시간이 그만큼 늘어난다.

오늘날 가난한 자는 평생 먹고 살기에만 바빠 그들의 문화적 재능을 제대로 펼쳐 보지도 못한 채 불행한 삶으로 늙고 병들며 생을 마감하고 있다. 재물탐욕을 즐기는 그대들이 본의 아니게 쳐놓은 보이지 않는 덫에 걸려 아우성치는 모습을 외면하는 것이 변질된 이성이 아니고 무엇인가?

후손에게 품격 있는 영혼을 물려주고 그들 스스로 물질을 구하게 함으로서 그 영혼을 더욱 깊게 깨우치게 하지는 않고, 재물을 그대로 넘기고 또 넘기는 전통과 관습을 '가문의 영광과 명예'로 인식하고 있는 그대의 이성이야말로 변질된 이성이 아니고 도대체 무엇인가?

017 변질된 이성

인간은 이 지구상에서 유일한 '이성적 동물'이다. 그러기에 부모에게 효도하고 형제나 친우들과 의롭게 지내며 문학과 철학, 그리고 예술과 스포츠를 즐긴다. 그리고 수학이나 과학처럼 이치에 맞는 논리에 흥미를 느끼며 창의성을 발휘한다.

그러나 마약이나 알콜 중독, 그리고 성폭행과 살인 등과 같이 동물들이 도저히 흉내낼 수 없는 추악하고 잔인한 생각과 행동을 서슴없이 저지르거나 사후세계에 대한 두려움이나 환상에 젖어 비논리적 영혼을 탐하기도 한다. 모두 이성적 행위다. 본성만을 가지고 살아가는 동물들에게는 불가능한 일이라는 것이다.

전자는 합리적 이성이고 인간사회에 화합과 축복을 주는 반면에 후자는 변질된 이성이며 분열과 저주를 파생시킨다. 합리적 이성은 서로의 본성을 더욱 멋지고 아름답게 가꾸어 주는 이성이지만 변질된 이성은 상대방의 본성을 교활하게 활용하여 물질과 영혼을 탐하면서 자신의 본성을 망가뜨리는 이성이다.

사회가 파멸로 치닫는 것은 인간의 본성에 문제가 있는 것이 아니라 끝없이 파생되어 확장해 가는 변질된 이성에 있다. 이성만으로 인간사회의 평화를 구현하기 힘든 이유는 바로 여기에 있다. 이것이 바로 구인문이 간과했던 부분이다. 구인문은 이성으로 만든 윤리와 도덕을 교육의 바탕으로 삼아 인간사회의 공평과 화합을 구현하려 했다.

그러나 왕권제도와 계급사회, 그리고 선과 악, 그리고 신과 귀신을 인정할 수밖에 없었던 구인문의 윤리나 도덕 속에는 합리적 이성과 변질된 이성이 함께 잠재해 있었기에 인간사회의 갈등과 탐욕이 끊이질 않았던 것이다.

윤리나 도덕을 배우고 익힌 어린 아이들도 어른이 되면 변질된 이성이 서서히 기지개를 펴는 이유도 여기에 있다.

이러한 윤리와 도덕을 바탕으로 만들어진 혼례제도나 장례제도,

그리고 제례문화나 종교문화에는 매우 뜻있는 전통문화도 있지만 권위주의나 신비주의도 함께 혼재되어 변질된 이성을 부추기는 것이다.

왕들이 기거했던 궁궐이나 지금의 청와대에도, 재판관의 의복과 법정의 좌석배치에도, 교황이 쓴 삼중관이나 황금으로 코팅된 이슬람 사원의 돔에도, 대리석으로 화려하게 치장된 사치스런 무덤에도, 악어백과 밍크코트, 그리고 코끼리 상아로 만든 도장에도, 마지막으로 진보와 보수. 그리고 사회주의와 자본주의 등의 이념집착에도 변질된 이성이 스며들어 있다.

특히 구인문적 사회에는 사람의 뼛속까지 침투해 버린 변질된 이성이 있다. 엄청난 재산을 축적하여 자손대대로 부귀영화를 누리는 것을 꿈과 목표로 간직한 이성이다. 성공한 자는 자신의 능력만으로 성공했기에 취득한 재물은 모두 자신의 것이라는 개념을 신봉하는 이성이다. 그러기에 큰 저택과 금은보화를 모으는 데에 부끄러움이 없다.

이러한 변질된 이성으로 목표를 달성한 갑부들이 많을수록 대다수의 삶은 그만큼 궁핍하게 되어 교육의 기회까지 잃게 되고 양극화(생활과 의식)가 심화되면서 사회적 갈등을 증폭시킨다.

구인문은 '탐욕을 버려라'고 외치면서도 구인문적 성공개념에는 인간을 탐욕덩어리로 만드는 심각한 비논리가 숨어 있다. '개인의 성공은 인간사회가 수천년동안 깔아 놓은 성공인프라(99%) 위에 자신의 노력과 깨우침(1%)의 결과이기에 성공(물질과 영혼)의 결과물을 그 비율에 따라 주위와 나누는 것'이라는 너무나 중요한 논리를 대중들에게 인식시키지 못한 대실수를 한 것이다.

이와 같이 '변질된 이성'은 사회가 공평과 화합으로 향하는 데 가장 큰 장애물이며 이를 제거해야만 새로운 인간사회가 도래된다.

바로 신인문적 사회다.

내가 먹고사는 데 필요한 재산 외의 과도한 재산이 모여도 내 것이 아니며 성공 인프라의 부산물이기에 나눔과 베풂의 용도로 사용해야 한다는 신인문적 개념을 철저히 실천하는 사회다.

큰 성공을 하여 물질이 쌓이면 국민 평균재산의 3~4배만을 보유하고 나머지는 나눔과 베풂을 의무와 책임으로 삼는 것이 가장 기본적인 '도덕적 의무'라고 확신하는 사회이며 국민들은 이러한 확신을 실천에 옮기는 자들만을 신뢰하고 존경하기에 공평과 화합의 사회로 향할 수밖에 없다.

예를 들어 기업을 창설하여 나라경제에 큰 도움을 주고 기업이윤의 일부분을 사회에 환원하는 덕성을 가진 기업인이라도 개인적으로 엄청난 재산을 축적하고 있다면 변질된 이성에 중독된 자이며 비윤리적이고 비도덕적이라는 국민적 여론을 면치 못하는 사회가 바로 신인문적 사회다.

'생색내기'를 '진정한 나눔과 베풂'으로 둔갑시키는 교활함으로 엄청난 재산을 축적해 놓은 탐욕가가 아무리 인간적인 풍모와 도덕으로 무장하고 포장해도 변질된 이성에 중독된 자가 아니고 도대체 무엇인가?

이것이 구인문과 확연히 다른 신인문의 개념이다.

먹고사는 것이 충분함에도 더 모으려 하는 물질탐욕이나 능력이 부족함에도 더 높은 위치를 바라는 직위탐욕, 그리고 사후세계까지도 생존의 끈을 이으려는 영혼탐욕이야말로 인간사회를 온갖 갈등과 증오로 들끓게 하는 파멸의 원흉이며 그 중심에 바로 변질된 이성이 있는 것이다.

이와 같이 변질된 이성에 물든 자들은 필요이상의 재물을 탐하거나 능력이 미치지 못하는 직위를 차지하고도 의기양양하고 기세등등하다.

물질이 부족하면 악착같이 모아야 하지만 넘쳐흐르면 그 즉시 주변과 나누고 자신의 능력에 넘치는 직위가 주어졌다고 생각되면 즉시 사양할 줄 아는 이성을 터득하여 본성의 품격을 올려야만 변질된 이성으로부터 벗어나 신인문적 사회가 도래된다.

신인문적 사회로 성숙되면 과도한 물질을 가진 자들이 사회나 주변에 스스로 물질을 분배하기에 양극화가 사라지고 국가가 지불해야 하는 사회복지비용도 크게 줄어든다. 교육의 기회 또한 더 많이 주어지면서 국민의식의 양극화 또한 사라지게 되어 사회에 반감을 가진 자들도 그만큼 줄어들게 된다. 그리고 심각한 사회문제들도 하나 둘 서서히 사라지게 된다.

이러한 사회로 향하기 위한 필수요건이 있다. 변질된 이성을 스스로 제거시킨 자들이 사회 각 분야의 리더가 되는 일이다.

그렇다면 변질된 이성이란 무엇인가?

삶의 중심을 사랑과 나눔과 베풂에 두고 있는 듯 힘주어 말하면서 그 내면은 물질이나 영혼에 대한 탐욕으로 가득 차 있는 비논리적 이성을 말하며 사회를 혼란케 하고 인간의 본성까지도 파괴시키는 이성이다.

O18 물질만능의 뿌리

변질된 이성은 합리적 이성과 명쾌하고 뚜렷한 차이점이 있다. 전자는 사랑과 행복을 얻기 위해서 물질과 성공과 직위가 반드시 필수조건이 되어야 한다고 확신하기에 힘과 권력의 논리에 중독될 수밖에 없는 이성이고, 후자는 품격 있는 영혼을 터득하고 그 속에서 카리스마와 배려의 절묘한 조합을 만들어 내는 것이야말로 사랑과 행복의 필수조건이라고 확신하기에(물질과 성공과 직위는 이를 위한 보충조건일 뿐) 문화의 논리를 더욱 즐길 수밖에 없는 이성인 것이다.

이러한 개념의 차이는 인간사회의 문화수준을 극과 극으로 몰고간다. 구인문도 이러한 합리적 이성을 철저히 가르치려 몸부림쳤지만 오늘날의 인간사회를 깊이 들여다보면 변질된 이성이 주류가 되어있다. 그 이유는 여러 가지 측면이 있겠지만 구인문이 매우 중요시한 선악과 신과 귀신의 개념과도 무관치 않다. 자신은 선과 신의 세력이고 상대는 악과 귀신의 세력이니 물리쳐야 한다. 이러한 개념을 전통과 관습과 종교에 연결시켜 놓은 것이다.

선악이나 신과 귀신의 개념은 논리보다 이념을 앞세우는 불통개념이기에 악과 귀신에 대한 증오만을 증폭시켜 승패를 겨루는 전쟁으로 치닫고 이를 위해 세력을 키우지 않으면 안 된다.

그러나 옳고 그름의 개념은 논리를 가장 먼저 앞세우는 소통개념이기에 증오보다는 '지혜쌓기'에 심혈을 기울일 수밖에 없어 평화로우며 세력을 키우는 데 집착할 이유가 없다.

이와 같이 구인문은 구분할 필요도 없는 것을 구분하고 있지도 않는 것을 만들어 마치 있는 것처럼 형성시켜 서로가 선이고 신이라며 다투다가 승패를 가리기 위해 전쟁을 벌이면서 엄청난 목숨들이 어이없이 죽어 갔다.

이와 같이 서로의 승리를 위해 각자의 세력을 더욱 확장시키는 것이 인간역사의 대부분을 차지하고 있을 정도다. 예를 들면 기독교는 기독교의 승리가 정의이며 이슬람교는 이슬람의 승리가 정의이니 이러한 두 정의에는 논리와 대화가 단절되어 있어 끝없는 증오와 투쟁으로 수많은 희생만을 치르고 있는 것이다.

여기에서 중대한 논리가 발견된다.

세력을 키우기 위해서는 힘과 조직을 더욱 대형화해야 하고 이를 위해서 반드시 필요한 것이 물질이다. 선악과 신과 귀신의 개념이 물질탐욕을 불렀다는 것이다.

인류사를 바라보면 대형화(사찰, 무덤, 성당, 사원, 상징물)에 심혈을 기울이고 그 위에 황금코팅을 즐겼으며 오늘날에도 초대형 물질들(건물, 탑, 기념비, 주택 등)에 감동하고 초호화 사치품들(아파트, 자동차, 유람선, 보석, 의류 등)에 흥미를 가지며 수십, 수백억을 들여 우주관광을 즐기면서 엄청난 에너지를 소모하고 있다.

'내가 벌어들인 돈을 쓰는데 뭐가 문제인가?'라는 논리에 빠져 있는 것은 물질만능의 뿌리를 제거하지 못한 구인문의 책임인 것이다. 구인문의 모습은 가슴 파인 상의와 초미니 스커트를 입고 온몸을 보석으로 치장한 여인이 사치나 성폭력을 추방해야 한다며 소리치며 주변을 휘젓고 다니는 모습을 연상케 한다.

오늘날의 인간사회가 문화를 외치면서도 문명에 중독되어 가고 실용의 논리보다 사치의 논리에 점점 빨려들고 있는 이유도 여기에 있다. 구인문의 교육을 가장 많이 받아 출세를 한 자일수록 물질탐욕에 더욱 혈안이 되어 있는 오늘날의 현실이 구인문의 심장부를 그대로 보여 주고 있는 것이다.

019 합리적 이기심과 변질된 이기심

본성에서 분리 독립된 이성은 곧 바로 야누스의 두 얼굴로 진화했다. 합리적 이성과 변질된 이성이다. 이들은 둘 다 이기적 뿌리를 가지고 있다. 이것을 이성적 이기심이라 하며 본성적 이기심과는 구별된다. 이러한 개념은 구인문과 다른 신인문의 시각이기에 혼란스러울 수도 있으니 주의 깊은 사색을 바란다.

인간은 태어남과 동시에 이기심을 가지고 있으며 그 자체가 살아있다는 증거라는 것이다. 단지 어떤 이기심이며 그 이기심의 품격을 어떻게 올리느냐가 바로 신인문의 역할일 뿐이다.

배가 고파서 동생이 먹고 있는 빵을 빼앗아 먹는다든지 야밤에 이웃동네에 가서 닭서리를 하는 것은 본성적 이기심이다. 본성적 이기심은 사회를 뿌리 채 흔들어 대지는 않는다. 그러나 이성적 이기심은 두 가지로 대별되며 그 방향에 따라 '사회의 심각한 혼란이냐?' 아니면 '품격 있는 사회냐?'가 결정된다.

바로 합리적 이기심과 변질된 이기심이다.

전자는 올바른 문화(춤, 노래, 창작, 토론 등에 대한 열정)를 깨우치려는 이기심을 말하고 후자는 잘못된 문화(물질, 직위, 성공 등에 대한 집착)를 탐하려는 이기심이다. 전자는 사랑과 생존의 품격을 올리는 욕심이기에 권장해야 할 이기심이고 후자는 물질과 영혼과 성공을 탐하는 욕심이기에 제거해야 할 이기심이다.

그리고 합리적 이기심은 본성 속에 녹아들어 본성을 업그레이드하는 데 활용되는 이기심이고 변질된 이기심은 본성을 본능수준으로 내버려두거나 무시한 채 힘과 물질의 논리에 취해 있는 이기심인 것이다.

합리적 이기심에 차 있는 자는 어느 직위와 직책이라도 만족하며 맡은 직무에 충실하고 오로지 주위로부터 사랑받는 것 하나만을 욕심내는 자이지만 변질된 이기심에 차 있는 자는 비난받는 정치인이나 기업인처럼 주위로부터 사랑받는 것보다는 성공과 물질을 우선적으로 욕심내는 자이다.

이기심의 양면을 분석하지도 않고 그 단면만으로 이기심에 대한 정체성을 규정해 버린 구인문은 '이기심을 버려라'고 가르쳐 왔다. 합리적 이기심과 변질된 이기심의 정체성을 분리하는 작업을 하지 못한 것이다. '이기심을 버려라'고 노래하는 구인문과 '변질된 이기심(탐욕)만을 버려라'는 신인문의 개념차이는 엄청난 사회변혁을 예고하고 있다.

훌륭한 정신적 지도자나 예술가가 사랑스런 사회를 만드는 것은 그들의 끝없는 합리적 이기심 때문인 것이다.

O2O 변질된 이성의 두 얼굴

평생을 어린아이 같은 감수성으로 물질탐욕이 없는 삶을 영위하며 대중의 사랑을 받는 사람들이 있다. 그들은 몇 벌의 옷과 책들이 물질소유의 전부다. 예를 들면 법정스님, 김수환 추기경, 이해인 수녀가 그렇다. 물질탐욕을 버리는 멋과 아름다움이 삶의 품격에 짙게 배어 있기에 우리들의 가슴에 깊이 남아 있다.

그들은 자신의 삶을 영위하는 데 가장 중요한 철칙이 있다. 남 탓을 하지 않고 내 탓으로 돌린다. 자신과 직결된 사안에 문제가 발생하면 '내가 바보요, 내가 부족하다'고 생각한다. 대중들이 그들을 사랑하고 존경하는 이유다.

그러나 대중들에게 '그들이 걸어온 삶을 살겠느냐?'고 질문하면 대다수가 고개를 젓는다. 그 이유는 크게 3가지로 요약할 수가 있다.

첫째 성인이 되어서도 금욕생활을 하며 힘들게 살고 싶지는 않다.
둘째 혼인과 자녀출산까지 금하면서 살고 싶지는 않다.
셋째 비논리적 내세관에 거부감을 느낀다.

이 3가지에는 공통점이 있다. 합리적 이성과 배치되는 변질된 이성이라는 것이다. 주위에 피해를 주지 않는 한 금욕보다는 자유를 누리고 남녀가 서로 사랑하면 혼인하여 자녀를 낳아 기르며 논리적 사고가 바탕으로 한 순수한 영혼이어야 합리적 이성을 가진 삶인데 이러한 삶과 상반되기 때문이다.

물질만능주의로 가득 찬 오늘날의 인간사회에 절망한 나머지 속세를 떠나 종교인으로 거듭나려 하는 자도 있지만, 그곳 역시 비논리적 영혼에 물들게 하는 율법 때문에 변질된 이성을 지닐 수밖에 없는 것이 바로 '인간의 굴레'인 것이다.

대중과 종교인은 서로 다른 극(물질탐욕)과 극(영혼탐욕)의 변질된 이성을 가지고 있는 것이다. 그러므로 종교인이 '물질탐욕'까지 지니고 있다면 대중들보다도 더 흉측한 몰골로 변질된 자이며 변질된 이성의 완결판이다.

그렇다면 진정한 삶은 무엇인가?

변질된 이성의 뿌리가 되는 두 가지 탐욕(물질과 영혼)을 과감히 떨쳐버리고 합리적 이성만으로 본성의 품격을 올려 진정한 나눔과 사랑을 이웃과 함께 하려는 삶이다. 이러한 마음으로 성실히 살면 마음이 한없이 가볍고 행복하다.

○21 강간과 간통

그대는 강간이 본성에서 나오는 악한 영혼이라고 생각하고 있는가? 구인문에 의하면 이성을 잃어버린 사악한 본성에 의해 저질러지는 일로 규정한다. 그러나 신인문은 전혀 다르게 바라본다. 머리로 계산된 사악한 행동은 변질된 이성이 중심축이 되어 일어나는 것이다.

그렇다. 강간행위는 본성을 드러내는 것도 아니고 이성을 잃어버린 것도 아니다. 이러한 행위는 변질된 이성에 의해 교활하게 저질러지기에 사회규범을 심각하게 파괴시킨다.

인간이 법을 만드는 것은 변질된 이성에 의해 저질러지는 타당치 못한 행위를 강력히 막아내기 위한 것이지 인간의 본성을 단죄하려는 것은 매우 어리석은 일이다.

동물이 물질탐욕을 부리지 않고 강간을 하지 않는 이유는 본성에서 분리된 이성 자체가 없어 변질된 이성도 없기 때문이다. 그러므로 법이 없어도 무리 속에 심각한 문제가 발생하지 않는다.

이러한 신인문적 논리는 인간의 본성에는 사회를 몰락시키는 요소를 가지고 있지 않다는 것을 입증시키고 있다. 그러나 물질과 영혼의 탐욕에 중독된 변질된 이성은 강력한 법으로 규제하지 않으면 인간 사회를 파멸로 몰아간다.

그렇다면 간통도 변질된 이성에 의해 이루어진다고 생각하는가? 물론 변질된 이성도 섞여 있다. 그러나 근원적이고 핵심적인 것은 억압된 본성이다.

그러므로 간통을 법으로 규제한다는 것은 구시대 인문의 틀 속에서 헤어나지 못하고 있는 대표적 사례 중의 하나다. 간통을 변질된 이성의 관점에서만 바라보면 사회불안의 요인처럼 보이는 것들도 있지만 변질된 이성에 찌든 자들의 우려일 뿐이다.

우리네 전통과 관습이 본성을 너무나 홀대하고 있기에 나타나는 현상일 뿐이며, 법을 엄격히 적용해야 할 대상은 강간처럼 변질된 이성만으로 저질러지는 교활한 위법행위들이다.

022 '의인'이 사라진 이유

본성은 물질을 물질 그 자체로만 본다. 그러나 변질된 이성은 물질을 단순한 물질로만 보지 않는다. 물질은 권력이요, 힘이며 자존심의 상징으로 생각한다. 물질로 영혼까지 지배할 수 있다고 생각할 정도로 본성을 무시해 버리는 이성이다. 필요 이상의 물질에 끝없이 탐욕과 집착을 가지는 변질된 이성이야말로 동물의 본능보다도 반사회적인 이성인 것이다.

변질된 이성으로 단단히 무장된 자들은 진정한 사랑으로 향하는 입구를 거대한 바위로 폐쇄시켜 놓고 모든 책략을 총동원하여(때로는 신의 힘까지 빌리면서) 더 큰 저택과 더 많은 금은보화를 창고에 저장시켜 자자손손 대를 이어 가며 물질을 보전케 하여 힘과 권력의 가문을 세우려 한다. 그러한 생각을 가진 자들이 많아질수록 대중에게는 물질의 나눔이 그만큼 줄어들고 가난에 의한 고통과 공포가 일상화되며 진정한 사랑을 위한 지식과 지혜를 터득하는 기회를 잃게 된다.

더 큰 문제가 있다.

그들의 변질된 성공개념을 바라보고 있는 대중들의 절대다수도 자식들을 교육시켜 재물과 직위를 얻으려는 꿈이 삶의 모든 것인 양 뇌리에 박혀 버린다는 것이다. 그들이야말로 인간의 절대다수를 변질된 이성으로 몰아넣는 원인제공자들이라는 것이다. 과자 속의 멜라민처럼 구인문 속에 너무나도 자연스레 녹아 있는 독극물에 중독되어 빠져나올 수 없는 상념이 되어 버린 것이다.

이와 같이 변질된 이성의 시각으로 모든 삶을 바라보는 자들(인간들의 절대다수)의 눈에는 변질된 이성으로 철저히 무장된 자가 가장 탁월한 자로 판단되기에 이러한 대중적 개념 속에서 여론과 유명세를 얻어 성공한 리더들의 절대다수 또한 변질된 이성을 가진 자로 채워질 수밖에 없지 않는가?

그 리더들의 무리 속에서 '의인'을 찾기란 모래 속에서 사금을 찾아내는 것과 같은 이유 또한 여기에 있다.

그들이 앞장서서 법과 문화를 만들고 인간들의 정체성을 만들려하니 어찌 올바른 법과 문화가 정립될 것이며 어찌 올바른 인문의 정체성이 확립되겠는가? 인문의 몰락으로 치닫게 될 수밖에 없지 않는가?

023 대성인들이 쳐놓은 그물에 걸려든 인간

오늘날 인문학자들이 너 나 할 것 없이 이구동성으로 인문의 몰락을 외치고 있는 것은 보이지 않는 뼛속 깊은 곳에 기생하며 인문의 숨통을 가로막고 있는 그 무언가가 있다는 증거일 수밖에 없다.

우주선이 다른 혹성으로 날아다니고 있는 최첨단 과학시대에 이르기까지 인문 또한 끝없이 발전해 왔지만 아직까지도 4대 성인들이 사색해 놓은 인문의 벽 속에 갇혀 허우적거리고 있는 이유 또한 여기에 있다.

그들이 만들어 놓은 인문의 벽을 넘지 못하는 이유는 무엇일까? 그들 이후로 그들보다도 사색이 뛰어난 자가 나타나지 않아서일까?

그렇지 않다. 그들이 만든 완벽하고도 화려한 그물에 걸려 있기 때문이다.

그들이 인문의 뿌리가 아님에도 뿌리인 양 착각하며 진정한 인문의 뿌리는 생각조차 하지 않기 때문이다. 그들은 무에서 유를 창조한다는 마음으로 사색하며 인문의 길을 개척했지만 우리는 그들을 기반으로 하여 인문의 길을 개척하려 하기 때문이다.

그들은 백지 위에 인문의 그림을 그렸지만 우리는 백지 위에 그들을 먼저 그려놓고 그 나머지 부분의 인문을 채우려고 하기 때문이다.

이제는 그들을 그림의 주제로 삼지 말고 우리의 그림을 그리는 데 필요한 크레파스로 사용해야 한다.

O24 본성과 본능의 개념

4대 성인이라 일컫는 자들은 대인문학자인 동시에 자신들이 구상한 인문을 실제로 행동에 옮긴 사람들이다. 그들 역시 그 이전에 만들어진 인문을 배우고 익히며 자신의 것으로 만든 뒤, 인문의 뿌리인 사회적 사랑(개인적 사랑보다는)을 설파했다. 그들 나름대로는 거대한 인문의 탑을 세운 것이다.

그러나 그들에게도 한계는 있었다.

그 이전에 만들어진 인문 속에 내재되어 있는 이분법적 흑백개념을 넘어서지는 못했다. 오히려 더 확고한 신념으로 선과 악을 다지고 진실과 거짓, 그리고 영혼(정신)과 물질(육체)을 구분하는 데 열중했다.

특히 본성과 이성을 철저히 구분했다. 선명하게 구분하면 할수록 그들을 따르는 확고한 대중들을 더 많이 확보할 수 있었기 때문이다. 그들이 본의 아니게 저지른 가장 큰 오류였다. 그 오류야말로 오늘날의 인문이 몰락해 가는 근본적 원인의 중심에 서 있는 오류이기 때문이다. 그들도 최선을 다해 인간을 구원하려 했고 엄청난 기여도 했지만 가장 치명적인 실책을 범했다는 것이다.

이러한 '구분 짓기'는 바로 인간의 이중성을 확대시켜 놓았기 때문이다. 모든 삶에 선과 진실과 영혼과 이성만을 외쳤으니 악과 거짓과 물질과 본성이라는 상대개념은 용수철처럼 더 튀어올랐다.

사회적으로나 표피적으로는 그들을 찬양하고 실천하는 듯하면서 개인적으로나 내면적으로는 상대개념의 매력을 포기하지 못하는 대중들은 야누스의 두 얼굴처럼 변질될 수밖에 없었다.

대성인들은 그들만이 유아독존인 양 역사 속에서 빛을 발하고 있지만 이제는 새로운 인문의 틀에서 재조명해야 할 시기가 도래된 것이다.

그들은 인간의 본성을 억제시키는 전통과 관습과 종교를 만드는 데 성공했다고 자부하겠지만, 인간의 진정한 행복을 찾아 주는 완결편은 아니었다. 그들은 인간의 본성을 억제시키기 위해 추상적 행복론이나 내세의 개념을 도입하여 현세의 고뇌를 해결하기도 했다. 그러나 본성을 억제시키는 행복론은 소극적인 논리이며 진정한 깨우침이 아니었던 것이다. 진정한 깨우침이란 본성을 억제하는 방법을 알려 주는 것이 아니라 본성을 업그레이드하는 이성을 체계화시켜 현세의 행복을 가꾸는 방법을 알려 주는 것이다.

그들은 이성이 본성 속에서 빠져나와 분리 독립되었다는 사실을 전혀 알지 못하였기에 '본성억제론'이 인문의 전부일 수밖에 없었다. 이성이 본성을 업그레이드하기 위한 것이며 이성이란 본성이라는 아름다운 꽃을 받쳐 주는 꽃받침일 뿐이라는 개념을 상상조차 하지 못했다. 그러다 보니 대중들에게 이성이 무엇인지를 편파적으로 알린 것이다.

그 시대의 한계였다. 본성을 동물의 본능 정도의 수준으로만 취급한 것이다. 그들이 개인적인 사랑에 대해서는 대체적으로 침묵하며 사회적 사랑만을 침이 마르도록 외쳤던 이유인 것이다.

이성을 잃으면 본성마저 상실된다는 사실을 모른 채 본성이 되살아나온다고 오히려 질겁하며 이성만을 외쳐댔던 것이다.

○25 대성인들의 침묵

대성인들은 본성과 이성을 철저히 구분 짓고 본성을 또 다시 선과 악으로 구분 짓거나 원죄설까지 만들어 냈다. 그것은 태초의 인간에게 이성이 주어지고 그 이성이 합리적 이성(논리)과 변질된 이성(신)으로 분리되는 것과 별반 다름이 없는 인간 영혼의 진화과정이다.

그리하여 대성인들은 본성을 동물의 본능 정도로 취급하며 억제시키고 이성에만 사색의 대부분을 집중했던 것이다. 본성은 변치 않는 것이기에 덮어 버리고 이성만으로 사랑과 행복을 만들려고 했다.

그러나 그것은 불가능한 일이었다. 본성에 중심의 축을 두지 않는 이성으로는 진정한 사랑과 행복을 만들어 낼 수가 없다. 아무리 부귀영화를 누려도 허전하고 아무리 신선의 도를 터득해도 끝없는 혼미가 앞을 가리는 것은 본성의 멋과 아름다움까지 추함과 저질로 폄훼하는 마음에서 기인된다. 이성에만 골몰한 나머지 본성적 사랑의 뿌리에 영양분을 공급하지 않기 때문이다.

그러나 그들은 그 원인을 다른 곳에서 찾아 헤매고 있으니 어찌하랴. 바로 코 밑에 해결의 실마리가 있음에도 아예 쳐다보지도 않고 먼 산만 바라보며 한숨짓고 있었다.

물론 본성은 변치 않는다. 본성이 변질되면 인간의 정체성을 상실해 버리니까.

그러나 인간의 본성이 동물의 본능과 다른 것이 있다. 이성이라는 섬세한 도구로 본성을 갈고 닦으면 변하지는 않아도 빛이 난다는 것이다. 그것은 마치 돌이라는 재료는 변치 않지만 깎고 연마하면 돌하루방처럼 멋진 예술품을 만들 수 있는 것과 같다.

이와 같이 대성인들은 본성과 이성을 구분 짓기 이전에 종속적 관계임을 깊이 연구하려 하지 않았다. 인간은 본성과 이성의 종속적 관계를 깨우치고 이 둘을 절묘하게 연결 배합시켜 꽃과 꽃받침의 모습으로 어우러질 때만 진정한 사랑도 진정한 행복도 이루어 낼 수가 있다.

그러나 그것은 결코 쉬운 일이 아니기에 인문학이 존재하며 새로운 인문도 그 방향을 찾아나서는 것이다. 진정한 이성은 본성에 존재하는 사랑의 뿌리를 잘 가꾸어 아름다운 꽃과 열매를 거두는 데 협조만 하면 되는 것이다.

O26 대성인들의 결정적 과오

대성인들은 본성을 본능의 개념으로 내던져둔 채 이성만으로 인간 최고의 덕목을 만들려고 심혈을 기울였다. '본성과 이성은 꽃과 꽃받침처럼 연결되어 있다'는 사실을 알지 못했기에 어쩔 수가 없었다.

이성만으로 만들어 놓은 선이나 진실 또는 영혼의 개념으로 대중들에게 사랑과 행복을 위한 지혜를 가르치려 했던 것이다. 그러나 본성을 깊이 이해하지 못하고 이성에만 치우친 논리는 편향된 논리로 향할 수밖에 없다.

이러한 대성인들의 편향된 가르침은 잘못된 이념의 도화선이 되었고 악과 거짓과 물질이라는 대립개념을 더 선명하게 만드는 계기가 되었다. 선과 진실과 영혼에만 치우친 그들의 논리는 힘없고 약한 자들의 절대다수에게는 감탄을 자아내며 열광시켰지만 힘있고 강한 자들을 크게 감동시키지는 못했다. 힘있고 강한 자들 중에는 선과 진실과 영혼만 가지고는 사랑과 행복을 충족시킬 수 없으며, 그 대립되는 개념에서도 사랑과 행복을 추출해 낼 수 있다는 자만심으로 가득 차 있기 때문이다.

오히려 그 논리(대성인들이 구체화시킨 편향된 바탕논리)를 가지고 힘없고 약한 자들을 지배하는 데 활용하며 악과 거짓과 물질의 개념을 즐기는 데 사용했다. 바로 오늘날의 사회실상이다. 선과 진실과 영혼의 가르침을 확고히 받은 사회일수록 악과 거짓을 활용하면 매우 쉽게 권력과 물질을 확보할 수 있다는 간사함을 터득케 했던 것이다. 면역력이 부족한 곳에는 잡균들이 쉽게 침투하는 원리와 같다.

이와 같이 본성과 연결되지 않은 이성의 논리는 진리를 향하는 논리가 아니었던 것이다. 대성인들이 이성의 논리만으로 대중에게 설파한 것 자체만으로도 큰 과오라고 말할 수 있다. 그리고 본성과 이성, 선과 악, 신과 귀신, 진실과 거짓, 영혼과 물질로 분리만 하고 그 연결고리는 찾지 못해 사회의 갈등과 분열을 자초했다. 이것이 바로 그들의 결정적 과오다. 결국 인문은 이분법적 흑백개념으로 발전했고 그것은 본의 아니게 이념의 대립이라는 파생상품만을 낳았다.

자동차 정비사는 고장난 차를 일단 분해하여 제 기능을 하지 못하는 부품을 찾아 새 부품으로 교환하고 다시 조합과 조율을 거쳐 차를 완벽하게 움직이게 한다.

그러나 대성인들은 인간의 문화와 문명(인문)을 조립하고 조율하기보다는 분리하는 데 열중하면서 화합과 평등을 노래했다. 그리하여 잘못 분리된 부품들(이분법적 개념이나 이념들)은 3~4천년동안 조립되지 못한 채 나뒹굴며 사회적 갈등과 불평등을 증폭시켰다.

그것은 마치 수리하려고 분해하거나 무리하게 잘라놓고 조립과 조율이 어려워 오랫동안 방치한 부품들이 녹슬어 결국 폐기해야 하는 자동차처럼 구인문은 몰락하고 있는 것이다. 이제는 방치되어 녹이 슨 부품들(개념이나 이념들)을 수거하고 선별하여 버릴 것은 과감히 버리고 혁신적인 신 부품들도 개발하여 재조립과 재조율을 거쳐 새로운 자동차를 완성시켜 사용해야 한다.

그러나 오늘날 인간들의 뇌리 속에 녹아 있는 구인문의 '녹'을 닦아내는 일이 너무나도 힘겹다.

027 반쪽의 지혜가 만든 반쪽사회

석가, 공자, 소크라테스, 예수, 플라톤, 아리스토텔레스, 맹자, 이황, 이이, 데카르트, 스피노자, 로크, 흄, 칸트, 벤담, 헤겔, 쇼펜하우어, 니체, 마르크스, 러셀 푸코, 들뢰즈 등의 선배들에게 묻노니, 그대들이 후세의 엘리트 지식인들에게 보낸 열정에 찬 사상과 철학은 허공에 쏜 화살인가? 현실에 스며들 수 없는 탁상공론인가? 그대들이 목숨 걸며 찾아 헤맨 진리는 영원한 이상향일 뿐 대중의 현실 속에서는 피어나지 못하는 향내 없는 꽃이었나?

그대들이 제시한 '사랑'과 '행복'의 개념이 '정의사회 구현'의 발판을 만들어야 하는데, 청년시절에 잠시 가슴을 파고들다가 세월이 흘러 장년이 되면 술집의 안주거리나 조롱거리로 전락해 버리고 이구동성으로 '현실적용 불가능'이라는 마침표로 결론 내려버리는 허수아비의 노래였나?

그대들이 살아 숨 쉰 후 지금까지의 인간역사에 끝없는 부정과 부패의 관행, 그리고 철옹성 같은 분쟁과 반목이 사라지기는커녕, 심화되고 있는 인간사회의 기형화 현상이야말로 그대들이 원치는 않았지만 책임져야 할 무언가가 있다.

그대들은 그대들이 획득한 역사적 명예와 존경만큼 사회를 통합의 메카니즘으로 이끌어내지 못한 무력감에 대해 지하에서 아직도 변명하고 있는지도 모른다. 그대들의 사상과 철학이 현실사회와의 괴리감을 주는 이유를 그대들은 알고 있는가?

그대들이 지향했던 행복론, 사랑론, 그리고 국가론이 이상과 이성에만 치우쳐 대중이 따라가고 싶어도 따르지 못하고 물과 기름처럼 제각각 떠돌아다니면서 오늘날 사회에 오히려 혼란과 불행의 중심에 자리하고 있음을 그대들은 알고 있는가?

그중에서도 가장 핵심적인 사랑론을 아가페적 접근만 하며, 에로스적 접근을 금기시하였으니 반쪽의 반석 위에 세워놓은 행복론과 국가론이 어찌 성할 리가 있겠는가?

그대들은 이성에 대한 사색만큼은 예리하고 섬세했지만, 본성에 대한 연구와 사색은 너무나 미약하였으며 이성적 논리에만 치중하여 인문을 설정해 버린 결과가 오늘날에 이르러 '반쪽의 지혜'만을 팽창시켰다.

본성의 본질과 방향을 정립하여 별도로 발전시키지 못하고 이성만을 가지고 본성의 영역까지 연결, 대입시키려한 '무모한 이중성'에 오늘날 더욱 발전해야 할 '카리스마의 분야'는 도태되어 버렸고 '배려의 분야'만이 확대되어 균형과 중심이 무너져 내리는 사회로 전락시켜 버렸다.

오늘날 '과잉민주주의'와 '천민자본주의'는 과식을 즐겨 온 아이와 같이 인간의 정신과 육체를 좀먹고 한쪽으로 기울며 침몰해 가도 그 배를 바로 세울 선장이 나타나지 않는다.

그대들은 인류의 후손을 위해 최선을 다했지만 인간들은 그대들이 만든 '반쪽의 지혜'를 따르려고 몸부림치다 결국 지쳐버렸다. 그리고 반쪽의 지혜를 가장 많이 암송하고 익힌 엘리트들의 대다수가 사회에 나와서 그대들의 염원과는 반대로 배우지 못한 대중들보다도 더 큰 잘못을 범하고 있지 않은가?

그대들이 인간의 본성을 부정적으로 보거나 선악으로 갈라놓고 본성의 깊은 의미를 잘못 규정해 버린 업보를 오늘날의 사람들은 그대로 뒤집어 쓴 채 살고 있다. 학창시절에는 '반쪽의 진리'에 감동하며 머리에 암송하다가 성인이 되면 가슴과 손발이 다른 곳으로 향하고 있다는 것이다.

이것이 바로 인문과 리더십의 뿌리가 재정립되어야 하는 이유이며 세상이 달라져야 하는 이유다.

신의 탄생 03

028 신의 탄생

성대의 기적이라는 천운을 얻게 된 만물의 영장도 대자연의 흐름 앞에서는 극과 극의 상황에 처할 수밖에 없었다. 배부르고 안정된 여유의 상황과 굶주리거나 불안한 공포의 상황이다. 전자의 상황은 춤과 노래와 대화를 즐기며 사랑과 논리를 태동시켰지만 후자의 상황은 생존의 문제이었기에 어찌할 바를 몰랐다.

먹이를 찾아 헤매며 끝없이 굶고 화산폭발이나 번개, 천둥, 폭우는 모든 삶을 공포로 몰아넣었으며 시뻘건 태양이 수평선 위를 떠오르고 질 때면, 그냥 고개를 떨어뜨리고 대자연의 모습만 지켜볼 수밖에 없었다. 이러한 굶주림과 공포는 그 당시의 논리로는 풀 수 없었으며 무언가 절대적으로 의지할 수 있는 힘을 끝없이 찾았고 그 결과 존재하지도 않는 신을 만들게 된다.

그저 믿고 기도하고 싶을 뿐이었다. 태초의 인간의 입장에서는 그럴 수밖에 없었다. 그리하여 태초의 인간은 지역마다 씨족마다 그들에게 가까이 있는 자연과 어울리는 신을 제각각 만들기 시작한 것이었다.

이와 같이 풍요로움과 여유로움은 인간에게 사랑과 논리를 만들게 되었고 굶주림과 긴박함은 신과 귀신(비논리)을 만들었다. 논리와 신은 전혀 다른 극한 상황에서 태동되었기에 오늘날까지도 종교는 논리를 즐기지 않는다는 것을 기억하라. 논리와 신은 근본적으로 그 뿌리가 다르다는 것이다.

안정된 상황에서 저절로 태동된 사랑과 논리는 인성을 다듬질하고 토론과 합리적 사고를 만들면서 오늘날까지 문화와 문명에 엄청난 변혁을 주었지만, 불안정된 상황에서 태동된 신은 절대지존의 힘으로 변화를 거부하며 제각각 뭉쳐서 만들어진 신들의 전쟁을 시작했다.

인간은 신의 종이 되어 끝없는 희생을 기꺼이 감수해 왔다. 사실은 신의 전쟁이 아닌 인간의 자존심 전쟁이었던 것이다.

그리고 세월이 흐름에 따라 대자연이 인간에게 만들어 준 사랑의 특권도 신이 접수하게 되고 신들마다 제각각의 이념을 가진 사랑을 외치다 보니 평화를 노래해야 할 사랑이 전쟁을 부추기는 사랑으로 변질되었다.

이와 같이 태초의 인간이 불안과 공포를 막으려고 탄생시킨 신들이었지만 이제는 신들의 전쟁 때문에 인간들이 불안과 공포에 떨고 있다.

029 신이 만든 파생상품

맹수의 송곳니를 빼닮은 드라큐라의 이빨과 독수리의 부리를 빼닮은 마귀할멈의 코는 악의 상징인가? 그리고 귀가 큰 부처와 긴 머리에 잘 생긴 예수의 모습은 선의 상징이란 말인가?

아이들에게 '마귀할멈 이야기'나 '귀신 이야기'를 들려주면서 평생동안 선악과 신과 귀신의 개념을 의식화시키려는 것이 과연 올바른 교육이며 올바른 인문인가? 오히려 올바른 인문의 길을 가로막고 있는 장애물일 뿐이다.

이성이 본성에서 독립되지 못해 선악과 신과 귀신의 개념에 전혀 관심이 없는 동물들은 본능대로 살아가지만 결코 증오나 저주를 하지 않는다는 것을 상기하라.

구인문은 선악과 신과 귀신을 만들어 인간들을 올바른 길로 선도하려 했지만, 그 파생적 결과가 너무나 치명적인 것이다.

신의 사랑이 인간에게 신의 저주를 알려 주었고 선의 개념이 극명해질수록 악의 개념을 깨닫도록 했다. 그것은 마치 편안하게 사는 방법만을 알려 주다 보니 운동부족으로 인해 돌이킬 수 없는 질병으로 치닫는 결과를 초래하는 것과 같다.

신은 사랑과 평화를 주기 위해 만들어졌다고 설파하지만 인간에게는 증오와 전쟁이라는 파생상품을 만들어 버렸다는 것이다. 혹 떼려다가 더 큰 혹들이 인간사회의 내면에 알알이 박혀 버린 것이다. 이 혹들은 인간의 사랑 속으로 기생하여 진실과 거짓으로 가르는 습성을 만들어 미움과 증오를 키워 내면서부터 진정한 사랑의 개념이 오염되고 혼탁해진 것이다.

서양에서 만든 신의 사랑은 오히려 신의 저주를 의식화시켰으며 동양에서 만든 '수신제가' 역시 '치국평천하'를 위한 단계처럼 의식화되어 직위탐욕을 넌지시 부추겨 왔다.

'어질고 착하게 살면 복이 온다'는 신앙적 개념을 만든 구인문은 '못되고 독하게 살아야 성공할 수 있다'는 교활함을 주는 데도 기여한 바가 크다는 것이다. '그러지 마라'고 가르치면서도 그럴 수밖에 없도록 원천적 그물(비논리)을 깔아 놓은 구시대 인문은 이제 새로운 시각으로 거듭나야 한다.

030 신은 논리를 싫어해

신이나 귀신의 힘을 내세워 모든 것(사랑, 행복, 물질, 직위, 성공)을 획득하려는 것은 변질된 이성이기에 비논리적이며 비인간적이라는 논리에 대해 의구심을 가진 자들이여! 논리의 바다에는 설득이라는 훌륭한 선생이 살고 있으니 한번 만나러 가볼까?

태초의 인간은 본성에서 이성을 분리 독립시키면서 논리를 탄생시켰고 동시에 신과 귀신을 만들어 내고 보니 인간사회가 일단 안정되고 평화스러웠다. 그 당시의 논리력으로는 도저히 풀 수 없는 해와 달과 지진과 해일과 폭풍우와 가뭄 등과 같이 두렵기도 하고 고맙기도 한 대상들을 모두 신과 귀신으로 만들어 그들에게 기도하고 참배

했으니 논리와 비논리를 떠나 마음이 편했던 것이다.

이와 같이 단지 두렵기도 하고 고맙기도 해서 만든 신과 귀신이었으니 논리와는 거리가 멀 수밖에 없었다. 불안과 공포로부터의 탈출을 위해 만들어진 신과 귀신은 믿음의 대상일 뿐 논리의 대상일 수는 없는 것이다. 오늘날의 신들과 귀신들도 맹종만을 원하며 논리를 매우 꺼려하는 이유 또한 여기에 있다.

그리고 이제 대자연의 의문들이 과학문명을 통해 논리적으로 규명되는 시대가 왔고 신과 귀신의 대상들이 급격히 줄어든 것이다. 논리적이지 않는 것들은 갈 곳을 잃어버리는 세상으로 바뀌었다. 그러나 신과 귀신의 힘을 내세워 무언가를 획득하려는 자들은 그들을 따르는 자들과 함께 마지막까지 혼신의 힘을 다해 신과 귀신을 지키고 있다.

스스로 몸과 마음을 닦으면서 사랑과 행복에 다다라야 함에도 신과 귀신의 힘을 내세워 모든 것을 획득하려 하는 자들은 논리 자체를 그들의 적으로 규정해 버리는 경향이 짙다. 신의 핵심 주제인 사랑은 헌신짝처럼 내팽개치고 논리에 대한 증오를 품는다. 신의 권위를 손상시킨다고 확신하고 있기 때문이다.

논리에 결핍이 있는 자에게 논리를 던지면 대응할 가치가 없다고 대화를 끊고 소통을 거부하거나 대응할 논리가 없기에 증오를 품을 수밖에 없다. 비논리적 믿음에만 의지하다가 그 믿음이 올바르지 못하다는 논리를 펴는 자 앞에서는 수십 년 동안 맹종했던 삶 자체가 무너지는 듯 충격에 휩싸이기 때문이다.

태초에 논리로 출발된 인문은 끝없는 대화와 토론으로 소통하여 화합과 안정으로 수렴하지만 태초에 비논리로 출발된 인문은 대화와 질문을 거부하며 불통이 되고 분열과 혼란으로 치닫는다.

과학은 논리주의자를 적극적으로 포용하기에 전세계 과학자들이 하나로 소통하여 첨단과학이 창조되고 있지만 전통이나 종교는 논리주의자를 '요주의 인물'로 경계하기에 전세계에 뿔뿔이 흩어져 서로를 시기하거나 외면하며 이단을 재생산하니 불통과 분쟁으로 향할 수밖에 없다.

올바른 인문은 자연과 인간의 균형추와 연결고리를 논리체계로 완성시키는 것인데 그들은 그러한 논리 자체를 믿음의 적으로 간주하며 참다운 인문으로 나아가야 할 머나먼 길을 끈질기게 가로막고 있다.

이와 같이 전통이나 종교 속에 내재되어 있는 비논리에 중독된 모방적 다수가 이를 교정하여 논리의 계단을 완성하고자 하는 창조적 소수의 '칼날 같은 논리'에 증오를 품고 숨통을 죄고 있으니 어찌 참다운 인문을 과감히 펼칠 수가 있겠는가?

031 신은 '경계 짓기'의 달인

그대는 '신의 사랑도 사랑인데 어찌 인문의 몰락까지 들먹이는가?'라고 눈살을 찌푸릴 수도 있고, 신의 저주를 받을 것이라고 분노할 수도 있을 것이다. 그러나 분노하지 말고 논리로 말해야 한다.

신의 사랑은 같은 종교인들에게는 깊은 사랑을 속삭이지만 다른 종교(신)를 절실히 믿고 있는 자에게는 그렇지 못하다는 것이다. 다른 종교인들도 똑같이 사랑한다고 말하겠지만 진정일 수는 없다. 자신의 종교를 선택하지 못했으니 가엾고 애처롭게 생각할 뿐이며 그것을 진정한 사랑이라 말할 수는 없다는 것이다.

진정한 사랑은 논리적 대화로 인한 감성적 소통으로 시작되는데 서로 다른 종교인들끼리는 대화의 한계가 있다. 일상적 대화를 넘어선 이념적 대화는 이미 대화가 아닌 자존심경쟁이며 불통으로 치닫는다. 자칫 잘못하면 험악한 분위기를 조성하며 분노와 증오로 향한다.

자신의 종교를 가볍게 여기는 자가 나타나면 그렇게도 중요시하는 사랑을 내팽개치고 이단이라고 외치며 갈등을 증폭시키고 전쟁도 불사한다. 뿌리가 같은 종교라도 끝없이 갈라지며 경계 짓는 이유도 여기에 있다.

태초의 사랑을 공평하게 배려받기 위해 몸부림친 인간들은 논리를 탄생시켜 폭넓고 깊은 토론과 대화로 다양성을 수렴해 가며 원숙한 소통을 향해 달려왔지만, 태초의 공포와 불안을 해소하기 위해 몸부림친 인간들은 제각각의 신들을 만들어 토론과 대화의 다양성을 회피해 가며 절대적 자존심이라는 불통을 향해 달려왔던 것이다.

O32 신은 누가 만들었는가?

신은 누가 만들었는가? 분명 태초의 인간이다.

성대의 진화라는 기적의 천운이 오기 전에는 모습만 인간일 뿐 유사인간이었다. 일단 원활한 소통이 이루어지지 않아 신을 만들 수가 없었다. 그때까지 이 땅에는 신이 없었고 신이 뭔지도 몰랐으며 관심도 없었다.

그러나 기적과 같은 성대의 진화로 인해 자신의 마음을 섬세하게 전달할 수 있는 소통의 여건이 되자 태초의 인간 중에는 군중심리를 활용하는 인간이 나타나 신을 만들기 시작했다. 물론 처음부터 신을 만들고자 하는 의도는 아니었다. 굶주림과 자연에 대한 불안과 공포를 조금이라도 위안 삼기 위해 개인적으로 우연히 만들어 놓은 신비로운 상징물에 주변 인간들이 관심을 가지고 마음의 안식처로 삼으며 양식(곡식이나 고기)까지 바친다는 것을 알아차린 것이다.

이러한 군중심리를 가장 먼저 체득한 인간은 교활해지기 시작했다. 힘들게 먹이를 찾아 나서지 않아도 풍요로운 생활여건을 만들 수 있다는 것을 알게 된 것이다. 알고 보니 가장 편안하고 존경받는 일이었다. 연구하고 또 연구했다. 가능한 한 신비롭고 정교하며 웅장한 상징물을 비치했고 그러면 그럴수록 많은 인간들이 멀리서도 다녀갔다. 한 마디로 공감이 가는 신을 만들기만 하면 평생 동안 풍요롭고 안정적인 생활이 보장되었다. 정치인이 존재하지 않는 시절이었으니 최고의 직업이었다.

신을 만드는 경쟁은 치열해지기 시작하고 좋은 위치에 더 크고 신비로운 상징물을 만들어 공감심리를 극대화하는 데 성공하면 엄청난 재산의 축적까지도 가능한 유일한 직업이었다. 그리고 엄청난 재산은 힘과 권력까지 주었던 것이다.

머리가 뛰어나고 교활한 인간들은 계속 신을 만들어 내기 시작했고 지구촌 곳곳으로 퍼져 나갔다. 인간이 있는 곳에는 신을 만들지 않는 곳이 없었고, 신의 문화가 인간의 뇌리에 박혀 하드웨어가 되어 버린 것이다.

이제 인간들의 절대다수는 신이 없는 세상을 생각조차 할 수 없을 정도다. 오늘날 무신론자로 자처하는 절대다수도 사실은 유신론자인 것이다. 그들은 특정종교를 가지고 있지는 않지만 '신도 귀신도 확실히 없다'고 확신하지 못하고 있으며 '죽은 자의 영혼은 그를 아는 산 자의 추억 속에만 있을 뿐 육신과 함께 증발된다'는 확신마저 없이 살고 있다. 마치 '신발이 없으면 밖에 나갈 수조차 없다'고 믿는 상식으로 굳어져 버린 것이다.

이와 같이 인간들이 만들어 온 수십만 가지의 신들은 사라졌지만 몇몇의 굵직한 신들은 이 땅에 아직까지도 존재하고 있다. 그리고 비논리를 끝없이 연장시키며 몰락의 뿌리인 모순에 갇혀 있다.

033 가면 쓴 휴머니즘

종교가 아닌 일반적 이념 차이로 자존심 상하는 일이 생기면 그냥 모르는 척 꾹 참고 버틸 수 있는 상황도 자신의 종교를 비판하는 상대를 보면 참을 수 없는 표독이 온몸에 퍼진다.

그것은 자신이 그토록 믿고 있는 신에 대한 모독으로 비화되고 증폭되기에 반드시 응징해야 하거나 저주해야만 자신이 믿는 신에게 더 깊은 사랑을 받는다고 생각하니까 진정한 사랑을 헌신짝처럼 던져버리는 것이다. 그럴 수밖에 없지 않는가?

종교 단체는 신의 사랑을 실천하고 알리기 위해 독거노인이나 불우이웃을 돕고 사랑으로 가까이 대하지만 그들 중에 그 종교를 비판하는 자로 낙인찍히면 겉으로만 관심 두는 체하거나 냉정하게 변하기도 한다.

작은 테두리 내에서는 진실한 사랑을 표방하며 휴머니즘을 실행하지만 종교 간의 알력이 나타나면 휴머니즘은 감쪽같이 사라지고 저주와 응징이 나타난다. 같은 종교라도 파가 갈려 이단이라며 서로를 저주할 정도이니까. 이러한 저주는 신에 대한 집착과 허욕에서 나온다.

대자연이 가르쳐준 것처럼 서로 다른 상대를 비난하지도 저주하지도 않고 그냥 모른 체해 주며 어울려 사는 것이 훨씬 더 지혜롭고 사랑스런 일이 아닌가? 동물들도 생존의 위협을 느끼지 않는 한 자신의 영역을 침범하는 상대방을 무모하게 응징하지 않는다.

그러나 종교적 이념 때문에 티끌도 용서 못하며 사랑과 포용을 헌신짝처럼 내던지고 끝없는 종교전쟁의 역사를 써 내려가는 이유는 단 한가지다. 자신이 믿고 있는 신을 모독했다는 것.

태초의 극소수의 인간들은 그 전에는 존재하지도 않았던 신을 만들고 인간의 전통과 관습 속에 그 신을 덮어씌운 이후 막강한 권력과 엄청난 부를 축적하는 데 성공했다.

그리고 신들의 경쟁은 목숨을 던질 정도로 치열해지고 무수한 신들의 전쟁을 일으키게 된다. 승리한 신의 무리는 패배한 신의 무리를 무참히 짓밟았으니 얼마나 억울하고 처참한 희생을 당했던가?

034 신은 인간을 사랑할 수 있을까?

신을 믿는 자들은 '신은 완벽하고 초능력을 가지고 있으며 인간을 너무나 사랑한다'고 확신한다. 그러나 신은 과연 인간을 사랑할 수 있을까?

이러한 원본적 문제를 위해 태초의 사랑이 탄생된 이유와 그 시기를 사색해 보자.

지구에 많은 생명체들이 출현하면서 목숨을 건 생존경쟁이 시작되었다. 식물보다는 동물에서 더 치열했고 신속성과 전문성이 필요했으니 결국 '암수의 개체분리'라는 필연적 진화를 불러왔다. 그러나 이러한 암수의 개체분리에는 전제조건이 있었다. 서로에게 매력이나 관심을 보이려는 본능이 필요했던 것이다. 바로 사랑이었다.

이러한 사랑이 없었다면 불완전한 반쪽의 모습이 되어 종족의 번영은 물론이고 삶의 가치까지 송두리째 사라져 버렸을 것이다. 오늘날 인간의 사랑도 이와 같은 생물학적 사랑의 근간과 연결되어 끝없이 진화되었음을 반드시 기억해야 한다.

사랑은 불완전한 반쪽의 생명체들에게만 존재하며 서로의 완전을 위해 하나가 되는 과정에서 즐거움과 행복을 체감하는 삶의 가장 큰 가치인 동시에 전체 화합을 일구어내는 희망이요 꿈이다. 이와 같이 사랑은 암수가 구분되는 생명체로부터 탄생되었고 인간은 그 사랑의 품격을 극대화시킨 예술적 동물인 것이다. 그러므로 암수가 구별되지 않은 생명체나 무생물은 사랑 자체를 알지 못하기에 느낄 수도 없다.

신은 무엇인가?

절대성과 완벽성을 지니고 성별도 구분되지 않는다. 고로 사랑이라는 감성을 품을 수도 뿜을 수도 없다.

신은 인간을 사랑하거나 증오할 수가 없다는 것이다.

신을 믿는 자들이 온몸으로 느끼는 '신의 사랑'은 자신의 내면에 있는 또 다른 자신의 영혼을 신으로 착각하며 온몸으로 느끼는 '나의 사랑'일 뿐이다.

035 이 세상에서 가장 위험한 것

인간은 사색의 동물이다. 그러기에 논리의 동물이다. 모든 사색들을 끝없이 연결시키고 여과시키다 보면 결국은 논리로 귀착되기 때문이다. 사색할수록 논리는 다른 논리와 연결되고 사통팔달의 논리로 향한다. 인간이야말로 많은 것을 논리적으로 알기 위해 사색한다는 것이다.

그 이유는 크게 두 가지로 대별된다.

하나는 풍요로운 생존을 위해서이고 다른 하나는 품격 있는 사랑을 위해서다. 그러나 객관적 논리의 바탕이 모호한 상태 위에서 주관적 논리를 혼합시킨 경우가 비일비재하다. 바로 인간에게만 존재하는 종교나 이념이 그렇다.

확실한 근거가 없는 것을 전제로 그 위에 논리의 탑을 쌓아올리는 것은 기초공사가 없는 곳에 건물 층수를 계속 올리는 것과 다름없다. 층수가 높아지면 높아질수록 그 몰락의 파괴력은 실로 대단하다.

신과 귀신의 사례를 들어보자.

유사 이래로 신과 귀신이 대중 앞에 나타난 적은 한번도 없었다. 객관적 사실도 객관적 논리도 전무하다. 공포와 불안에 떠는 비정상적인 상황에서만 볼 수 있는 환상임에 틀림없다. 비정상적 상황에서 나타나는 것은 아무리 또렷한 것이라도 비정상적이라는 것이다.

그러나 절대다수의 사람들은 신과 귀신에 대한 얘기를 어릴 적부터 들어왔고 어른이 되어 아이들에게 스스럼없이 들려주고 있다. 확실히 모르는 자에 의해서 확실하게 아는 것처럼 수만년 동안 전해 내려왔으니 사색과 논리가 아예 생략되어 버린 것이다.

뿌리가 비논리적인 것을 논리로 치장하여 다수의 대중에게 뿌리내리면 비논리가 모든 세상을 지배하게 된다.

이와 같이 근거 없는 신과 귀신으로 인문의 건물층수를 끝없이 올리며 그 속에 휴머니즘과 사랑을 듬뿍 담아왔다. 이 세상에서 가장 위험한 것이 있다면 확실히 알고 있지 않는 것을 확실히 아는 체하며 남들에게 전파하여 확실히 믿게 하는 것이다.

인간의 몰락은 멀리서 오는 것이 아니라 턱 밑에 존재하는 비논리에서 시작된다.

036 성실과 양심

'신은 있는가?' 그리고 '귀신도 있는가?'

그대들은 살아가면서 한번쯤은 궁금해서 깊이 사색하기도 하고 두려움에 떨기도 했을 것이다. 스스로에게 던지는 이 질문은 인간에게는 숙명적인 질문이며 죽을 때까지 자신에게 되물어 보면서도 확신을 가지기 쉽지 않은 근원적인 질문이다.

그리고 다수의 사람들은 '있을 수도 있고 없을 수도 있다'라고 결론을 내리고 더 이상의 사색을 포기하는 경우가 허다하다.

그러나 이제는 말해야 한다. '신'과 '귀신'의 유무에 대한 명쾌한 규명을 내리지 못하고는 새로운 인문을 향한 첫 계단부터 밟고 오를 수가 없으니까. '신들린 사랑과 행복'과 '인간적인 사랑과 행복'이 갈라져서 서로를 암묵적으로 멸시하거나 비웃고 있을 테니까. 인간과 인간 사이의 반목은 사라지지 않고 '확신'과 '또 다른 확신'의 충돌로 절망적 분열을 가져올 테니까.

'당신은 진정 신을 똑똑히 본 적이 있는가?' 그리고 '당신은 진정 귀신을 똑똑히 본 적이 있는가?' 진정 맑고 올바른 양심으로 그들과 대화하며 그들의 음성을 똑똑히 들어본 적이 있는가?

그들은 영어를 쓰는가?

히브리어를 쓰는가?

아랍어를 쓰는가?

한국어를 쓰는가?

분명하게 들었는가?

어렴풋이 들었는가?

친구 따라 강남 가는 게 인생일 수 없고, '카더라'방송에 의존하며 긴가민가할 세월도 아니며, 그럴듯한 공포소설이나 심령과학에 심취하여 헛물켤 긴 인생도 아니지 않는가?

인류에게 새로운 인문으로 새로운 가치관을 형성시키기 위해서는 분명한 것만을 토대로 시작해야 한다. 첫 논리가 잘못 꿰어지면 그 다음 단계의 논리부터는 모두 허울만 가득한 허상의 논리이며 언젠가는 일순간에 몽땅 무너져 내린다.

신과 귀신이라는 흑백개념 속에서는 신에 대한 사랑과 행복이 꽃필 것이고 귀신에 대한 증오와 독기가 서려 있을진대 그 사랑과 행복이 인간의 삶에 밝은 미래를 보장하고 있단 말인가?

이제는 풀어야 한다.

이 문제를 풀어야만 새로운 인문의 토대를 만들 수 있고 인간다운 삶의 가치관으로 향할 수가 있다. '있다' '없다'라는 확실한 신념에 따라 자신이 걸어야 할 길이 너무나도 뚜렷하게 갈라지며 사랑관과 행복관 또한 완전히 달라진다.

'신의 가호를'

'신은 항상 당신 곁에'

'신의 저주를'

이러한 구호에 당신은 경건해지는가?

무엇을 그렇게 원하며 무엇이 그렇게 두려우며 무엇이 그렇게 의지토록 만들고 있는가?

모든 것은 당신이 만들고 있음을 알라.

인간으로 태어나
인간답게 살다가
인간적으로 죽음을 맞이하라.

확연히 보이지도 않는 그 어떤 것을 바라지 말고 삶의 체험을 통해 옳고 그름을 배우며 스스로 일어나라. 그 속에 모든 해법이 존재하니 그것은 곧 자유의지를 바탕으로 한 '성실'과 '양심'이다.

037 니체의 대실수

어느 철학가는 '신은 죽었다'고 외쳤지만 그것은 매우 잘못된 지적이다. 신은 살아있었던 적도 없었기에 죽을 수도 없는 것이니까. 신은 원래부터 없었다. 유독 인간만이 없는 신을 끊임없이 만들어 냈다.

민족마다 지역마다 제각각 다르게 신을 만든 자는 누구이며 무엇을 바랐는가? 신비롭고 경이로운 신과 거기에 걸맞는 상징물을 만들어 놓으면 자신도 신격화되고 신비로워지며 주변에 많은 사람이 따르고 물질까지 풍요로워지니 그 얼마나 신을 만들고 싶겠는가?

지금도 어디선가 새로운 신을 만들고 그 신이 큰 세력으로 확장되기를 전전긍긍하고 있다.

그들은 가난하고 힘들며 의지할 곳 없어 삶에 지쳐 있는 자나 부유하고 학식이 높아도 논리적 체험과 사색이 부족해서 삶에 대한 불안과 공포에 떠는 자에게 사랑과 평화, 그리고 내세와 초능력을 말하지만 신은 지금은 어디서 무엇을 하고 있단 말인가?

이렇게 처참하게 썩어 가는 인간세상을 막다른 골목까지 끌고 간 뒤에 무엇을 어떻게 하겠단 말인가?

신이 있다면 맹종하는 인간에게만 내세의 행복을 말하기 전에 지금 당장 고통 받는 모든 인간에게 행복을 선사하라.

마지막으로 가장 큰 문제가 있다. 자신이 믿는 신이 가장 강력하고 영원한 신이라 확신하는 것이다. 이러한 신에 대한 집착은 다른 신을 믿는 인간들을 향해 증오와 불신, 그리고 암묵적 멸시까지 하게 된다. 그리고 결국 큰 전쟁으로 치닫게 된다.

비참한 결과로 최후를 맞이하는 것은 신이 아니라 신을 창조한 인간들 뿐이라는 것이다.

어려운 이웃에게 봉사하고 헌신하며 작은 사랑과 행복을 꾸리려 애쓰는 신자들의 등 뒤에 숨어 큰 분열과 갈등과 증오를 부르는 종교의 실체를 뒤로 하고 자신의 세력에만 골몰할 수밖에 없는 종교적 리더들의 이중성이야말로 인간의 양심에 반하는 행위다.

인간은 신에게 그렇게도 웅장하고 화려한 제단과 상징물을 지어 주기도 하면서 잔잔한 사랑과 행복을 얻지만 그것은 결국 종교적 리더들의 이념충돌에 의해 해일과 같은 증오와 불행으로 증폭되어 되돌아오고 끊임없는 신들의 전쟁과 대혼란을 만들어 낸다는 것이다.

신이 인간을 창조한 것이 아니라 인간이 신을 창조하면서 불거져 나오는 인간의 슬픈 숙명이다.

038 흙으로 돌아감에 떳떳하라

종교의 자유가 있기에 이를 믿는 것에는 반대하고 싶지 않다. 그 신을 믿고 마음에 평안이 오고 있음을 확신하고 있다면 그 신을 믿어야 한다. 그러나 다른 신을 믿고 있는 자들을 미워한다면 그대가 믿고 있는 신의 뜻과 다름을 깨우쳐야 한다.

그리고 종교에 의지하지 않고서는 행복한 삶을 누릴 수 없다고 확신하는 그대의 나약한 '자유의지'도 인정해야 한다. 종교에 의지하지 않아도 스스로의 양심에 떳떳하고 인간적 삶에 충실히 살다가 황혼이 오면 흙으로 돌아가면 되는데 도대체 무엇이 그렇게 불안하고 괴로운가?

현실과 내세에 대한 탐욕을 버리고 가장 인간적인 모습으로 성실과 정의와 지혜로 살다가 떳떳이 돌아가라. 그것이야말로 영원히 변치 않는 사랑과 행복의 진리다.

신과 귀신이 없다는 것을 어릴 적부터 교육시켜 '자유의지'와 '논리력'을 키워 주는 것이야말로 구시대 인문의 악몽에서 탈피해 새로운 인문의 역사를 창조하는 핵심적 과제이며 피할 수 없는 인문의 마지막 길임을 명심해야 한다.

039 신의 저주

　신을 모독한다는 의미는 무엇이며 신의 저주를 받는다는 것은 또한 무슨 의미인가?

　신을 위해 인간이 존재하는가?

　인간을 위해 신이 존재하는가?

　신이 있다면 분명히 말해 달라.

　자유의지와 성실과 양심으로 주위 사람들을 도우며 살아가는 자도 신을 믿지 않으면 지옥에 떨어지고, 늘 반성하고 회개하면서도 타당하지 못한 짓을 또 다시 반복해도 신을 믿으면 천국으로 보내는 것이 과연 신의 양심인가?

　신을 믿는 자를 천국에 보내는 것은 백번 이해하겠지만 믿지 않는 자를 지옥으로 떨어뜨리는 것은 못 먹는 밥에 재라도 뿌리겠다는 놀부심이 아닌가?

　만약 그러한 신이 있다면 비논리의 상징이며 참으로 허욕과 탐욕이 가득한 신이다.

　이와 같이 인간의 사후세계가 신에 대한 복종 여부에 의해 결정된다면 인간이 신을 위해 존재한다는 핵심적인 증거물이 아닌가?

　초능력이라는 절대적 권한을 가진 신일지라도 인문의 핵심요소인 공평성의 논리를 결코 침해해서는 안 된다. 만약 신이 존재한다면 신에게 욕설을 퍼부어도 신이기에 인간을 저주해서는 안 된다. 완벽한 자는 절대로 저주받지도 저주하지도 않기 때문이다. 이 세상에 존재하지도 않는 신을 믿고 있는 자들이 저주하면서 신의 이름을 빌리고 있을 뿐이다.

저주는 종교적 이념에 지나치게 몰입되거나 종교적 이득을 위해 그 신을 맹종하는 인간의 머리와 가슴에서 나오는 허욕의 발광인 것이다.

이러한 논리가 절대다수의 인간에게 널리 퍼져 자유롭게 토론되고 인문논쟁의 중심에서 대중에게 설득력을 얻게 될 때 비로소 양심의 기준이 이념에 따라 달라지는 인간사회가 하나의 양심으로 통일된 정체성을 확립하게 될 것이다.

그러나 신에 의지하며 사는 신자들을 이끄는 종교지도자들은 몸부림치고 절규하며 결코 포기하려 하지 않을 것이다. 지금껏 누려 왔던 어마어마한 기득권을 송두리째 포기해야 하니까.

그러나 새로운 인문을 위해 구시대 인문으로 무장된 이념들을 깨뜨리지 않으면 그 엄청난 혹은 더욱 커져서 급기야는 인류의 심장을 파고들 것이다.

그러므로 누군가가 정과 망치를 들어 구인문의 두터운 각질을 벗겨내고 은밀히 숨어있는 '비논리'를 소통으로 정돈해야 한다.

040 신과 귀신에 중독된 대중들의 영혼

동서양을 막론하고 무작위로 뽑은 100명의 사람들 중에 신과 귀신의 존재를 믿거나 '있을 수도 있고 없을 수도 있다'고 애매하게 답하는 자가 몇 명이나 될까? 그리고 '신도 귀신도 없다'고 확신하는 자 또한 몇 명이나 될까?

이 질문은 결코 가볍게 취급해서는 안 된다.

왜냐하면 원초적 인문에 대한 질문이며 인간의 삶에 핵심적인 영향을 끼치는 질문이기 때문이다. 그 결과는 너무나 눈에 선하다. 신과 귀신이 확실히 없다고 자신하는 진정한 무신론자가 극소수에 불과하다는 것이다. 왜냐하면 절대다수의 사람들은 구시대 인문에 의해 만들어진 전통과 관습의 각질을 스스로 제거하지 못하기 때문이다.

인간은 어릴 적부터 부모들에게 신과 귀신에 대한 얘기를 무수히 들어왔고 몸에 배어 버렸다. 그러므로 '신과 귀신은 확실히 없다'고 자신 있게 말하는 자는 전통과 관습을 업신여기는 '버릇없는 자'나 '경솔하고 교만한 자'로 낙인찍히는 사회적 여론이 형성되어 있다.

때로는 '요주의 인물'이나 '비정상적인 사람'으로 치부해 버리고 대화나 토론을 외면하며 외톨이를 만들어 버린다. 특히 신과 귀신을 삶의 핵심 주체로 살아가는 자(종교나 민간신앙이 삶의 가치나 생계수단으로 되어 있는 자)들은 삶의 방식을 완전히 바꿔야 하는 충격적 주장으로 받아들이기에 신도나 대중여론을 업고 집요한 응징을 할 수밖에 없다.

그러므로 진정한 자라도 용기와 양심을 가지지 못하면 '신과 귀신은 없다'는 자신의 소신을 밝히지 못하고 살아가야 한다.

신라시대 두건장이가 숲에서 '임금님 귀는 당나귀 귀'라고 외쳤듯이 갈릴레이가 법정을 나오면서 '그래도 지구는 돈다'라고 속삭였듯이 주위에 아무도 없을 때만 '신과 귀신은 정말로 없다'라고 외치며 평생을 살아야 한다.

오늘날의 정치지도자들이 그렇다. 그들은 신과 귀신의 존재여부에 대해 침묵하고 있다. 자신의 소신을 정확히 밝히면 정치적 손실을 입는다고 확신하고 있다. 이런 정치의식으로 정의와 자유, 그리고 평등 등을 외치며 사회개혁을 말하고 있으니 무슨 개혁을 할 수가 있는가?

기둥(진정한 정치)이 휘어져 있는 것은 못 본 체하고 인테리어(여론정치)에만 집중하니 그 집(인간사회)이 어찌 무너지지 않겠는가?

이와 같이 논리보다 여론을 우선하는 그들의 리더십 개념은 인간이 기준이냐 아니면 신이 기준이냐에 따라 사회적 분열과 반목으로 뿔뿔이 흩어질 수밖에 없으니 어찌 최대다수 최대행복이라는 화합의 인간세상이 오겠는가?

041 진정한 무신론자

무신론자 중에서도 '신과 귀신이 있다 할 수도 없고, 없다 할 수도 없다'고 말하는 애매한 무신론자들이여! 절대다수의 의견이라면 깊은 사색 없이 그냥 믿고 수긍하는 자들이여! 남들에게 피해 안 주고 피해 받지 않는 것이 최상의 방책이라 생각하는 사람들이여! '모난 돌이 정 맞는다'는 속담에만 파묻힌 자들이여! 그러한 생각이 바로 그대들의 뚜렷한 삶의 주관이라고 자신 있게 말하며 그 주관을 자녀에게 가르칠 정도로 자신감을 가지고 있는 자들이여!

자신이 직접 경험하지 않았거나 경험해도 논리적으로 확연히 깨우치지 못한 사실이면서 절대다수의 생각이니 현명한 생각이라고 따른다면 그것을 어떻게 주관이라 할 수가 있단 말인가.

그대들이야말로 문제 제기보다 평안을 위한 순항이기만 하면 현명 그 자체라고 자부하고 있는 자들이다. 신과 귀신이 있으면 있는 것이고 없으면 없는 것인데 그런 우유부단함이 어디 있단 말인가?

그것은 유무의 논리이지 흑백의 논리가 아니지 않는가? 확실히 모르면서 아는 체하는 '양다리 발언'일 뿐이다. 무신론자라 하기에는 너무나 생각 없고 비겁하다. 그런 마음으로 어찌 개인과 사회의 행복을 바라는가?

그대들의 회색개념이 얼마나 무서운 결과를 초래하고 있는지 모르는가? 그대들은 사회문제를 진정으로 걱정하면서도 '왜 사회가 이렇게 썩어 가는가?'라는 근원적 질문에는 너무나 소홀하다.

신과 귀신의 유무에 대한 사색의 중요성 자체를 모르니 아예 푸는 방법조차도 깊이 사색해 본 적이 없는 그대들이야말로 여러 가지 불안 덩어리를 가지고 있을 수밖에 없다. 가장 중요한 인문의 핵심적인 질문을 '이런들 어떠하리 저런들 어떠하리'로 넘어가 버리니 어느 일순간에 예기치도 않은 불안이 어찌 닥치지 않으리오.

논리적 사색을 멀리하고 눈에 보이는 현실에만 매달려 살다보면 한번씩 저며 오는 가치관의 혼란을 심하게 느낄 때가 있다는 것이다. 자신을 뒤돌아보진 않고 절대다수의 통념을 그대로 암기한 후 그것이 자신의 것인 양 모방만을 일삼기 때문이다.

그대들은 신과 귀신이 없음에도 부정도 긍정도 아닌 생각을 가지고 평생을 살려 하는가? 그대들은 신과 귀신의 허상을 보고 그 허상을 남들에게 그럴 듯하게 꾸며 실상인 것처럼 전달하는 유신론자들의 증언이나 토속적 귀신이야기에 어떤 입장도 표명하지 못하지 않는가?

그대들은 자신과 같은 생각을 하고 있는 자가 많을수록 안정감에 젖어드는 단순함과 이젠 헤어져야 한다.

신과 귀신의 존재를 인정하는 행위는 일종의 바이러스에 전염되어 있는 것과 흡사하다. 인간은 강물에 오염된 고기와 같이 신과 귀신이라는 악성 바이러스에 감염되어 '자유의지'를 상실해 가고 있다.

신과 귀신이 없다고 확신하는 부모가 무인도에서 자녀를 낳아 기르고 이 자녀들이 다시 온 세상으로 퍼져 나간다면, 신과 귀신을 믿지 않는 진정한 무신론자의 인간세상이 될 것이다.

042 잘못 꿰어진 인문의 첫 단추

인문의 첫 단추는 어디서, 그리고 어느 시기에 잘못 꿰기 시작했는가. 우리는 이것을 반드시 규명해 내고 새로운 인문에의 길로 나아가지 않으면 안 된다.

그것은 지금으로부터 약 2~3만년 이상으로 거슬러 올라간다. 뛰어난 두뇌를 가진 인간들이 자연의 공포에 맞서기 위해 개인적 믿음의 대상을 형상화하기 시작한다. 이것이 주위 사람들로부터 공감대가 형성되어 그곳에 몰려들면서 원시신앙으로 발달하게 된다. 인류의 역사 속에 만들어진 원시신앙은 적어도 수 십 만개가 될 것이다. 지역마다 다르고 그 지역의 혈족마다 달랐으니까.

인간의 심리를 잘 활용하지 못한 신들은 짧은 생을 마치고 역사에서 사라졌고 잘 꾸며낸 신은 대중의 마음을 사로잡으며 번성했다. 그 신을 만든 자 또한 신과 동격의 대접을 받는 대박이 터진다. 원시신앙의 우두머리는 엄청난 권력이 주어지게 되고 그 권력은 자연스레 자신의 탐욕으로 연결된다.

우두머리의 탐욕이 더 커지면서 영역이 확장되고 다른 우두머리의 영역과 겹치는 사태가 일어난다. 여기에도 선악의 개념이 여지없이 사용된다. 자신의 신앙은 선이며 다른 신앙은 악이어서 공격대상일 뿐이다. 이것이 인문의 첫 단추를 잘못 꿰는 결정적인 계기가 되었다.

종교란 가장 먼저 선과 악을 설정해야 하고 그 '악'을 퇴치해야만 '선'을 맞이한다는 명분 아래 종교적 영역을 계속 확장시켜야만 살아남을 수가 있기에 동물들의 무리에서는 도저히 상상할 수도 없는 처참한 원시 종교전쟁이 시작된다.

그들의 종교를 유지하기 위해 신앙인들은 스스로 피비린내 나는 전쟁터로 나설 수밖에 없었다. 그리고 진리와 정의라는 허울을 덮어쓰고 종교의 희생물로 받쳐질 뿐이었다.

참으로 많은 인간들이 억울한 목숨을 던졌다.

그들이 꿈꾸었던 사랑과 행복은 본성을 합리적 이성으로 더욱 아름답게 가꾸는 것이었지만, '영혼탐욕'이라는 변질된 이성에 의해 본인도 모르게 진정한 사랑과 행복을 박탈당하고 만 것이다.

그리고 지금으로부터 약 6000년 전부터 기록조차 없는 무수한 성인들의 발자취가 수천 년간 축적되고 인간의 생사고락에 대한 문제를 더욱 더 심각하게 제기하였다.

마지막으로 4대 성인이 출현하는 시대에 이르러서는 참다운 이성에 대한 깊고 폭넓은 논리가 쏟아져 나와 정립되었지만 역시 본성에 대한 깊은 논리는 금기시해 버렸고 선과 악이 중심축이 된 '이성비판'이 관심의 주류였다.

오늘날 온갖 이념과 종교들이 소통과 화해는 멀리하고 분열과 갈등으로 파국을 향해 달리는 현실은 먼 옛날 옛적에 첫 단추가 잘못 꿰어진 구인문의 연속임을 깨우친다면 새로운 인문의 창조가 그만큼 절박한 것이다.

043 교황이여! 이 글만은 읽어주소서

예수가 나타난 이후 지금까지 265명의 교황들이 시대를 이어가면서 예수나라를 다스렸다. 그들은 하나같이 부활과 천국을 노래하며 삶을 끝맺었다.

일반 신도도 아닌 교황이기에 모두 부활했으며 천국에 있을까?

천국의 삶이 어떠한지 매우 궁금해진다.

목욕탕도 없고 식당도 없을 것이다.

무슨 옷을 입고 살까?

늘 찬송가를 부르며 즐거운 하루를 보낼까?

육신이 없는 영혼만의 행복은 무엇인가?

아무리 믿음이 강한 교황들도 죽기 전에는 매우 궁금했으리라 생각된다. 그들 중에서는 '과연 부활과 천국이 있을까?'하며 강한 의구심을 가진 교황도 분명 있었을 것이고, 극소수이겠지만 없다고 확신했던 교황도 있었을 것이다.

연륜이 쌓아질수록 지혜는 커가는 법. 젊은 날 신도 시절의 순진한 믿음의 열정으로 지도자의 길에 올라 교황이 된 후에도 부활과 천국의 믿음이 그대로일까?

천만의 말씀. 현명하였으니 교황이 되었고 그러한 현명한 교황 중에는 아무리 믿음의 의지를 내세워도 죽음에 이르러 부활과 천국이 없을 것이라는 의구심을 떨쳐 버릴 수가 없었을 것이다.

그러나 어찌할 건가?

여태껏 신도들에게 부활과 천국을 확신시켜 주는 '신의 종' 역할에만 충실해 온 운명적 삶을 거부할 수 있었을까? 자신을 현실 속에서 훌륭히 키워 주고 최고의 명예와 권세를 준 신의 목에 칼을 들이 댈 수가 있었을까?

과연 자신을 사랑하고 신뢰하며 따라온 신도들에게 돌에 맞아 죽을 각오를 하고 진심을 말할 수 있는 교황이 있었겠는가? 거의 불가능한 일이다.

이와 같이 첫 단추의 논리를 잘 따져 들지 않고 감성적 신뢰와 믿음으로 시작한 행위는 그 신뢰의 바탕 위에 화려하고 훌륭한 논리를 쌓아올리면 어느 단계에 이르는 동안에는 대단한 위력을 발휘하지만, 세월이 흘러 마지막에 이르면 뼈대가 바르지 못한 건축물처럼 갑자기 무너져 내린다.

그러나 늙은이가 된 교황은 절망해서는 안 된다고 스스로 다짐한다. 확실과 진솔을 멀리하고 부활과 천국에 대한 절대적 믿음만 있으면 절망하지 않으니까.

확실하지도 진솔하지도 않은 부활과 천국을 사랑하는 신도들에게 끝없이 노래하면 되는 것이다. 마지막 생을 다할 때까지 부활과 천국에 대한 의구심을 떨쳐버리고 무조건적 확신을 전하며 세상을 떠나면 되는 것이다.

언젠가는 무너질 예수나라인 줄은 어렴풋이 짐작하지만 자신이 마지막 보루라는 심정으로 끝까지 지켜 내야 한다.

인간세계의 큰 화합과 행복보다는 예수나라의 세력 확장이 더욱 중요하며 언젠가는 인간세계가 예수나라로 바뀔 것이라는 허황된 꿈을 버릴 수가 없는 것이다.

이것 또한 구시대 인문의 틀 속에 갇혀 새로운 인문의 길을 열지 못하는 인류의 불행 중의 하나다.

그러나 이 사실을 다 알고 있는 지혜로운(?) 교황들은 그들 내부의 권력암투와 부패, 그리고 성문란 행위에는 침묵하며 신도들에게는 솔직함과 진실함을 외친다.

교황이여!
이 글만은 읽어 주소서.

중용이란 무엇인가?

044 중용이란 무엇인가?

선악과 신과 귀신, 그리고 진실과 거짓을 구분시켜 놓고 선과 신과 진실만을 선별하여 참된 인간세상을 완성시키려 했던 구인문의 흐름 속에도 이를 경계하며 또 다른 인간세상을 바라보는 인문이 있었다. 전자는 이분법적 극단주의 이념으로 힘과 승패에만 매달리며 역사의 큰 물줄기를 이루게 되었지만, 후자는 극단의 양쪽을 붙들고 화합과 조합으로 연결하려는 열정에 온몸을 떨며 그 명맥만을 겨우 이어 왔다. 전자는 구인문의 대세요, 현실 속의 승리자였지만 후자는 극소수 현인들만의 아우성이요, 이상일 뿐이었다.

바로 중용이다.

중용은 누구나 원하고 바라는 삶의 가치였기에 가정과 정치 그 어디에도 타당한 철학의 영역이지만 '실체적 운용'에 돌입되면 일부지식인이나 대중들에게는 양다리 걸치는 이중철학으로 곡해되는 측면도 있다.

특히 설득력이 부족한 중용주의자는 선을 명확히 그어대며 양자택일을 다그치는 자들 앞에서 용맹 없는 겁쟁이로 오해받기가 일쑤였다. 중용철학을 섣불리 외치는 자는 박쥐로 비판받으며 양쪽으로부터 협공을 받고 무수히 쓰러져 갔다.

현실정치에 잠시 머물렀던 공자도 그중 한 사람일 뿐이다.

이와 같이 자신과 가정의 행복을 함께 만족시키고 권력욕과 국민사랑을 하나로 만들어야 하며 직위욕을 가지고 있으면서 물질탐욕을 버려야 하는 중용은 두 마리 토끼를 잡는 양면철학이었다.

중용철학의 내공을 아무리 깊이 쌓은 자라도 대중에게는 설득의 문제가 도사리고 있으며 내공이 부족한 지도자가 중용을 현실제도에 서둘러 적용하면 더 큰 문제와 부작용이 발생한다.

죽이 필요하면 죽이 되고 밥이 필요하면 밥이 되는 솥이 중용이라지만 그 솥을 잘 다루는 능력이 없으면 죽도 밥도 아닌 엉망진창이 된다.

좋기는 한없이 좋지만 잘못 다루면 본질이 변질되어 오히려 위험천만한 사태에 직면한다.

그러므로 대중에게 중용을 쉽게 말하는 것은 원시인에게 매뉴얼이 없는 고급 승용차를 선물해 주며 잘 사용하라고 말하는 것과 같다. 모든 사람들이 느끼고 원하나 그 행함이 어렵다는 것이다.

선악과 신과 귀신, 그리고 진실과 거짓을 명쾌하게 구분하여 선을 긋는 흑백주의자들과 그러한 '경계 짓기'보다는 양쪽을 놓치지 않고 바라보며 타당과 비타당만을 철저하게 구분하는 중용주의자의 삶의 가치관은 너무도 달랐다. 전자는 다수요, 후자는 소수이니 설득하기가 매우 힘든 중용은 다수를 극복해 나가기가 매우 힘들다.

그러나 중용의 사회는 가장 인간적인 사회이기에 반드시 도래되어야 하고 이미 문학, 예술, 경제, 스포츠 등 여러 분야에서 실현되고 있다. 단지 정치, 종교 분야만이 중용을 멀리하고 있다.

045 중용이 필요한 곳에 중용이 없다

대자연 속은 중용으로 가득 차 있다.

이름 모를 벌레나 잡초에도 가을 산에 홀로 핀 야생국화의 자태에도 산새나 짐승들의 모습과 소리에도 그 영역이나 환경에서 가장 어울리는 중용이 드리워져 있다. '진화'란 중용을 향한 생사의 몸부림이기 때문이다.

인간사회 또한 중용으로 깔려 있다. 우리의 마음을 감동시키는 훌륭한 시나 소설 속에도(문학), 대히트곡이나 명연기, 그리고 멋진 도자기나 그림 속에도(예술), 의류나 신발, 그리고 자동차의 디자인과 색의 배합, 그리고 강하고 질긴 합금강이나 질기고 가벼운 섬유에도(경제), 그리고 체조선수나 무용수의 멋지고 아름다운 몸매에도(스포츠) 중용이 스며 있다.

그러므로 자연의 이치와 인간이 창조한 찬란한 문화와 문명을 깊이 인식하여 배우려 하지 않는 자는 중용을 깨우칠 수가 없으니 실천할 수도 없다.

이와 같이 문학, 예술, 경제, 스포츠, 그리고 자연 속에는 중용의 논리가 도처에 깔려 있지만, 정작 중용이 간절히 요구되는 정치나 종교에는 중용이 자리할 틈이 없다.

여기에는 3가지 이유가 있다.

첫째 다른 분야에는 상생과 원원의 개념을 가진 데 반해 정치나 종교는 일방적 우월주의에 파묻혀 있다.

둘째 다른 분야에는 자유와 평등을 중시하는 의식으로 발전했지만 정치나 종교는 권위주의나 신비주의에서 벗어나지 못하고 있다.

셋째 다른 분야에 비해 정치나 종교는 이념에 너무나 집착하고 있다.

이념은 화합의 개념보다는 '경계 짓기' 개념이 강하다. 통합과 화해의 개념이 아니기에 상대의 이념을 사랑할 수가 없다. 상대이념의 단점만을 낱낱이 파헤쳐 집요하게 공략해야만 이념 동조세력에게 찬사를 받고 이념적 리더로 성장할 수 있는 심각한 문제를 안고 있다.

상대이념의 장점을 조금이라도 발설하면 사이비나 박쥐로 소문나 그 이념조직에서 철저히 배제된다. 이러한 이념의 경직성은 강성지도자만 살아남는 시스템이 되어 양보보다 투쟁을 우선하니 중용의 지도자를 기대할 수가 없다.

중용도 이념을 중시한다. 그러나 결코 빠져들지는 않는다. 사랑과 집착의 차이와 같다.

046 중용은 체험적 학문

머리와 어깨와 발 위로 자유로이 공을 옮기는 축구선수를 보라. 공의 중심을 잡아내는 탁월한 유연성에 감탄하지 않을 수 없다. 이러한 묘기는 공의 중심 이동에 대한 다양한 훈련과 피나는 체험을 통해 가능하게 된다. 그리고 숙련도가 높아질수록 공을 다루는 몸짓은 멋과 아름다움으로 승화되기도 한다.

몸짓 하나하나마다 연결되어 있는 강렬한 카리스마와 섬세한 배려의 조화야말로 보는 이로 하여금 찬사를 자아내게 한다. 그리고 이러한 묘기를 바라보는 사람들의 마음을 즐겁게 하여 모두를 한 마음으로 만든다. 한마디로 갈등과 분열이라는 용어는 생각조차 할 수 없다. 이러한 묘기는 선악과 신과 귀신과 진실과 거짓, 그리고 영혼과 육체라는 이분법적 개념을 초월하여 멋과 아름다움을 빚어낸다.

이와 같이 중심잡기 힘든 대상을 붙들지 않고 자신의 몸에 올려 자유롭게 중심을 잡는 일은 매우 어려운 일이다. 만일 중심을 잡아야 하는 대상이 공이 아니라 인간의 영혼과 직결된 것이라면 더욱 더 난해한 일이다.

그렇다. 중용이란 바로 이런 것이다.

인간의 영혼을 어느 한 방향으로 붙들어 매고 안정을 유지시키려는 부분적 논리가 이념이라면 인간의 영혼들을 붙들지 않고 자유와 평화를 창조하려는 총체적 논리가 바로 중용이다.

그 어떤 분야라 할지라도 진정한 사랑과 투혼을 가지고 다양한 사색과 체험을 다지고 또 다져 어느 경지에 이르면 누구나 중용의 위치에 도달한다는 것이다.

축구얘기를 한번 더 해 보자. 수준이 높은 축구경기에서는 수비수가 공격에 가담하고 공격수가 수비를 하는 광경을 자주 볼 수 있다. 그러나 수준이 낮은 축구경기에서는 좀처럼 보기 드물다.

이와 같이 수준이 낮은 축구감독일수록 공수의 경계를 뚜렷하게 구분하여 훈련시키는 반면, 수준이 높은 감독은 그 경계를 허물고 공수양면을 구사하는 축구경기를 선보이며 찬사를 받는다. 공수를 함께 구사하는 선수들의 영역이 넓을수록 흥미를 더해 가고 관중은 환호한다. 이렇게 수준이 높은 축구를 선보이는 훌륭한 감독이야말로 중용적 리더이며 뼈를 깎는 선수생활을 거친 자들 중에서 가장 많이 배출된다.

중용을 터득하는 길은 사색과 지식암기도 중요하지만 실체적이고 다양한 체험이 필요하다.

047 선악개념과 중용(타당)개념

어미 독수리가 새끼를 두 마리 낳았다. 한 놈은 어미가 주는 먹이를 줄기차게 받아 먹고 무럭무럭 자라고 다른 한 놈은 잘 받아먹지 못해 야위어 간다. 며칠 후 힘센 새끼가 약한 새끼를 물어뜯어 둥지 밖으로 내동댕이쳤고 땅에 떨어진 약한 새끼는 결국 죽고 말았다.

어미 독수리도 그 광경을 보고도 모른 체했다. 살상 공범죄인가?

그리고 힘센 새끼는 악이고 약한 새끼는 선인가?

그렇지 않을 것이다.

그렇다면 약육강식의 생존법칙인가?

그렇게 좁게 생각해도 안 될 것 같다.

그들의 경험을 통해 터득한 자연의 이치일 뿐이다.

수천만 년 동안 먹이가 풍부한 환경의 연속에서 자라난 독수리라면 새끼들의 엇갈린 운명을 보면서 결코 방관하지는 않았을 것이다. 그러나 그들은 먹이가 모자라서 사경을 헤매는 열악한 환경을 수없이 겪어 온 DNA를 몸에 지니고 있다.

그들에게 두 마리의 새끼를 모두 건강하게 살리려 하면 두 마리의 새끼가 모두 굶어 죽을 수도 있고 그렇게 되면 독수리의 혈통이 끊어져 버린다는 절대절명의 위기의식을 뼈를 깎듯 깨우치고 있다. 그래서 동정보다는 냉정을 선택할 수밖에 없었을 뿐이다. 먼 수리조상으로부터 전해 내려온 생존의 지혜를 두뇌의 하드웨어 속에 깊이 내장하고 있는 것이다.

그러나 동물들에 비해 생존의 풍요를 만끽하는 인간들은 독수리들의 험난한 진화과정을 이해하지 못하고 이렇게 말한다.

"이성이 없는 간접 교살행위이며 인간과 다른 동물의 한계"라고……. 어미 독수리는 인간에게 이렇게 말했다.

"인간들이여 난들 어찌 깨물어 아프지 않는 손가락이 있겠는가. 먹이가 모자라 둘 다 죽일 수는 없지 않는가. 난들 어찌 가슴이 아프지 않겠는가. 최선이 안 되면 차선을 택할 수밖에 없으며 최선만을 주장하다 최악으로 갈 수는 없지 않는가.

선악개념으로 바라보면 악으로 오해받기도 하지만 우리 독수리의 생존개념에서는 지극히 타당한 중용의 행위임을 그대들이 어찌 알겠느냐?"

048 중용과 융통성

1. 올라가지 못할 나무는 쳐다보지도 마라.
2. 인생은 공수래공수거다.
3. 꿈과 현실을 구분하라.
4. 돌다리도 두들기며 건너라.
5. 왕대밭에 왕대난다.
6. 만들어진 길로 가라.
7. 가지 많은 나무 바람 잘 날 없다.
8. 굶주려 본 자야말로 빵맛을 안다.
9. 결과로 말하라.
10. 빈 수레가 요란하다.
11. 약속은 반드시 지켜야 한다.
12. 모르는 것이 약이다.

1. 열 번 찍어 안 넘어가는 나무 없다.
2. 호랑이는 죽어 가죽을 남긴다.
3. 꿈은 반드시 이루어진다.

4. 과도한 신중은 기회를 잃는다.

5. 개천에서 용 난다.

6. 새로운 길을 개척하라.

7. 뿌리가 깊어야 가지도 무성하다.

8. 인간은 빵만으로 살 수 없다.

9. 시작이 반이다.

10. 채우려면 비워라.

11. 잘못된 약속은 가능한 한 빨리 파기해야 한다.

12. 아는 것이 힘이다.

윗글과 아랫글은 서로 상반된 내용의 글이다.

이렇게 상반된 속담이나 격언들이 우리 삶 속에 깊이 연결되어 있는 이유는 뭘까? 주어진 상황에 따라 알맞게 활용하며 살아야 한다는 의미다.

이와 같이 상반된 두 가지 시각을 상황에 따라 적절히 선별하여 실천함으로서 지혜로운 삶과 사회화합을 만들어 내는 인성을 융통성이라 정의하고 싶다.

편식을 하면 훗날 건강에 심각한 문제가 생기듯 어느 한 쪽에 기울어진 개념에만 안주하거나 질주하면 융통성 없는 삶이 된다. 그것은 마치 숟가락이나 젓가락 하나만으로 밥을 먹겠다는 고집이며 진정한 소신과도 거리가 멀다.

인생은 이러한 선택의 기로에 서서 현명한 판단을 내려 융통성을 발휘해야 할 경우가 많다. 이럴 때는 3가지 관점을 사색한 후 실천에 옮겨야 한다.

첫째. 자신이 처해 있는 상황과 능력을 고려해야 하고, 둘째. 상대방이 처해 있는 상황과 능력을 파악해야 하며, 셋째. 그 주위의 환경이 처해 있는 상황을 살펴야 한다.

삶이나 정치가 잘 풀리지 않는 것은 이러한 융통성의 부족에 근거한다. 그러나 오늘날 모든 용어의 정의가 오염되어 있듯 융통성 또한 예외일 수 없다.

융통성과 변통성을 구분하기 힘들 정도다.

융통성은 중용의 이치를 근간으로 하기에 사회화합을 향한 소통이지만 변통성은 개인의 물질탐욕을 목표로 하기에 사회갈등의 원인이다.

융통성은 정치이념의 관점에도 매우 중요하다.

성장이 보수고 분배가 진보라는 경직된 정치이념도 이제는 고쳐야 한다. 인류는 성장을 통해 진보했고 분배라고 해서 모두 진보는 아니었다. 성장을 저해하는 분배는 오히려 진보나 보수 이전에 정치도 아닌 것이다.

이와 같이 모든 용어에는 양면이 있고 그 시기와 상황에 따라 중용의 이치에 적용시켜 무게중심을 잡으면 되는 것이다.

오늘날의 정치인들은 융통과 변통을 구별하는 정치력을 갖추어 변통에는 서로가 서로를 지적하며 논쟁을 벌여도 융통에는 서로가 서로를 칭찬하며 화합하여 국민의 이념적 갈등과 분열부터 치유해야 한다.

049 중용적 정치리더들을 볼 수 없는 이유

오늘날의 정당은 이념(진보와 보수)을 가장 앞세우고 있다. 이와 같이 예술, 문화, 스포츠 분야는 중용을 중시하는 데 비해 정치만은 중용보다 이념에 집착하는 이유는 뭘까? 그리고 이 지구상에 아직도 극단적이고 원리주의적 이념이 판치는 이유는 뭘까?

그것은 너무나 간명하다. 타당성의 비율을 중시하는 중용의 난해함보다는 양자택일을 권하는 이념의 단순함으로 접근하는 것이 대중적 공감대를 쉽게 얻어 권력을 잡을 수 있기 때문이다. 그리고 사색이나 다양한 체험주의를 멀리하고 암기위주의 지식에 치중하고 있는 오늘날의 교육도 한몫을 하고 있다.

이러한 교육을 받은 대중들은 중용의 가치를 깊이 깨우칠 수가 없어 흑백논리나 양자택일의 리더십을 사용하는 정치인을 지지함으로서 이념적 정치지도자를 만들게 된다는 것이다.

이러한 이념위주의 정치지도자는 자신과 동조세력을 위해 국민의 분열과 갈등을 끊임없이 창출해야 하기에 결코 국민을 위한 정치를 할 수 없다.

더더욱 심각한 문제가 있다.

이념적 정치무대에서 중용적 정치리더는 맥을 출 수가 없다는 것이다. 엄청난 세월동안 체험적 내공을 쌓아야 하는 중용 그 자체도 힘들지만 이념주의자들의 집요한 양자택일의 공략에 비겁자로 내몰리기 일쑤다. 그것은 마치 외래어종인 베스가 토종물고기들을 닥치는 대로 먹어 치워 멸종되는 이치와 같다.

결국 극소수의 중용적 리더까지 정치무대를 떠나게 되고(그것이 중
용의 이치이기에) 이념적 정치인들만 국민의 행복을 외치며 정치무대를
가득 채우게 된다. 그리고 중용의 가치를 알고 있는 대중들은 정치에
실망하여 무심하고 이념에 물든 대중들은 정치단체(정당이나 각종 사회
단체)에 적극적으로 참여하게 되니 정치무대는 더더욱 이념적 리더만
득실거릴 수밖에 없고 갈등과 분열의 정치를 벗어날 수가 없다.

이와 같이 이념정당이 득세하는 국가는 중용적 리더를 길러 내는
시스템 자체가 망가져 있기에 아무리 유능한 정치신인이라도 그 이념
정당에 들어가면 훌륭한 정치리더로 성장할 수가 없어 국민에게 존
경과 신뢰와 사랑을 받는 정치지도자를 탄생시킬 수가 없다. 정당이
이념보다 철학을 중시해야 하는 이유다.

050 중용정치가 요원한 까닭

인간의 핵심적인 리더십 분야(정치)에 아직까지 중용이 자리하지 못
한 이유는 두 가지로 대별할 수 있다. 중세 이후부터 급속히 확산된
이념이나 사상이 중용의 영역을 덮어 버렸고 논리와 이치를 가장 중
시하면서도 근원적 논리와 이치를 간과해 버린 구인문의 오류에서
비롯된다. 동서양을 막론하고 그 굴레를 벗어나지 못했던 것이다.

동양인문은 논리와 이치에 무관하게 사단(인의예지)만을 추겨 세우
고 논리와 이치에 맞는 사안이라도 열정이 넘치면 칠정을 참지 못하

는 품격 없는 자로 여기는 관습에 젖어 논리의 장을 만드는 데 큰 걸림돌이 되었으며, 논리를 매우 중시했던 서양인문도 신의 초능력과 절대성에 도전하는 논리를 펼치는 자는 '신의 저주'라는 비논리로 논리의 발전을 저지시켰다.

사단과 신의 절대성은 안정된 사회를 지양하는 데도 한 몫을 했지만 칠정과 인간의 상대성을 본능 정도로 치부하는 결례를 범하면서 논리의 세계가 한쪽 방향(배려와 이성)으로 치우치는 반쪽 인문이 되어 양면논리의 연결고리가 끊겨 버린 것이다.

그리고 권력자들은 사단과 신으로 대중들의 카리스마를 약화시키고 배려에 편중하는 데 주력했다. 그들은 대중의 카리스마를 민심폭동의 출발선으로 생각했기에 카리스마를 약화시키고 배려만을 확대하고 있는 구인문을 매우 우호적인 대중학습으로 여길 수밖에 없었다.

진정하고 치열한 논리와 이치는 사단과 칠정의 절묘한 배합에서 나오며 신을 배제한 가장 인간적인 상념과 토론에서부터 출발됨에도, 사단이나 신에 치우친 동서양의 구인문은 권력자의 욕구와 맞아떨어지면서 인간의 카리스마의 뿌리를 묶어 버리는 두 기둥의 역할을 담당한 것이다.

사단(인의예지)이 필요한 여건에서는 반드시 사단을 행하지만 그렇지 못하다고 판단될 때는 사단보다 칠정에 중심을 두는 것이 중용이다. 한마디로 카리스마와 배려의 지극 타당한 배합 속에 중용이 자리하고 있다.

이러한 중용의 논리가 성숙되어 있지 않은 오늘날의 인간사회는 중용적 리더를 배출시킬 수 있는 사회적 공감대가 조성되어 있지 않아

이념적 리더가 활개를 치니 중용정치는 요원하다.

051 중용의 유연성과 이념의 경직성

정치 종교 사회 분야야말로 중용의 시대가 도래되어야 하지만 이념적 리더가 득세하니 중용적 리더는 발붙일 곳이 없다.

정치 분야의 예를 들어보자.

성장과 분배로 기싸움을 벌이는 곳에서 성장과 분배의 리듬이론이나 조합이론을 제기하면 양쪽으로부터 환영보다 조롱만 받는 정치패러다임이다.

이념적 리더들은 자신의 이념만으로 국민의 행복을 완성시키겠다는 어리석은 집념으로 가득하다. 마치 오른발만 가지고도 신기에 가까운 축구선수가 되겠다는 것과 같고 수비수와 공격수로 반듯하게 나누어서 수준 높은 축구를 구사하겠다는 축구감독의 오기와 같다.

더욱 심각한 것은 그 이념을 신봉하는 세력들의 이념경직성과 이념결벽성에 있다. 마치 자신이 좋아하는 선수의 오른발 묘기만을 보려 하고 왼발을 가끔씩만 사용해도 거부반응을 일으키거나 '사용치 마라'고 성화를 부리는 지지자들과 다름이 없고 탁월한 수비수가 상황에 따라 잠시 공격에 가담하면 가차없이 '그런 편법행동을 하지 마라'고 으름장을 놓는 축구감독과 다를 바 없다.

보수지도자는 그 어떤 진보정책에도 거부하며 순도 100%의 보수

정책만을 외칠 수밖에 없고 종교지도자가 다른 이념을 가진 종교를 이단이라 강력히 외쳐댈 수밖에 없는 핵심적 이유는 이념적 리더 자신의 문제도 있지만 지지자들의 암묵적 압박이 더 두렵기 때문이다.

진보라고 해서 영원한 진보정책만으로 정치를 바라보거나 보수가 싫어서 진보를 택하는 경직된 지지자들의 이념집착에 변화의 여백을 만들어 주지 않는 한 끝없는 반목과 증오로 점철된 인문(정치, 종교, 사회)만 존재할 것이다. 흑백으로 경계 짓는 이념적 분위기가 국민정서로 굳혀진 상황에서는 중용의 리더십은 양쪽으로부터 손가락질만 받게 되어 있고 그 국가의 인문 수준은 더 이상 발전해 나갈 수 없다.

중용적 리더는 운전기사와 같다.

자동차를 운전하려면 가속할 때와 서행할 때와 정지할 때가 있으며 그 때마다 가속페달과 브레이크를 유효적절하게 사용해야 한다. 단지 가속페달과 브레이크 중에 어느 것을 더 즐겨 사용하는 운전기사냐에 따라 안전운행 위주의 보수적 기사냐 속도위주의 진보적 기사냐의 차이가 날 뿐이다.

이와 같이 정치 종교 사회를 이끄는 리더들은 이념에만 매달려 있는 방울이 되어서는 안 되며 이념들을 적절히 선별해 구워 내는 후라이팬이 되어야 한다.

흑과 백이라는 명암을 가장 타당하고 균형 있게 연결시켜 멋지고 아름다운 그림을 만들어 그 예술성을 보여주는 화가처럼 중용적 리더는 삶의 가치를 흑백으로 나누어 쪼개는 것이 아니라 흑백을 이용하여 누구나 감동할 수 있는 조화로운 삶의 그림을 만들어 낸다.

단지 흑백 중에 어느 색을 더 많이 사용하느냐에 따라 이념(진보 또는 보수)이 좌우될 뿐 중용으로 나아가는 길은 한 방향으로 수렴한다.

052 하늘은 바로 중용

눈을 맑고 크게 뜨려고 끊임없이 노력하라. 그리하면 온갖 탐욕이 사라지고 마음이 맑아져 세상이 더 크게 보인다.

그리고 더욱더 중요한 것은 자신과 하늘이 함께 보이기 시작한다. 우리 모두 하늘을 닮으려고 노력해야 한다. 맑고 파란 순수와 드높은 기상처럼 깨끗한 마음으로 생존에 임하고 품격을 갖춘 사랑으로 서로를 감싸며 사회를 보듬어야 한다. 하늘은 중용을 실천하고 있기 때문이다.

하늘은 빛의 카리스마로 땅을 향해 에너지를 나누어 주는 배려를 행하면서도 스스로는 그 어떤 대가도 되돌려 받기를 원치 않는다. 땅을 위해 스스로를 항상 비워 놓는다. 스스로를 채우려 하면 땅에 에너지를 전달해 줄 수 없는 이치를 이미 꿰뚫고 있기 때문이다.

하늘은 수많은 별들을 품고 있는 마지막 미지의 세계이면서도 결코 화려하지 않고 단아하며 스스로를 자랑하거나 뽐내지 않으면서도 우리에게 믿음과 따스함을 준다.

하늘은 음(달)과 양(해), 그리고 낮(명)과 밤(암), 그리고 열과 냉, 그리고 건과 습이라는 양면을 가지고 있음에도 둘로 쪼개려 하지 않고 조화의 멋과 아름다움을 일깨워 주면서 중용의 이치를 끊임없이 강조하고 있다.

하늘을 향해 도전했던 새들의 조상도 가장 먼저 실천에 옮긴 것이 있다. 자신의 뼈 속까지 비우는 맑은 영혼을 기꺼이 실천에 옮기며 이상의 날개를 폈다.

만물의 영장이며 최고의 이성을 자부하는 인간만이 하늘을 거역하고 있다. 하늘의 모습에는 그리워하면서 그 이치대로 사색하고 실천하지 않는다.

　먹고 살 만해도 끝없이 물질만을 바라보며 자신의 탐욕을 비우려 하지 않는다. 깨우침을 위한 시간을 너무나 소홀히 하며 물질의 양에 따라 의기양양하고 자신만만하다.

　이성도 갖추지 못한 동식물도 하늘의 뜻을 그대로 따르는데 인간만이 '민심이 천심'이란 용어를 외쳐 대면서도 실행에는 옮기지 않는 이중성을 괴로워하면서 즐긴다.

　삶의 길을 선도해야 할 정치인, 법조인, 교육인부터 중용의 이치가 하늘에 있음을 꿰뚫지 못하고 탐욕에 젖어 있으니 대중들이 그들을 어찌 신뢰하고 따르겠는가?

　중용의 참 가치를 깊이 이해하지도 못하면서 중용의 삶을 외치는 자야말로 가장 큰 죄인임을 깨우쳐야 한다.

　하늘을 그리워하면서도 하늘의 뜻을 따르지 않는 자는 중용을 외치면서도 중용에 침을 뱉는 자인 것이다.

053 중용이 내뿜는 12가지 향기

중용이야말로 체험적 학문이다.

삶의 체험이 부족한 자는 중용철학의 의미를 깊이 깨달을 수 없다.

그 체험의 방향 또한 중용적이어야 한다.

물질탐욕을 따라다니는 체험이 아닌 각계각층의 인간성을 섭렵하는 체험이고 특히 빈민층의 생활체험이 가장 큰 학문적 깨우침을 준다.

중용을 터득한 자는 다음과 같은 12가지 향기가 난다.

첫째 필요 이상의 재산을 모으려 하지 않는다.

갑부가 되는 것은 양심과 정의 이전에 물질의 평등이라는 중용의 법칙 제 1항에 어긋나기 때문이다.

잠자리가 편안하고 맛있게 먹을 수 있고 빚이 없는 서민수준에 만족한다. 그 이상 축적되면 거추장스럽게 느껴져 의미 있는 나눔을 위해 사색하지 않을 수가 없다.

갑부가 중용을 외친다는 것은 탐욕자가 진정한 나눔을 외치는 격이다.

둘째 아는 것은 안다 하고 모르는 것은 모른다 하며 사람을 가리지 않고 대등한 인격으로 대한다. 그리고 모르는 것은 앎으로 깨우칠 때까지 부끄러워하지 않고 주변 사람이나 스스로에게 끝없는 질문을 한다.

셋째 상대방이 자존심을 건드리는 그 어떤 언행에도 휘말리지 않고 평상심을 유지한다. 그 평상심은 자제력이나 인내력에서 나오는 것이 아니라 포용력이나 지구력에서 나온다.

넷째 이념이 달라 사이가 멀어진 양쪽으로부터 끝내는 수평적 존경심을 이끌어 내기에 문제해결자로서의 탁월한 능력을 갖추고 있다. 어느 한쪽으로부터의 지지를 받는 자는 아무리 열광적 지지라도 중용철학에 위배되며 분열적 리더십으로 권력을 탐하는 자다.

다섯째 상대방에게 타당과 비타당을 가리기 위해 분노하고 격노할 뿐 선악의 개념으로 증오하거나 저주하지 않는다.

죄는 엄하게 다스려도 인간은 결코 미워하지 않는다.

여섯째 어떤 사안이 해결될 수 있는 사안인지 아닌지를 이미 꿰뚫고 있기에 해결되지 않는 사안에 시간을 허비하지 않고 가능한 한 무심한 편이며 해결될 수 있는 사안은 결연한 자세로 집중하여 사태를 해결하려 한다.

일곱째 평상시에는 밝고 위트가 넘치며 편안한 모습이지만 비상시가 되면 날카롭고 냉정한 논리로 합리를 도출해 낸다.

여덟째 비논리적인 것은 그것이 큰 가치를 가지고 있더라도 타협을 거부한다. 그 어떤 정의와 양심과 자유와 평화라도 논리적이지 못하면 받아들이지 않는다. 중용으로 혁명이 가능한 이유는 바로 여기에 있다.

아홉째 리더로 나서는 것을 꺼려하고 평범한 삶을 더 중요시하지만 주변 사람들의 지지가 열화와 같고 진정함으로 받아들여지면 기꺼이 리더로 나선다.

열번째 선과 악, 그리고 신과 귀신, 그리고 진실과 거짓이라는 적대적 개념을 멀리하고 오로지 논리의 대소와 우선순위, 그리고 그 연결성과 균형성을 끝없이 찾아다닌다.

열한번째 특이한 복장과 외모로 관심을 끌려고 하지 않는다. 중용의 모습은 자연이기에 자연스러울 수밖에 없다.

열두번째 네 탓을 멀리하고 항상 내 탓을 가까이 하기에 중용적 정치리더는 권력의지가 없는 것으로 오해받을 수밖에 없다.

이 세상에서 가장 비양심적이고 추한 지식인은 중용을 행하기는 꺼리면서 중용을 말하거나 가르치려는 열정에 차 있는 자임을 명심하라.

054 김소월의 진달래꽃

소월은 한국의 대표적 민요인 아리랑의 가사를 음미하고 있었다.

아리랑 아리랑 아라리요 아리랑 고개를 넘어 간다.

나를 버리고 가시는 님은 십리도 못 가서 발병 난다.

소월은 '버리고'와 '발병'이라는 단어에 묘한 감성을 느꼈다.

이별의 아픔과 괴로움을 표현하는 대목이라 공감하면서도 간과할 수 없는 거부감이 엄습했다. 그 용어 속에 내재되어 있는 인문의 속성에 이의를 제기하고 싶은 충동이 일어났다. 헤어짐을 버림과 버림 당하는 개념으로 표현하는 것 자체도 이분법적 흑백논리이지만 발병이라는 원한과 증오의 용어를 사용하며 남 탓을 우선하는 관습에 젖어 있는 가사라고 생각했다.

이러한 공감대가 대중적 가치로 형성되면 한이 많은 폐쇄적 사회로 향할 수밖에 없다는 것이다. 특히 자신을 버려지는 대상으로 표현하여 대중의 위로를 받으려는 개념은 무기력한 대중문화의 전형적인 모습이다.

이별의 앞뒤와 내면의 원인은 생략되고 버려짐과 버림을 선악으로 구분하여 동정여론을 형성하는 사회는 비논리적 사회로 향하며 불행해질 수밖에 없다.

만남이란 '이성과 감성'이라는 양면논리의 절묘한 법칙을 서로가 효율적으로 배합하고 실천할수록 멋지고 아름답게 지속되며 그렇지 못하면 헤어지기도 한다.

영혼의 조합을 이루어 소통의 폭과 깊이를 업그레이드하면서 행복을 얻는 것이 만남의 목표인데, 과거의 약속에만 기대어 나태하면 영혼의 격차는 더욱 심화되고 자연스레 이별의 그림자가 다가오기 마련이다.

만남의 약속(친구, 연인, 부부)은 소유나 구속의 개념이 아니며 영혼의 조합을 위한 지속적인 노력이 이미 전제되어 있는 것이다.

인간은 감성이 섬세한 동물이고 특히 판단력이 부족한 젊은 시절의 약속은 세월에 따라 엄청난 변화를 예고하고 있다. 마음이 멀어져 떠나는 자에게 만났을 때 했었던 약속을 되새기며 원한과 증오를 품는 자는 영원한 이별을 각오한 자이다.

누구에게나 만남과 이별과 재회의 자유가 있으며 이러한 자유를 대중여론의 힘을 빌려 마녀사냥 하듯이 헐뜯는 것은 소유와 집착을 위한 영혼적 탐욕일 뿐이다.

자신을 역겨워하며 떠나려는 자가 있다면 아무리 슬프고 괴롭고 이해할 수 없어도 진달래꽃 아름 따다 떠나는 길에 뿌리겠다는 '소월의 진달래꽃'은 모든 삶의 뿌리가 내 탓에서 나오는 신인문의 개념을 가장 의연한 시상으로 표현한 것이다.

자신의 마음을 끊임없이 닦고 개발하여 진정한 카리스마와 배려의 품위가 원숙해진 자는 원한과 증오를 가질 틈새도 없으며 오직 자유의 품격을 가장 큰 삶의 가치로 여기기에 떠나기를 원하는 자의 자유까지도 품격있게 배려할 수밖에 없다.

　네 탓에 젖어 원한과 증오를 품는 선악의 개념을 초월하여 내 탓을 우선으로 하는 중용의 개념을 한 폭의 시에 명료히 담았으니 어찌 소월의 진달래꽃이 영원하지 않으리오.

055 소크라테스와 중용

　인간은 누구나 행복해지기를 원한다.

　어떻게 살아가면 행복할까? 부자? 사회적 지위? 권력? 학력? 잘생긴 외모? '결코 그렇지 않다'는 것부터 깨우쳐야 행복의 문고리라도 잡을 수가 있음을 반드시 기억해야 한다.

　행복해지는 방법은 너무나도 간명하다. 주위로부터 칭찬이나 사랑을 받는 것이다. 냉소를 받거나 미움을 사고 있다는 것을 알게 되면 스트레스를 받아 건강을 해치며 불행 속으로 빠져든다.

　홀로 살아갈 수는 없지 않는가?

　그렇다면 주위로부터 칭찬받고 사랑받기 위해서는 어떤 삶이 필요할까? 바로 '나 자신을 아는 것'이다. 내가 누구이며 어떤 사람인가를 꿰뚫어 볼 수 있어야 한다. 그 속에 진정한 성공과 행복의 삶이 녹아 있기 때문이다.

　그렇다면 나 자신의 내면을 알 수 있는 방법이 있을까?

조용히 그리고 차분하게 생각해 보자. 나의 육신과 영혼은 어디에서 나왔는가? 바로 대자연의 산물이다. 내 몸 속의 모든 원리는 대자연의 이치로부터 한 치의 오차도 없이 숙성되고 다시 조합되어 만들어졌고 그 몸을 어떻게 갈고 닦느냐에 따라 영혼의 모습이 나타난다.

그러므로 그대가 행복해지기 위한 첫걸음은 대자연의 이치를 공부하고 사색하는 것이다. 이를 위해 수학이나 의학, 그리고 인류학이나 생물학에 취미를 가져야 한다. 그것이 힘들면 주말마다 여행이나 산행을 하면서 건강을 유지함과 동시에 자연을 관조하는 습관을 반드시 길러야 한다.

그리고 두 번째 걸음이 있다.

바로 인간사회의 이치를 깨닫는 것이다. 이를 위해 인문학이나 사회학에 취미를 가져야 한다. 그것이 힘들면 규칙적인 글쓰기와 주변 사람들의 마음을 훑어보는 습관을 반드시 길러야 한다.

만일 '난 저 친구 마음을 도저히 이해할 수가 없어'라고 하소연하는 자라면 분명 자신부터 잘 모르는 자라는 것이다.

주변사람들의 마음을 알아내는 방법은 너무나 간명하다. 가능한 한 깊고 폭넓은 대화를 가지려 하는 자세와 습관을 길러야 한다. 이러한 가운데 자신을 서서히 알게 되는 것이다.

여기서 눈여겨봐야 할 중요한 대목이 있다.

대자연은 모두 중용의 이치로 이루어져 있으며, 대자연에 의해 탄생된 인간의 육신과 영혼 또한 중용의 이치를 벗어날 수가 없으며, 남을 아는 이치도 중용의 이치를 깨우쳐야 가능하다는 사실이다.

고로 나를 안다는 것은 중용의 이치를 터득하여 주변 사람들과의 소통이 매우 탁월해졌다는 것을 의미한다. 행복하지 않을 수가 없는 것이다. 소크라테스는 행복을 위해 자신부터 알아야 한다고 외쳤고, 그것은 곧 중용을 외쳤던 것이다.

행복은 행운처럼 그냥 다가오지 않는다. 끝없는 사색과 체험을 통해 자연과 인간을 공부하여 자신의 본성을 멋지고 아름답게 갈고닦는 이성이 완숙된 자에게만 도둑처럼 다가온다.

자신을 잘 모르는 자가 행복을 갈구하는 것은 리더십이 결핍된 자가 높은 직위를 바라는 것처럼 참으로 우매한 짓이며 불행의 올가미에 걸려들 수밖에 없다.

육신과 영혼이 하나가 되어 중용의 품속에 잠길 때 비로소 나를 알게 되고 행복 속에 잠긴다. 인간이 만들어 놓은 가장 훌륭한 명언은 바로 '너 자신을 알라'이며 인간이 만들어 놓은 가장 위대한 논리는 바로 '중용'인 것이다.

056 정의란 무엇인가?

태초의 인간세상은 자연스러움과 자유로움 그 자체였다. 사자나 늑대처럼 직계혈족들만 함께하며 마음껏 자유를 누리고 살았던 것이다.

그러나 사회조직은 동물집단과 달리 진화를 거듭한다. 성대의 기적을 통해 탁월한 소통력을 지니게 된 인간이기에 직계혈족을 넘어 친척들까지 모여 생존을 위한 정보를 서로 교환하며 풍요로운 삶에 도전한 것이다. 바로 씨족사회다.

그리고 조직의 영역을 이웃까지 넓히면서 혈연과 무관한 제사장이나 힘센 소수가 그 조직의 리더로 부상한다. 바로 부족사회이며 여기서부터 본격적인 권력투쟁이 시작된다. 이때부터 인간의 변질된 이성이 극대화되기 시작한다.

그들은 왜 권력투쟁에 목숨을 걸었을까? 그것은 너무나도 간명하다. 조직만 품고 있으면 노동 없이도 부귀영화를 마음껏 탐할 수 있는 여건이 마련되기 때문이다.

그러나 정적들이나 2인자들이 호시탐탐 기회를 노리고 있다는 것을 알고 있는 권력자들은 항상 불안했고 오랫동안 권력을 유지하기 위해 그 무언가가 필요했다. 바로 조직의 공감대(당근) 형성과 조직이 탈을 금기시하는 공포분위기(채찍) 형성이다. 이를 위해 전통과 관습 속에 이념과 권위주의를 삽입시켜 몰딩시키는 작업이 필요했던 것이다.

그 대표적 사례를 들어보자.

선과 악, 그리고 진실과 거짓 등의 흑백논리로 반발세력을 악이나 거짓으로 몰아 제거하는 명분을 만들고 신과 귀신을 활용하여 위엄과 공포심을 증폭시켜 조직원들을 복종케 하였다. 그 시기에도 정의의 개념이 존재했지만 이러한 전통과 관습의 범주를 벗어나지 못했다. 악을 물리치고 신의 뜻에 목숨 바치며 진실만을 외치는 것을 정의라고 의식화시킨 것이다.

이러한 전통과 관습으로 사회제도를 만들고 그 위에 정의의 개념을 접목시켜 놓았으니 그 정의가 무슨 의미가 있겠는가? 경사진 축구장을 만들어 놓고 규칙을 엄하게 적용하는 꼴과 무엇이 다르단 말인가? 타당치 못한 바탕을 만들어 놓고 타당을 재촉하니 어찌 타당이 자리 잡을 수가 있단 말인가?

이러한 구인문적 정의의 개념이 오늘날까지 이어져 내려와 우리의 영혼에 알알이 박혀 있다. 이쪽의 정의가 저쪽의 불의가 되고 저쪽의 정의는 이쪽의 불의가 되어 정의와 정의의 충돌이 일어난다. 테러집 단에서는 테러를 정의라 믿고 일본 제국주의자들은 가미가재 특공대 의 자살행위를 정의로 확신하고 있으니 어찌 평화로울 수가 있는가?

인류의 역사가 끝없는 전쟁의 연속일 수밖에 없는 이유다.

정의는 흑백논리나 승리의 개념을 앞세워서는 안 된다.

무엇이 옳은 것인지부터 깨우친 후에 그 옳은 것을 행하는 것이어 야만 정의로운 것이다. 정의롭게 살아가기 위해서는 반드시 용기가 필요하지만 그 용기를 뒷받침하는 지혜가 없으면 안 된다는 의미다.

이제는 신인문을 바탕으로 하는 사회적 정의를 도출해야 한다. 훌 륭한 예술품이나 명품을 선과 악이나 진실과 거짓으로 구분하지 않 는 것처럼 신인문적 정의 또한 그러하다. 신인문적 정의는 다음과 같 은 4가지 기본적 개념을 갖추고 있다.

첫째 어느 쪽에서 바라봐도 이치에 맞아야 한다.
둘째 지극히 인간적이어야 한다.
셋째 이념에 치우쳐서는 안 된다.
넷째 사회분열의 결과를 초래해서는 안 된다.

그렇다면 정의란 무엇인가?

자연의 이치를 균형 있게 연결시킨 합리적 사고가 몸에 깊이 배어 있어 비합리적 대상들(인간이나 제도 등)에 대해 강한 거부감을 느끼는 인간성이다.

진정 정의로운 자는 섣불리 나서지 않는 이유도 여기에 있다.

정의야말로 중용의 맥이 뛰고 있지 아니한가?

철학이란 무엇인가?

철학이란 무엇인가?

이기 순합론.

이황과 이율곡.

이기 일체론.

도심과 인심.

맹자가 쳐놓은 그물.

진실성과 진정성과 인간성.

양면성과 이중성.

영혼과 물질을 탐하지 않는 거짓.

인내력과 지구력.

인내력 위주의 도덕과 윤리.

지구력 위주의 도덕과 윤리.

O57 철학이란 무엇인가?

 과학이 물질의 이치를 논리적으로 연구하여 편리한 문명을 주는 학문이라면 철학은 대자연의 이치를 논리적으로 사색하고 체험하여 소통과 화합과 자유와 공평이라는 인류 문화를 창출하는 학문이다. 이치에 맞는 논리를 연결하고 조합하여 균형있게 살아가는 것이야말로 가장 가치 있는 영혼을 만들어 낸다고 확신하는 학문이 바로 철학이라는 것이다.

 이 세상 만물에는 이치가 있고 이치대로 움직인다. 초가집을 짓는 데도 된장을 담는 데도 깊고 심오한 이치가 있다. 혹 힘겹고 귀찮아서 티끌만한 논리의 과정이라도 소홀하거나 놓치면 거센 비바람에 허물어지거나 장맛이 간다.

 초고층 건물은 아예 설계도를 갖추고 섬세한 논리까지 따져야 한다. 건물의 각종 자재와 부품들의 연결성과 균형성을 논리적으로 완성해야만 훌륭한 건물이 된다. 어느 하나의 부품이라도 연결성과 균형성이 떨어지면 부분적 하자가 생기고 그것이 빌미가 되어 건물 전체가 위태로울 수도 있다.

날아가는 비행기나 우주선은 더더욱 섬세한 논리에 의해 완성된다. 논리에 한 치의 빈틈만 생겨도 폭발 위험을 각오해야 한다.

이제는 인체의 신비로움조차도 과학과 의학의 논리로 섬세하고 절묘한 연결성과 균형성이 규명되고 있다.

인간의 육체와 영혼 역시 이치에 따라 움직인다. 육체와 영혼은 복잡 미묘한 양면논리로 구성되어 있다는 것이다. 이치에 반하는 비논리가 조금이라도 섞인 육체나 영혼은 볼트 하나가 빠진 우주선처럼 불안하고 두려운 삶의 연속일 수밖에 없다.

이와 같이 철학은 자연과 인간의 연결고리와 균형추를 깨우쳐서 인간의 무지에서부터 오는 공포와 불안을 막아 주고 비논리적 사회제도에 근본적인 해결책을 명쾌하게 제시해 주며 진정한 행복을 추구해 가는 학문이다.

그러나 대중의 다수는 철학을 점쟁이들의 점괘공부나 자존심이 강한 현실도피자들의 궤변학 정도로 인식하고 있다. 심지어 철학에 관심을 가진 자일수록 머리와 수염을 기르고 현실을 견뎌내지 못하는 자가 많다는 것이 대중들의 상식으로 되어 있다.

그 이유는 너무나 간명하다. 구인문의 핵심을 이루고 있는 구철학 자체부터 비논리적 부분이 있어 전통과 관습에 젖은 대중들을 설득시킬 수 있는 논리가 정돈되어 있지 않고, 탐욕을 버리라고 외치면서도 원초적 탐욕을 스스로 내재하고 있기 때문이다. 그러기에 사회를 위해 현실적 역할을 제대로 하지 못하고 전통과 관습의 굴레 속에서 그 표피적 명맥만 유지하고 있다.

철학은 눈에 보이지 않는 영혼의 이치를 다루는 학문이기에 투명건물의 외부와 내부 모습을 설명하는 것과 같은 상상의 논리다.

오늘날까지 내려온 구철학은 핵심적인 불량자재(비논리)가 섞여 있는 투명건물의 모습과 같다. 철학자들은 이러한 구철학의 내면에 존재하는 비논리적 부분을 혁명적 상상의 논리로 찾아내기 위해 투명건물을 분해하고 재조립하는 데에 심혈을 기울여야 한다.

그러나 오늘날 대다수의 철학자들은 투명건물의 양호한(논리적)부품들만을 꺼내어 대중들에게 극찬하거나 뿌리도 없는 새로운 투명건물을 만들려는 다양성에만 빠져 있다.

그 이유 또한 너무나 간명하다. 투명건물 내부의 핵심자재들 중에 불량품이 있다는 사실을 알면서도 대중들을 설득시킬 수 있는 섬세한 논리를 완성시키지 못했거나 비난의 화살이 두려워 진정한 진리를 회피하고 있는 것이다.

그리고 투명건물을 이루는 양호한 자재들만을 골라서 덧칠하고 강의하면 전통과 관습에 젖어 있는 대중들에게 인기를 독차지하고 동시에 자신의 속세적 성공과 명예를 획득할 수가 있기 때문이다. 철학자들이 버려야 할 탐욕을 가장 교활하게 활용하고 있는 꼴이다.

그러므로 인간의 철학이 완성되기 위해서는 철학자들의 철학적 자세부터 변화해야 하며 그 변화가 완성되면 비로소 진정한 인간사회가 완성된다. 이것이 철학이 가야 할 길이다.

058 이기 순합론

이 세상은 모두 논리로 이루어져 있기에 논리로 시작하여 논리로 끝난다. 그 논리와 논리가 연결되기 시작하고 끝없는 논리의 결합이 타당한 합리가 되고 그 합리가 무언가의 에너지를 만들어 발할 때 '기'가 탄생된다.

'이'가 모여 충족여건이 되면 '기'를 발하고 그 '기'는 한 단계 더 업그레이드된 '이'를 만드는 계기가 된다. 이러한 연속을 통해 더 복잡 미묘한 '이'로 향하고 그 '이'는 더욱 절제된 '기'를 완성시키는 단계로 순환 발전하여 합성되다가 다시 단순한 '이'와 무절제된 '기'로 되돌아갈 뿐이다.

풀 한 포기의 역사에도 우주의 거대한 순환도 빈틈없는 논리로 가득하며 그 논리의 끝없는 결합 위에서 '기'가 발한다. 그리고 '이'는 홀로 존재할 수 있으나 '기'는 반드시 '이'와 함께 존재한다. 모든 '이'가 '기'를 발할 수는 없으나 모든 '기'는 반드시 '이'를 바탕으로 하며 더 복잡한 '이'를 만들어 낸다.

진정한 사랑 또한 섬세한 양면(이성과 감성)논리의 결합으로 '이'와 '기'를 발생시켜 상대를 만족시키는 인간 최상의 행위이며 사랑에 실패하는 것은 그 섬세한 논리의 연결성과 균형성이 부족해 '이'와 '기'가 끊어지거나 그 섬세한 논리를 받아들이는 상대의 '이'와 '기'가 섬세하지 못해서 이루어지지 않는 것이다.

'이'가 뿌리라면 '기'는 그 뿌리에 의해 나타나는 꽃이나 열매와 같다.

인간의 태어남 그 자체도 엄청나게 복잡한 '이'의 결합으로 탄생된 '기'의 태동이며 성인이 되어 갈수록 '이'와 '기'의 이치를 깨우치며 스스로의 '기'로 스스로의 '이'를 다스려 나가고 그 '이'는 또 다른 절제된 '기'로 승화시키며 가치 있는 삶을 누리게 된다.

그리고 그 '기'가 완전히 소모되면 다시 자연으로 돌아가 흙속에서 가장 단순한 '기(열과 분해)'와 '이(무기물)'로 순환되는 것이 '이기순합론'의 대표적 사례다.

대자연은 이러한 이기순합론에 의해 발전해 왔으며 세상을 안정적으로 보존해 나가는 순리로서의 역할을 하고 있다.

그러나 이 땅에 인간이 나타나면서부터 자연의 이치에 따르는 '이'와 인간의 이치만을 생각하는 '이'가 맞서기 시작하며 제각각의 '이'와 '기'를 발생시킨다. 이 두 가지 '이'와 '기'는 제각각의 복잡 미묘한 '이'와 '기'를 재생산시키고 끝없는 '이'와 '기'의 극을 만들어 충돌하며 세상의 모순을 만들어 내고 있다. 바로 논리의 충돌이다.

인간이 만들어 낸 예술이나 핵폭탄은 한 치의 빈틈없는 논리를 집약해서 만든 '기'이며 이러한 '기'는 인간 스스로를 사랑의 세계와 공포의 세계로 양립시키며 충돌하고 있다는 의미다.

중용은 이러한 자연과 인간이 상충하는 '이'와 '기'를 한 방향으로 통합시키고 모순을 줄여 인간의 미래를 자연과 어울리는 참된 논리로 향하게 하는 학문이다.

'이'와 '기'에 선악개념을 연결시켜 이기론을 왜곡시키기보다는 '이'와 '기'의 합성비율과 순환의 이치를 연구하여 타당으로 해결하려는 중용개념이야말로 미래의 인간운명을 진정한 사랑과 행복의 길로 인도할 것이다.

059 이황과 이율곡

스스로는 변화하지 못하는 것이 '이'라면 자신과 주변에 영향을 미치는 것이 '기'다. 그러나 이 지구상엔 그렇게 선명하게 구분되는 것은 없다. 예로써 흙이 '이'라면 태양과 바람 등의 '기'의 영향으로 '기'를 받고 있는 것이다.

그리고 흙의 '이'와 '기'를 받아 탄생된 콩은 새로운 '이'와 '기'를 발산하고 그 콩의 '이'와 '기'를 활용하여 만든 된장 또한 새롭게 합성된 '이'와 '기'를 만들어 낸다. 그리고 그 된장을 재료로 만들어진 된장국은 우리의 몸에 들어와 한층 더 새로운 '이'와 '기'를 준다. 이와 같이 인간은 이기순합론의 이치에 따라 '이'와 '기'의 테두리에서 벗어날 수 없는 운명이다.

그리고 '이'는 논리 그 자체지만 '기'는 그 논리에 의한 액션이 있다. 아무리 에너지를 가져도 액션이 없는 것은 '이'일뿐이다.

'이'와 '기'는 액션의 유무이지 도덕이나 선악의 잣대를 적용해서는 안 된다. 그러기에 '사단은 선이고 칠정은 선악으로 이루어져 있다'는 이황의 이기론에 문제가 있다.

그리고 육체 위에 영혼이 스미듯 '이' 위에 '기'가 올라타는 것이고 '이'와 '기'가 끝없이 순환하다가 어느 단계에 이르면 서로 통하게 된다. 그러므로 '기' 위에 '이'가 올라타고 있다'는 논리와 '이는 통하고 기는 국한된다'는 논리를 주장한 이율곡의 이기론에도 문제가 발생한다.

사단을 깊이 이해하고 깨우쳐 행하면 타당한 '이'가 몸에 배어들어 인간의 언행에 타당한 칠정(기)이 스며들고 사단을 깊이 깨우치지 못하면 그 '이'가 완전치 못해 칠정(기) 또한 타당치 못한 형상으로 발산될 뿐이기에 사단과 칠정을 선악과 도덕으로 논해선 안 된다.

사단과 칠정 역시 인간의 인성이기에 '이'와 '기'가 함께 들어가 있다. 단지 사단은 '이'를 우선으로 집중하고 칠정은 '기'를 우선으로 집중할 뿐이다. 그러므로 행복한 삶을 위해서는 인간의 육체와 정신 속에 스며 있는 '이'와 '기'를 생활여건에 따라 타당하게 배합하는 이치를 깨우쳐야 하며 이것이 바로 능력이다.

예를 들면 화를 참아야 할 때와 참지 말아야 할 때가 있다. 그 상황과 분위기에 따라 사단이든 칠정이든 이치에 맞게 배합하여 활용할 수만 있다면 탁월한 삶이요, 감동일 뿐이다.

달과 태양이라는 음양의 '기'를 받아 가장 다양하고 복잡한 '이'와 '기'를 만들어낸 혹성이 바로 지구다. 지구는 음양의 '기'를 받아 새로운 '이'와 '기'를 끊임없이 만들어 내며 매우 복잡한 '이'와 '기'의 결합으로 절묘한 '이'와 '기'의 복합체를 탄생시키게 된다. 바로 생명체의 탄생이다.

그 생명체는 또 다시 끝없는 '이'와 '기'의 순환과 합성을 해 가며 만물의 영장인 인간이 탄생된다. 고로 인간은 가장 절제된 '기'를 사용하는 생명체이며 그 절제의 근본에는 '이'가 있다. 인간이 이성을 가지고 끝없이 '이(논리)'를 깨우쳐야 하는 이유다.

'이'와 '기'가 순환하고 합성되어 절제된 '기'를 만들기 위해서는 기준이 모호한 선악이나 도덕보다 이치(타당성)를 중히 여기는 중용교육이 더욱 도덕적이고 화합적인 것이다.

이황과 이율곡의 이기론 논쟁이 더 발전된 논리로 계승되지 못하고 끝없는 갈등과 분열로 이어져 당파싸움으로 번진 이유가 있다. 비논리적 뿌리(선악이나 도덕)에 논리를 접목시키려 하니 불통만 증폭되는 결과를 낳은 것이다.

060 이기 일체론

우리 지구상에는 '이'와 '기'가 구분되어 존재할 수 없다. 기둥과 천장으로 집을 이루듯 모든 사물에는 '이'가 존재하고 그 위에는 '기'가 올라타 있는 형상이기에 변화하지 않는 것이 없다. '이'와 '기'의 순환과 합성이 끊임없이 이루어질 수 있는 여건과 환경이 완벽하게 조성된 혹성이기 때문이다.

퇴적, 산화, 풍화, 냉온작용 등이 바로 '기'의 발산이고 그 '기'는 '이'에 침투하여 좀더 복잡한 '이'와 절제된 '기'로 향한다. 이러한 '이'와 '기'에 대한 관념론은 흑백논리로 정립된 헤겔의 '정반합의 논리'와는 그 차원이 다르다. 이렇게 '이'와 '기'는 끝없이 순환을 하며 더 복잡하고 섬세한 '이'와 더 절제된 '기'로 진화해 가기에 반드시 생명체가 탄생된다.

이러한 혹성에는 '기'의 액션이 순환과 합성의 여건을 충족시키기에 '이'나 '기'나 별도로 독립하여 버텨낼 수가 없다. '이'와 '기'의 합성 비율과 순환의 시간 또는 과정에 따라 제각각의 모습으로 형상화되고 있는 것이다. 예를 들면 무생물은 단순한 '이' 위에 단순한 '기'가

타고 있고 고등생물일수록 매우 섬세하고 복잡한 '이' 위에 매우 절제된 '기'를 축적하여 필요시에만 '기'를 적절히 사용하는 '충기기능(에너지 충전)'까지도 가지고 있다.

이기이원론과 이기일원론의 논쟁에 큰 의미가 없다는 것이다.

바로 '이기일체론'으로 설명되어져야 한다.

사단과 칠정 또한 예외일 수가 없다.

인간으로 태어나서 깊고 폭넓은 지식과 경험을 쌓고 대자연의 이치(이와 기의 합성비율과 순환의 폭과 깊이)를 깨우치려는 노력과 실천에 따라 사단과 칠정의 합성능력이 저마다 다르다.

남성에게도 소량의 여성호르몬이 있고 여성에게도 소량의 남성호르몬이 존재하듯 사단(인의예지)에는 적당량의 '기'가 스며들어야 하고 칠정에는 적당량의 '이'가 스며들어야 한다.

그러기에 진정한 리더란 사단에만 빠져 능한 것이 아니라 사단과 칠정의 합성능력이 뛰어나 주위 여건과 상황에 따라 저마다 타당한 제각각의 합성비율로 중용을 행할 수 있는 능력을 가진 자이다. '이'가 배려에 비유한다면 '기'는 카리스마로서 주위 여건에 따라 배려와 카리스마의 절묘한 배합능력을 갖추어야 한다는 것이다.

진정한 리더십은 '이' 위에 '기'가 타듯 배려 위에 카리스마를 올려 태우는 합성의 능력이다.

사단과 칠정은 너무나도 교묘하고 섬세하게 통하고 있어 도심과 인심으로 구분해서도 안 된다.

중용을 터득하고 실용에 옮길 수 있는 자가 비로소 대중에게 참된 '이'와 '기'의 배합력을 일깨워 삶을 선도하는 진정한 리더다.

061 도심과 인심

　도심과 인심은 무엇인가? 그리고 사단이 본성과 도심이고 칠정은 감성과 인심이라는 성리학의 논리가 과연 이치에 맞는가? 그렇다면 감성은 본성에서 나온 것이 아니고 무엇이란 말인가?

　모든 사물을 보는 관점은 이치가 맞아야 된다. 그래서 다시 강조해 두고자 한다.

　동물과 달리 인간만이 본성에서 분리된 이성을 가지고 있다. 그러기에 이성은 본성이라는 꽃을 받쳐 주는 꽃받침이어야지 이성만 홀로 독립되어서는 그 의미가 없다.

　이성은 본성의 액션을 업그레이드시키기 위한 치밀한 논리일 뿐이다. 이성과 본성의 논리나 사단과 칠정의 논리는 오직 인간에게만 적용된다.

　물론 동물도 가르치면 사단(인의예지)의 기초단계까지는 훈련이 된다. 단지 인간처럼 문자와 대화를 통해 섬세한 소통의 문화로 발달 체계화시키지 못해 본성 속에 혼재되어 있는 이성이 독립되지 못했을 뿐이다. 사단(인의예지)을 칠정 속에 체계적으로 정돈한 인간과 달리 본능적 수준에 머물러 있다는 것이다. 이러한 이치를 감안하면 사단은 이성에 가깝고 칠정은 본성의 일부분이라는 것이다.

　그러므로 사단은 홀로 존재하는 자체가 무의미하며 칠정이라는 꽃의 꽃받침으로서의 역할을 담당해야 한다. 인간의 칠정을 좀 더 격조 높은 감성으로 업그레이드하기 위해 사단이 분리되어 존재할 뿐이다. 사랑도 기쁨도 즐거움도 슬픔도 두려움도 분노도 표출은 하되 적절하고 지나침이 없이 행하기 위해 사단의 이치를 터득할 뿐이다.

도심 또한 마찬가지다. 인심이라는 꽃을 받치는 꽃받침일 뿐 더 이상의 가치는 없다. 인심을 더욱 의미 있고 풍성하게 표출하기 위한 보조품일 뿐이다.

참되고 행복한 삶이란 모든 세상이치를 터득하고서도 어린아이의 해맑은 인간성을 간직하는 삶이다. 사단의 이치를 활용하여 칠정 속에 섞여 있는 탐욕의 '기'를 여과하고 아름답고 멋있는 칠정의 '기'만을 구사하며 살아가는 것이다.

사람들에게 '도심을 얻어라'고 하지 않고 '인심을 얻어라'고 하는 이유도 바로 여기에 있다. 자신의 '도심'을 은근히 자랑하며 스스로를 도인이라 하는 자중에는 진정한 자가 없는 이유 또한 바로 여기에 있다.

사단과 도심에만 집착하는 자 중에는 진정한 리더가 나올 수가 없다. 사단과 도심 속에 칠정과 인심이 중심을 잡아야만 인간성의 진수가 표출되는 진정한 리더가 된다는 것이다.

칠정과 인심을 대중에게 잘 전달하여 행복의 가치를 알리는 데에 사단과 도심이 활용된다는 것이다. 올바른 '이'로 올바른 '기'를 만들고 올바른 사단을 깨우쳐서 올바른 칠정을 만들고 올바른 도심을 깨우쳐 올바른 인심을 얻는 데에 삶의 가치가 있고 사회적 행복을 기대할 수가 있다.

칠정의 품격을 업그레이드 해주지 못하는 사단이나 인심의 품위를 숙련시키지 못하는 도심이라면 그 사단과 도심은 영혼의 사치일 뿐 그 어떤 가치도 없다.

062 맹자가 쳐 놓은 그물

주자는 맹자의 성선설을 맹신했기에 이기론을 선악과 연결시키려고 안간힘을 다했고, 결국 조선의 철학가 이황과 이율곡은 물론이고 절대다수 학자들에게 그 영향을 끼쳤다.

그들의 학문은 맹자가 쳐 놓은 성선설의 그물을 뚫고 나오지 못했다. 성리학이야말로 그 대표적 학문이며 후세의 학자들이 심혈을 기울일수록 혼란만 가중되고 미궁 속에 빠져드니 더 이상 실용적 학문으로 발전하지 못하고 흔적만 남겨둔 채 역사의 창고 속에 보관되어 있을 뿐이다.

그 이유는 너무나 간명하다. 우주나 대자연의 이치에 존재하지도 않는 선악개념을 인성론의 중심에 갖다 놓고 이기론과 접속시키려 하니 대자연의 '이'와 인간중심의 '이'가 충돌하기 시작했고 모순된 논리만 증폭되었다.

인간에게만 편협된 선악론을 우주와 대자연의 이치에 대입시키면 양쪽의 '이'와 '기'가 맞물릴 수가 없어 논리의 상승계단이 끊어져 버리고 감정적 논쟁만 연속적으로 일어나 급기야는 갈등과 혼란만 남는다.

과연 무엇이 선이고 무엇이 악이란 말인가? 선악론이야말로 철학의 논리를 휘어 놓은 가장 큰 장애물이다. 우리 인간의 삶의 지표는 행복이고 철학은 그것을 이치에 맞게 구체화하는 학문임에도, 성선설을 밑바탕에 깔고 있는 주자학과 성리학은 인간의 행복보다 명예나 직위를 위한 출세학으로 변질될 수밖에 없다.

철학은 자신의 두뇌를 뽐내며 학자나 대중을 사로잡거나 어지럽히는 놀이터가 아니다. 아무리 심오한 이기론이라 할지라도 인간의 행복과 연결되어 있지 않으면 철학으로서의 가치가 없다.

진정한 철학은 세상이치를 꿰뚫는 학문이고 이를 실행하면 자연스레 성실과 근면이 몸에 배이고 아름다운 배려와 멋진 카리스마를 배합하는 능력도 커지면서 양심에 타당한 삶으로 향하게 되어 행복하지 아니할 수 없는 학문이다.

이 세상은 선악론보다 타당론으로 풀어야 한다. 선악론으로 사회를 바라보며 정의를 실현하려는 것은 너무나 감성적이며 비논리적이라는 것이다. 왜냐하면 선악론은 악이 선으로 변화되기는 어려우니 그 뿌리를 제거하거나 처단하려는 증오나 저주의 개념이 강하게 잠재되어 있기에, 역사 속에서도 끝없는 보복의 피를 불렀다. 그리고 이념적 근거에 따라 자신의 행위는 로맨스(선)요, 남의 행위는 스캔들(악)이 되는 경우가 허다하다.

그에 반해 타당론은 각각의 사안에 따라 타당과 비타당을 말하기에 타당으로 돌아올 기회를 얻을 수 있는 대화의 통로가 존재한다. 비타당한 상대에게 분노하고 격노해도 가능한 한 제거하거나 처단하려 하지 않는 화합의 근원이 있다.

우주와 대자연, 그리고 인간은 '이'와 '기'의 지극 타당한 순환과 합성의 진화이기에 이기론은 선악론이 아닌 중용론과 연결되어 있다는 것이다.

○63 진실성과 진정성과 인간성

인간의 인성을 구분해 보면 4가지 유형이 있다.

첫째 진실성이 있어 믿음이 가지만 소통이 원활하지 못해 답답한 자이다.

시작부터 끝까지 성실하고 정체성이 뚜렷하나 융통성이 부족해서 상대방의 마음을 잘 헤아리지 못한다. 진실이라는 용어 자체가 쌍방향의 개념이 아니기에 융통성보다는 획일성을 더 많이 지니고 있기 때문이다.

종교인이나 체험이 부족한 자가 이런 유형에 가깝다. 그들끼리는 친화력과 결속력이 강하고 자존심 또한 대단하며 소통의 폭을 넓히기 위해 노력하지만 이념에 부딪혀 폭넓은 소통에는 한계를 노출한다. 그러기에 그 구성원들은 평화를 위해 노력하지만 구성원들을 이끄는 리더들의 이념논쟁에 휘말려 사회에 심각한 갈등을 만들고 끝없는 분열을 증폭시킨다.

둘째 진실성이 없어 믿음이 가질 않고 소통도 잘 되지 않는 자이다.

자신의 정체성에 대한 고민 자체가 없어 어떤 화합도 이루어 내지 못하기에 조직생활을 계속 유지하기 어려운 자이다. 오늘날의 사회와 가정의 교육부재로 인해 그 수가 기하급수적으로 증가하여 사회문제의 핵심이 되고 있다. '묻지마 난동자들'이 그 대표적 사례다.

셋째 진정성이 부족하고 변질된 융통성(변통성)을 능력인 양 중시하는 자이다.

물질을 쫓는 데 사력을 다하기에 남을 잘 헤아리려는 시늉만 하며 자신의 이득만을 노리는 자이다. 정체성과 융통성을 가진 듯 자랑하나, 포장된 정체성에 물질과 직위를 우선하는 변질된 융통성을 지니고 있다. 물질적 성공에 집착하는 인간들의 대다수가 이 유형에 속한다.

자본주의 속에 잠재되어 있는 자유의 틈새를 탐욕으로 파고들어 민주주의의 핵심적 가치를 훼손시킬 가능성이 높은 자이다. 결국 물질만능사회로 유도하고 사회와 환경을 파괴시킨다.

넷째 진정성과 합리적 융통성을 겸비하고 있는 자이다.

진정한 삶을 목표로 한 체험에 관심이 많은 자이며 진실과 거짓, 그리고 지식의 유무에 관계없이 만나면 만날수록 믿음이 가고 자연스레 폭넓은 소통의 즐거움을 느끼게 된다.

이와 같이 진실성이 한쪽만을 바라보는 인성이라면 진정성은 양쪽을 바라보는 인성이다. 그러므로 진실한 자라고 해서 인간성이 좋다고 말할 수 없으나 진정한 자는 인간성이 좋다고 말할 수 있다.

인간이 인간성을 회복하고 함께 행복한 사회를 꾸려나가기 위해서는 '넷째 유형'의 인간들이 다수를 차지하는 사회로 향해야 한다. 그러나 다른 유형의 사람들만 기하급수적으로 증가하고 있는 반면 '넷째 유형'은 갈수록 급감하고 있는 것이 오늘날의 현실이다.

'넷째 유형'의 몰락은 인간사회의 몰락을 의미하며 이를 막기 위한 유일한 해결책은 올바른 인성교육을 위한 철학이다. 그러나 철학 또한 구인문의 구태를 벗어나지 못해 대중들의 관심에서 벗어나 버렸고 그 어떤 대안도 없다.

이념전쟁과 사회혼란, 그리고 물질만능과 부패사회에서 태동된 환경파괴로 두렵고 불확실한 미래만이 끝없이 펼쳐지고 있다.

064 양면성과 이중성

태초의 지구는 단조로웠다. 물과 불과 암석이었다. 끝없는 광풍과 폭우의 혼돈이 계속되면서 산과 계곡과 흙과 강과 바다가 만들어졌다. 그리고 대기권이 완벽히 형성되어 태양열을 흡수하면서 서서히 다양한 식물과 단세포 동물이 탄생된다.

이처럼 지구는 수십억 년의 조합과 연결과 균형을 통해 다양성을 추구하며 생명을 창조한 것이다. 그리고 암수 구별이 뚜렷한 동물이 출현하고부터 다양성과 양면성이 함께 발달된다.

해(양)와 달(음), 하늘과 땅, 남과 여, 산과 바다, 물과 불, 명과 암, 홍수와 가뭄, 뿌리와 잎 등이 바로 대표적 사례이며 자연적 양면성으로 정의한다.

그리고 이성을 가진 인간이 출현하면서 자연적 양면성을 관찰하다가 인간의 입장만을 고려한 양면성을 창조해 내기 시작했다. 사회와 개인, 카리스마와 배려, 약과 독, 바늘과 실 등이며 인위적 양면성이라 정의한다.

이와 같이 두 가지 양면성은 서로의 정체성은 달라도 홀로 존재하면 그 가치가 상실되는 특성을 가지고 있으며 서로의 존재가치를 빛내며 소통한다.

그러나 인위적 양면성 중에 상대와 어울리기를 싫어하며 홀로만 존재하려는 특성을 가진 것도 함께 파생되었다. 바로 선과 악, 신과 귀신, 진실과 거짓 등이 대표적 사례다. 이러한 인위적 양면성은 보는 시각과 입장과 여건에 따라 그 기준과 논리가 달라져서 정체성의 혼란을 일으키는 양면성이며 이를 이중성으로 정의한다.

이러한 양면성과 이중성은 철학과 종교를 태동시킨다.

자연주의 철학이나 중용철학은 양면성에 뿌리를 두고 있으며 대부분의 철학과 종교는 양면성에 이중성을 혼합시켜 발전했다.

논리가 완벽한 양면성에 논리의 기준이 애매모호한 이중성이 혼합된 철학이나 종교는 대중들에게 빠른 감응을 줄 수가 있어 엄청난 발전을 거듭했고 동시에 피비린내 나는 인류역사를 만들었다. 맑은 물에 흙탕물이 섞이면 흙탕물이 되듯 논리에 비논리가 섞이면 비논리가 되어 갈등과 분열을 만드는 모순이 탄생되기 때문이다. 이쪽에서는 선과 신과 진실인 것이 저쪽에서는 악과 귀신과 거짓으로 정의되는 것이 바로 모순이다. 이러한 모순은 태초의 인간의 본성에 없었던 증오와 저주의 마음을 생성시켰다.

목사가 코란을 악의 근원지라며 불태우고 이슬람교도들은 불태운 목사를 악의 근원이라 생각하니 서로에 대한 증오와 저주가 하늘을 치솟는다. 그리고 목숨을 던져서라도 악의 무리를 없애버리겠다는 다짐을 하니 신에게 선을 따르겠다고 약속한 자의 영혼은 이미 악으로 가득하다. 그리고 이러한 증오와 저주의 마음을 교묘히 활용하여 물질과 권력과 힘과 직위를 얻을 수 있는 기회를 엿보는 인간들이 나타나 인간사회는 더욱 혼란해진다.

이러한 이중성의 개념은 처음부터 모순을 낳기 위해 만든 것은 아니었다. 그러나 이성을 변질시키고 탐욕을 파생시키며 이중성을 낳았다. 자신은 선이고 신이며 진실이고 상대는 악이고 귀신이며 거짓이라는 생각을 가지는 자체가 탐욕적 사고이며 결국 이중성으로 향할 수밖에 없기 때문이다.

신을 믿어 천국에 가려는 것도 탐욕일 뿐 그 이하도 이상도 아닌 것이다.

오늘날 탐욕에 찌든 종교지도자의 모습이 언론의 톱뉴스를 장식하고 종교 간의 분쟁이 끊이질 않고 있다. 그것은 마치 갑상선암이 심화되면 목주위에 큰 혹들이 드러나는 것과 같이 종교가 대형화될수록 그 탐욕 또한 대형화되어 불거져 나올 수밖에 없다.

그러므로 선악과 신과 귀신, 그리고 진실과 거짓에 골몰하며 정의와 양심을 외치는 자는 결국 이중적 인격자로 변질되고 온 세상을 탐욕의 도가니로 만든다. 그들이 생각하는 정의와 양심의 개념 속에 이미 탐욕이 깊이 내재되어 있기 때문이다. 그리고 그들은 '물질과 권력을 반드시 쥐고 있어야 선과 신과 진실을 지켜낼 수 있다'는 속물적 개념에 물들어 있기에 대중들의 영혼까지 탐욕으로 오염시켜 버린다.

이와 같이 서로의 정체성은 달라도 자연의 이치를 근간으로 하기에 논리적 소통이 가능하며 서로가 필요로 하는 두 측면을 양면성이라 하고 자연의 이치를 벗어나 비논리적이기에 소통이 불가능하고 결국 하나가 될 수 없는 두 측면을 이중성이라 정의한다.

양면성은 진정성이 내재되어 있기에 화합과 단결과 평화를 주지만 이중성은 탐욕이 내재되어 있기에 갈등과 분열과 혼란의 사회를 만드는 원흉인 것이다.

065 영혼과 물질을 탐하지 않는 거짓

그대는 혹시 구인문이 규정해 놓은 '진실'의 품위를 오염시키고 '거 짓'을 정당화하여 사회를 혼란스럽게 할 가능성을 우려하는가?

구인문에 길들여져 신인문의 방향과 정체성을 깊이 이해하지 못하 는 자가 절대다수에 이르니 의구심을 가진 자 또한 절대다수일 것이 다. 그러나 진실과 거짓을 선과 악처럼 흑백으로 구분해 놓은 구인문 의 개념 자체가 애초부터 잘못되었음을 이제는 깨달아야 한다.

진실과 거짓에 대한 개념 속을 들여다보면 논리적 근거가 너무나 모호하기 때문이다. 진실의 궁극적인 목표인 진정성보다는 진실 자 체에만 집착하고 있다는 것이다.

'거짓됨이 없이 진실하게 살아야 복이 온다'는 구인문의 가르침은 윤리적이고 긍정적이지만 수동적이고 운명적이다. 그러나 그 가르침 은 믿음의 수준일 뿐 그 개념을 탄생시킨 태초의 논리와 어긋나 있다. 진실하다고 해서 모두 복이 오는 것은 아니다.

이처럼 논리의 바탕이 어긋나 있으니 그 논리 위에 그 어떤 탁월한 논리를 연결시켜도 비논리가 된다.

인간이 진실이라는 개념을 만든 이유는 너무나 간명하다. 진정한 사랑과 행복한 삶을 영위하기 위해서는 서로 신뢰하는 마음가짐이 필요했기 때문이다.

그러나 탐하지 않는 진실과 거짓이 절묘하게 배합되어 진정성이라 는 삶의 가치를 빛내고 있음에도 사사건건 진실과 거짓을 구분하는 데에만 집착하면 오히려 진정성에 손상이 올 수도 있다는 것이다. 진실이란 용어가 들어간 단체나 조직, 그리고 위원회가 그들이 원하는 화합을 이루지 못하고 오히려 과거의 미궁 속에 빠져 더 큰 갈등과 분열을 자초하는 경우가 허다한 이유도 바로 여기에 있다.

서로에게 굳건한 사랑과 행복이 유지되고 있다면 순간의 언행들을 일일이 진실과 거짓으로 구분한다는 것은 어리석은 일이다. 그것은 마치 숲속의 아름다음을 완벽하게 하기 위해 숲속에 직접 들어가서 썩은 낙엽과 동물의 배설물과 거미줄을 없애버리는 우를 범하는 것과 같다.

그리고 진실에는 돌이킬 수 없는 갈등인자가 존재한다. 혼자만의 세계나 같은 이념내의 진실은 완벽한 듯하나 너와 나의 관계나 다른 이념간의 진실은 연결논리가 성립되지 않기에 끝없는 분열과 혼란을 일으킨다는 것이다.

두 가지 사례로 그 사실을 논증해 보자.

첫째 이 세상에는 진실보다 거짓을 말해야만 서로 더 돈독한 신뢰와 사랑을 느낄 수 있는 것이 지천에 깔려 있다.

종합검진 결과를 보러 가서 암이라는 예기치 않은 결과가 나와도 심장병을 앓고 있는 노부모님께 그 진실을 말할 것인가?

그리고 어린 자녀의 질문에 진실한 답을 해서는 안 될 때에도 진실을 말할 것인가?

이와 같이 상대방이 진실을 듣고 난 뒤의 충격으로 엄청난 정신적 후유증이 올 수도 있다고 판단될 때는 영혼과 물질을 탐하지 않는 거짓은 반드시 필요하다.

둘째 진실에 이념이나 종교가 끼어들 때는 그야말로 심각하다.

진실은 태초의 논리의 뿌리와 연결되어 있지 않기에 원하는 곳이면 어디든지 흘러가는 부초와 같다. 그러기에 자신이 진실로 믿고 있는 것이 남들에게는 거짓으로 보일 수도 있다.

예수교의 진실이 불교에서는 거짓일 경우가 있으며 불교의 진실이 예수교에서는 거짓인 경우가 있다는 것이다.

종교는 진실을 바라보는 시각차 때문에 같은 종교라도 서로를 거짓이라 하며 끝없이 분파되어 왔다.

결론적으로 진정성이 깔려 있는(탐욕이 없는) 진실과 거짓은 서로 절묘하게 연결되어야만 한다. 이 세상에 거짓도 존재해야 하는 이유다.

그 둘은 진정한 사랑과 행복된 삶을 살아가는 데 반드시 필요한 동전의 양면과 같다.

영혼과 물질을 탐하지 않는 거짓은 먼 훗날 언제라도 털어놓을 수 있는 진정한 거짓이기에 반드시 존재해야 하는 거짓이라면, 물질과 영혼을 탐하는 진실은 충격과 불행과 갈등과 분열을 예고하기에 오히려 자제하는 것이 신인문의 정체성인 것이다. 그러므로 인간의 삶 속에는 반드시 거짓을 해야 타당할 때가 있고 진실이 결코 타당하지 못할 때가 있다.

이와 같이 멋지고 아름다운 삶을 위해서는 진실과 거짓을 적시적소에 타당하게 사용하는 자야말로 진정한 자인 것이다.

진실과 거짓에 대한 집착만으로는 이 세상을 멋지고 아름답게 관조할 수 없으며 진정한 사랑과 행복을 담아낼 수 없다.

O66 인내력과 지구력

마음을 다스린다는 참 의미는 무엇인가?

그 해답은 인내력과 지구력의 철학적 정의 속에서도 살아 숨 쉬고 있다. 인내력과 지구력은 공감영역도 있지만 다음과 같은 9가지 차이점이 있다.

하나 인내력은 인간의 감성보다는 이성에 의해 좌우되는 의지력이라면 지구력은 인간의 이성보다는 감성에 의해 좌우되는 의지력이다.

둘 인내력은 하기 싫거나 하지 말아야 할 것을 지키는 보수성을 지녔다면 지구력은 하고 싶거나 해야 할 것을 즐기는 진보성과 연결된다.

셋 인내력에는 관습을 지켜내려는 한계성과 경직성이 존재하지만 지구력에는 관습의 궤도를 뚫는 무한성과 유연성이 존재한다.

넷 인내력은 이성의 논리를 우선하니 강하나 부러지기 쉽고 지구력은 감성의 논리를 우선하니 탄력이 존재한다. 예술이나 철학이 인내력보다는 지구력에 의해 깊어지는 이유가 여기에 있다.

다섯 인내력은 직선적 개념이고 밧줄이나 쇠사슬의 인장력에 비유한다면 지구력은 곡선적 개념이고 오뚜기나 용수철의 복구력에 비유된다.

여섯 인내력은 물질이나 직위의 탐욕을 위해 사용되기도 하지만 지구력은 그 어떤 탐욕과도 어울리지 않는 인간만의 창조적 힘이다.

일곱 인내력은 건강을 위해서 등산을 해야 한다는 인위적 개념이라면 지구력은 산이 좋아 등산을 하다 보니 건강해졌다는 자연적 개념이다. 그러므로 인내력이 강한 얼굴에는 진지한 모습이 나타나고 지구력이 좋은 얼굴에는 항상 밝고 정겨운 모습이 나타난다.

여덟 인내력에 의한 공부는 암기 위주이기에 '왜' 하고 있는지를 모르고 개인적 출세에 초점이 맞추어져 있다면, 지구력에 의한 공부는 사색위주이기에 '왜' 해야 하는지를 알고 개인과 사회의 행복에 초점이 맞추어져 있다.

아홉 인내력이 구인문의 중심에 뿌리 깊게 박혀 있었던 이유는 그 시대의 서민들의 최대과제가 생존과 출세에 있었고 지구력이 신인문의 중심에 뿌리 깊게 박혀야 하는 이유는 오늘날 서민들의 최대과제는 사랑과 나눔이기 때문이다.

참다운 삶을 위해서는 인내력과 지구력은 둘 다 반드시 필요하다. 그러나 인내력보다 지구력을 우선하는 삶으로 향해야 한다.

인내력에 한계가 오면 더 큰 좌절과 증오가 닥칠 수 있고 그것이 앙갚음으로 돌변하는 사회갈등의 인자가 내재되어 있지만, 지구력은 한계가 와도 밝은 마음으로 주위를 끝까지 사랑하고 용서하는 화합의 인자가 있어 사회적 안정이 유지되기 때문이다.

까치집이나 개구리의 동면의 이치를 세밀히 살펴보면 까무러칠만한 본성적 논리를 갖추고 있다. 그들은 강한 인내력이 아닌 지구력을 즐기고 있을 뿐이다. 대자연의 진화도 인내력이 아닌 지구력이었던 것이다.

067 인내력 위주의 도덕과 윤리

구인문의 도덕과 윤리는 인내력 위주였다. 수직적이고 겉치레가 많으며 경직되어 있었다. 의지나 인내, 그리고 관습적 인의예지를 중시했기 때문이다. 마음을 쇠사슬로 묶어 놓은 도덕과 윤리다. 억지로 묶어 놓은 것은 언제가 풀어지고 만다.

동양의 역사 속에서 그 증거는 명백하고 뚜렷하다. 의지와 인내, 그리고 인의예지를 강조한 명심보감과 4서5경을 달달 외우다시피한 벼슬아치들의 다수가 부도덕했으며 지금의 고위공직자들의 대다수가 그러하다.

그들은 일반대중보다 도덕과 윤리를 더 깊이 공부하고도 교활하고 끈질긴 물질 유혹에 결국 무릎을 꿇는다. 오늘날의 사회가 모든 분야에 걸쳐 부패될 수밖에 없는 이유다. 특히 정치 사회 교육 사법은 구조적으로 썩어 있다. 출세를 위해서라면 도덕과 윤리를 과감히 포기한다. 오늘날 인성교육의 현주소다.

왕위를 뿌리치고 다른 나라로 들어가서 고사리를 캐먹으며 살다가 굶어 죽었다는 백이숙제의 고사야말로 인내력 위주의 도덕과 윤리의 대표적 사례다. 이러한 극한적 도덕과 윤리로 학생들을 감동시키지만 사회로 나가 실천을 하지 못하고 출세와 성공에만 몰입하게 되는 것이다.

이와 같이 인내력 위주의 도덕과 윤리가 사회에 스며들지 못하는 명백한 이유가 있다. 바로 비논리적이라는 것이다.

이러한 도덕과 윤리는 인내의 한계가 존재하며 이를 넘어서게 되면 오히려 비도덕적이고 비윤리적인 행위를 정당화시키는 논리를 개발한다. 그리하여 물질이나 영혼의 탐욕조차도 도덕과 윤리로 포장시켜 모든 분야를 비논리로 가득 채운 뒤 사회 전체를 모순덩어리로 만들어 버린다. 바로 오늘날의 인간사회인 것이다.

물론 인내력 위주의 도덕과 윤리도 나름의 논리를 가지고 있다. 그러나 그 논리는 하나의 동떨어진 논리로만 존재하기에 논리와 논리로 연결되어 있는 논리의 계단을 오르지 못하고 비논리로 향할 수밖에 없다는 것이다.

그것은 마치 89도의 기둥으로 화려한 단층집을 지어 놓은 것과 같다. 대중의 대다수는 그 집을 훌륭하다고 생각하고 살아가지만 그 위에 층수를 올리면 올릴수록 집이 기울고 급기야는 대형참사가 일어난다. 오늘날의 특권층이나 고위층에 있는 자들의 대다수가 대형 부조리를 저지르는 이유 중에 하나도 바로 여기에 있다.

이와 같이 구인문 속에 혼재해 있는 비논리적 도덕과 윤리를 선별하여 혁명적으로 여과하지 않는 한 사회적 모순이나 부조리는 끝없이 대형화될 것이다.

O68 지구력 위주의 도덕과 윤리

구인문은 진정한 사랑 속에 섬세하고 치밀하게 녹아 있는 감성논리를 인정하려 하지 않았다. 사랑에 필수적인 감성이 논리로 이루어져 있다는 것을 생각조차 하지 않았다.

구인문은 사랑을 비논리적이고 즉흥적인 본능(에로스)이나 무조건적 베풂(아가페)이라는 개념에 무게중심을 맞추고 이해하려 했다. 고귀한 영혼에 논리를 들이대어서는 안 된다고 믿었다. 논리를 초월하는 그 무엇이 존재한다고 오판했던 것이다.

구인문의 도덕과 윤리 또한 마찬가지다. 관습적인 인의예지를 지키는 인내에만 너무나 충실했다. 그냥 어질고 의로우며 예의바르게 배우면 복이 오고 도덕과 윤리도 훌륭해진다는 것이다.

도덕과 윤리가 양면논리의 뿌리에 연결되어 있다는 사실을 깊이 들여다보지 않았다. 도덕과 윤리는 양면논리로 풀 수 없는 마음의 영역이어서 서로가 잘 어울리지 않는 양극의 두 축 정도로 믿고 있었다. 논리가 탁월한 자는 변명까지도 탁월하기에 오히려 도덕과 윤리를 교활하게 감출 수 있는 자로 인식될 정도로 논리를 바라보는 시각이 좁거나 부정적이었다.

그리하여 논리를 근본으로 하는 과학은 끝없는 발전을 거듭하는데 반해 논리를 과소평가한 구인문적 도덕과 윤리개념은 각질로만 가득차고 사회적 모순과 부조리에 대해 그 어떤 해결책도 내놓지 못하고 있다. 그저 '도덕과 윤리가 이래서는 안 된다'는 절규만으로 대응하고 호소하니 비리와 겉치레가 만연하는 사회는 끝없이 이어지고 있다.

이러한 모순은 이미 태고의 씨앗에서 발화되었다. 태초의 사랑은 논리를 만들고 태초의 신은 비논리를 만든 후 인간이 창조한 신이 인간을 지배하는 시대가 수만 년 동안 이어지면서 인간의 사랑과 도덕성까지 깊숙이 관여하게 되었고 그곳에 존재했던 논리는 맥없이 빠져

나가 버리기 시작한 것이다.

사회의 빛과 소금이 되겠다고 다짐하면서 공부한 후 높은 직위를 얻게 된 오늘날의 리더들의 대다수가 결국 인내의 한계를 느끼고 '출발심'을 잃어버리는 이유도 여기에 있다. 자신의 마음을 수동적 인내력으로 묶어 두었을 뿐 능동적 지구력으로 다스리지 못하는 인성교육을 받아 왔기 때문이다.

논리보다 관습에 더욱 맹종하는 도덕과 윤리는 잘못된 사회관행에 대해 따져들지 못하고 오히려 답습하게 되며 결국 비리의 관행을 긍정적으로 이해하려 한다. '사회구조가 이러니 어떻게 할 수가 없다'라고 결론짓게 되며 자신의 처지를 합리화하기 시작한다는 것이다.

그러나 신인문은 지구력 위주의 도덕과 윤리이며 논리의 계단을 오르기 위해 논리의 '선후'와 '대소'를 구분한다.

핵심적인 사례를 하나 들어보자.

땀과 노력과 절약과 인내로 자신의 재산을 모았다면 아무리 많은 재산을 가져도 탐욕자가 아닌 물질성공자로 인정하는 것이 구인문의 도덕과 윤리개념이다. 그러나 아무리 정의롭고 진실해도 나눔까지 외면하면서 자신의 재산이 넘쳐나도 계속 축적을 하는 자는 탐욕자라는 것이 바로 신인문의 도덕과 윤리개념이라는 것이다.

아무리 착하고 인정이 많은 갑부도 서민들에게 직간접적으로 물질적 고통을 주는 핵심적 요인이 되기에 비논리적 탐욕자이며 부도덕과 비윤리의 뿌리를 안고 있다는 것이다.

대자연의 핵심적 이치(논리)는 나눔과 베풂이며 축적과 탐욕이 아니라는 것이다. 이러한 신인문의 도덕과 윤리관이 몸에 배이면 완연히 달라진다. 필요 이상의 재산이 자꾸 모여 넘치면 나눔과 베풂을 행하지 않고는 주위에 부끄럽고 창피하여 도저히 배길 수가 없게 되고 고위직에 있어 교활하고 치밀한 물질적 청탁을 해도 유혹과 인내의 차원이 아닌 비논리적 차원으로 대응하는 습관이 배어 도저히 받아들일 수가 없다.

논리와 논리가 연결되는 계단논리로 중시하고 있기에 그 어떤 물질적 유혹에도 흔들리지 않는 가장 품격 높은 양심의 원천이다. 아무리 뿌리가 깊은 관행이라도 양면논리에 어긋나는 것이면 그냥 스쳐지나갈 수가 없는 도덕과 윤리다.

이와 같이 지구력 위주의 도덕과 윤리교육과정을 성숙시키면 사회의 비리를 근원적으로 차단시키는 핵심적 인성교육이 될 것이다. 지구력 위주의 도덕과 윤리는 헌신과 희생, 그리고 극기의 대상이기보다는 논리적 타당성에 따라 당연히 실천하는 모습일 뿐이며 수평적이고 겉치레가 없으며 유연하여 조직사회나 주위를 흐뭇하고 훈훈하게 만든다.

물질과 영혼의 탐욕을 벗어버리는 것이 핵심이며 자신의 가족생계를 위해 성실하고 주위에 사랑과 용서를 행하며 나눔의 사회에 진정하면 가장 훌륭한 도덕과 윤리라는 것이다.

카리스마와 배려의 성리학 06

069 카리스마와 배려의 성리학

　인간의 심성을 이기론과 사단칠정론으로 전개한 성리학은 논리계
단이 망가져 버린 상태로 역사의 창고에 보관되어 있다.

　그 이유는 너무나 간명하다. 선악이라는 비논리적 개념을 가미하
여 풀려고 하니 '엉겅퀴 논리'가 되어 더 이상의 발전된 논리로 계승
시키는 대학자가 나올 수가 없었다. 이제는 비논리적 근본을 바꾸는
혁명적 발상이 필요하다.

　이기일원론과 이기이원론의 격론 또한 무의미하며 이기일체론과
이기순환론으로 대체되어야 한다. 몸속에 남성호르몬과 여성호르몬
의 비율에 따라서 남녀구별이 되듯이 사단이나 칠정은 '이'와 '기'가
함께 존재하며 그 비율에 따라 구별된다.

　사단은 '이'가 주류이고 '기'가 비주류이며 칠정은 '기'가 주류이고
'이'가 비주류라는 것이다. 그리고 이기호발설과 이기겸발설 또한 무
의미하다. 왜냐하면 '이'라는 자체는 발하지 않는 상태를 말하며 어

떠한 계기가 마련되어 발하게 되면 이미 '이'가 아닌 '기'가 되는 것이다. 사단과 칠정은 삶 속에서 발하는 것이므로 사단에는 '이'만 존재하고 칠정에는 '기'만 존재할 수가 없다.

이제는 선과 악의 개념을 배제하고 카리스마와 배려라는 새로운 개념으로 성리학의 논리를 계승해 나가야 한다. 사단은 선이 아니며 '이'를 주류로 앞세우는 배려와 통하며 칠정은 선악이 섞여 있는 것이 아니라 '기'를 주류로 앞세우는 카리스마와 통한다는 것이다. 배려란 '이'를 앞세워 카리스마를 만들어 내고 배려에 의해 창조된 카리스마는 '기'를 앞세워 새로운 배려를 창조하며 새로운 '이'로 순환한다.

심성의 논리를 연구하는 성리학이야말로 카리스마와 배려의 올바른 정의와 배합논리를 규명하여 인간적인 심성을 더욱 빛내기 위해 필요한 학문이지 선과 악이 가미되어 논리의 혼선만 일으키는 학문이 아니다.

태초의 우주와 지구는 '기'와 '이'가 존재했고 그것은 곧 카리스마와 배려의 탄생을 예고했다. 험준한 산봉우리와 고요한 호수가 그 대표적 작품이다. 그리고 생물이 탄생한 이후부터 더욱 섬세하고 살아 있는 카리스마와 배려의 모습으로 발전되었다. 독수리의 비상과 알을 품는 어미 새가 그렇다. 인간 또한 예외일 수 없다.

'이' 위에 '기'가 올라타듯 배려 위에 카리스마가 올라타고 '기' 밑에 '이'를 깔듯 카리스마 밑에 배려를 깔면서 문화를 창조하며 삶의 가치를 느끼고 그것을 행복이라 말한다.

카리스마는 '기'를 앞세워 주변에 변화와 공감과 생기를 주고 배려는 '이'를 앞세워 주변에 안정과 만족과 사색을 주며 서로 순환하며 발전해 간다. 그리고 인간에게만 이성적 카리스마와 배려가 나타나면서 본성적 카리스마와 배려의 품격을 더욱 올리는 역할을 한다.

그러나 변질된 이성에서 파생된 변질된 카리스마와 배려가 만물의 순리를 만드는 '이'와 '기'를 인위적 논리에 적용시키면서 모순의 인간 사회가 시작된 것이다. 생존과 사랑의 진정성을 위해 창조된 인간의 카리스마와 배려가 물질탐욕과 권력과 성공에 집중되어 본성의 뿌리까지 흔들고 있는 것이다.

이러한 사회제도와 관습을 그대로 방치한 인간의 철학적 리더십에 근본적인 원인이 있다.

이제는 인간의 심성을 선악의 개념으로 접근하는 것을 걷어치우고 인간성의 핵심인자인 카리스마와 배려의 철학으로 거듭나서 변질된 카리스마와 배려를 두둔하는 제도와 관습을 과감히 떨쳐버려야 한다. 그리하여 물질과 권력과 성공의 개념이 인간성으로부터 나오는 사회제도를 마련하는 '살아있는 성리학'으로 계승발전 되어야 한다.

070 카리스마

카리스마는 무엇인가?

사전에는 '사람들을 감복시키는 특별한 힘(매력) 또는 신으로부터 받은 초능력'으로 정의하고 있다. 구인문적 정의일 뿐이다.

신인문적 개념에서 바라본 카리스마의 정의는 '인문의 뿌리(사랑과 생존)의 진정성을 표출시키는 힘(매력)'이다.

카리스마는 신으로 받은 초능력이 아니라 대자연이 긴 세월을 통해 자연스럽게 창조한 것이다. 무생물과 생물의 카리스마는 자연이나 본성에서 분출되지만 인간은 본성적 카리스마와 이성적 카리스마의 절묘한 배합에 의해 표출된다. 인간의 카리스마의 강도는 본성에 의해 만들어지지만 그 품격은 이성에 의해 크게 좌우된다는 것이다.

아프리카 원주민의 토속 춤이나 음악, 그리고 훤칠한 키와 체력과 늘씬한 몸매 등의 본성위주의 카리스마도 큰 매력이 있지만 비보이 춤이나 탱고, 그리고 철학과 논리 등의 이성적 카리스마에도 매력을 느끼는 이유 또한 바로 여기에 있다.

그리고 카리스마는 합리적 카리스마와 변질된 카리스마로도 구분된다. 합리적 이성이 본성에 피드백된 합리적 카리스마는 매우 자연스러운 매력을 창조해 내지만, 변질된 이성이 본성에 피드백 된 변질된 카리스마는 부자연스러워서 매력으로 다가오지 않으며 역겨울 때도 있다. 그 이유는 너무나 간명하다.

합리적 카리스마는 수단과 목적 모두가 진정한 생존과 사랑에 바탕을 둔 욕구에서 출발하지만, 변질된 카리스마는 생존과 사랑을 수단으로 출발하여 최종 목적은 탐욕으로 향한다는 것이다.

케네디와 히틀러의 카리스마에 비유하면 쉽게 이해될 것이다. 사람들 중에는 이 두 가지 카리스마를 즉시 구분해 내지 못하는 경우가 의외로 많다. 수단(과정)은 둘 다 사랑이기에 착각을 일으키기 때문이다.

합리적 카리스마는 끝까지 사랑을 유지하여 영원성을 얻게 되지만 변질된 카리스마는 어느 순간부터 사랑 그 자체를 서서히 잃게 된다.

이처럼 합리적 카리스마는 사랑을 바탕으로 소통의 문화로 향하고 소통의 문화는 설득의 문화를 꽃피우며 신뢰의 문화를 낳고 신뢰의 문화는 화합의 문화를 낳는다. 이러한 합리적 카리스마를 사회에 접목시키기 위해서 가장 기본적으로 필요한 것이 바로 교육문화다.

직위와 물질과 명예에만 초점이 맞추어진 오늘날의 교육문화가 새로운 시각으로 변화하지 않는 한, 변질된 카리스마가 판치는 물질탐욕문화가 온 세상을 뒤엎고 갈등과 분열과 증오와 불신의 사회로 몰락하게 될 것이다.

삶의 가치와 행복은 합리적 카리스마의 폭과 깊이에 정비례한다. 그러므로 탐욕은 던지고 꿈을 잡는 카리스마로 정진하라!

071 배려

세상이 모순으로 가득 차 있는 것은 인문의 뿌리가 썩고 있다는 것이며 그 인문의 뿌리가 썩어 가는 가장 큰 이유는 핵심적 인문용어들의 정의가 잘못 규정되어 사용되고 있다는 의미다. 비논리적이고 애매모호한 정의로 학생들에게 인문교육을 가르치는 한 인간세상의 모순은 영원히 사라지지 않을 것이다.

카리스마와 더불어 배려 또한 인간사회의 운명을 좌우하는 핵심적 인문용어이기에 신인문적 개념으로 반드시 사색해야 한다.

사전에는 배려를 '여러모로 자상하게 마음을 씀'으로 정의하고 있다. 이러한 정의라면 전략적 아부나 편애행위를 하는 자들 또한 배려다. 자신이 행위가 배려인지 아부인지는 오직 자신만이 알고(물론 그 것조차도 모르는 자도 있겠지만) 상대방은 시간이 지나봐야 알 수 있기 때문이다.

양심을 뒤로하고 직위와 물질에 탐닉하는 자가 시류를 타고 출세하는 데 애용하는 아부나 편애를 아무런 부끄러움도 없이 '배려'로 말할 수 있는 정의다. 아부나 편애가 배려라는 가면을 쓸 수 있는 기회를 주고 있는 것이다. 그들은 사전에 정의대로 배려를 행하였기에 큰 과오라고 느끼지 못하고 오히려 떳떳하기도 하다. 진정한 인문의 알맹이가 빠진 껍데기 정의다. 구인문의 정의가 진정한 배려에 먹칠을 하고 있는 것이다.

신인문적 개념에서 바라본 '배려'의 정의는 '사랑과 생존의 공평성을 위해 여러모로 자상한 마음을 씀'이다. 이러한 정의를 통해 '배려'라는 용어가 함부로 남발되지 않고 아부나 편애와 어떻게 다른지를 깨닫게 해야 한다.

'배려하는 사람'으로 인정받으려면 사랑과 생존에 대한 공평성이라는 확고한 개념을 먼저 갖추고 있는 자이어야 한다는 것이다. 배려란 모든 이에게 물과 고기를 공평하게 나누어 주면서도 자신은 끝없이 맑은 큰 호수와 같은 것이다.

배려 역시 합리적 배려와 변질된 배려가 있다. 합리적 카리스마가 사랑과 생존을 얻기 위한 몸부림이라면 합리적 배려는 사랑과 생존을 주기 위한 몸부림인 것이고 변질된 카리스마가 직위와 물질을 탐하기 위한 몸부림이라면 변질된 배려는 직위와 물질을 얻기 위한 몸부림이다.

인간이 동물과 달리 탁월한 배려문화를 가지게 된 이유가 있다. 그것은 태초의 사랑과 생존으로 거슬러 올라가 보면 분명하고 간명하다. 탁월한 카리스마를 가진 자가 사랑과 물질을 독차지했던 태초의 인간사회에 공평성을 강하게 제기하는 지혜로운 자들이 끝없이 나타나 다음과 같은 설득의 논리로 배려문화를 창조시키는 데 성공한 것이다.

'강한 자여, 지금은 천하가 그대 품이지만 훗날 저 들판의 늙은 맹수처럼 상황이 바뀌게 되면 지금 힘없고 약한 자의 모습이 바로 미래의 그대 모습일 수 있으니 사랑과 생존에 대한 공평성으로 약한 자를 보듬는 것이 바로 그대와 우리의 미래를 보듬는 것이 아닌가?'

그렇다. 배려는 바로 힘없고 약한 자를 '나의 거울'이라 생각하며 그들에게 사랑과 생존의 공평으로 함께하는 것이다.

배려야말로 카리스마와 더불어 삶의 가치와 행복을 결정하는 인간의 가장 원초적인 인문용어다.

072 카리스마와 배려의 절묘한 배합

자연환경과 생태계를 들여다보자. 암벽 봉우리와 육식동물의 눈빛에서 카리스마를 느끼고 고요한 호수와 초식동물들의 눈빛에서 배려를 느낀다.

먹이사슬의 위로 오를수록 카리스마위주의 생존과 사랑을 하고 아래로 내려갈수록 배려위주의 생존과 사랑에 길들여 있다. 그리고 먹이사슬의 정상에 있는 인간은 카리스마와 배려를 절묘하게 배합하는 생존과 사랑에 심취한다.

한 마디의 억양과 눈빛과 손짓과 발걸음, 그리고 춤과 노래와 토론과 창작품 등 모든 곳에서 카리스마와 배려를 함께 느낄 수 있는 이유도 바로 여기에 있다.

멋지게 보일수록 배려보다는 카리스마가 더 많이 깃들여져 있고 아름답게 보일수록 카리스마보다는 배려가 더 많이 깃들여져 있다. 이 둘은 서로 연결되어 있기에 멋지고 아름다울 수가 있는 것이다. 이와 같이 카리스마와 배려는 그 절묘한 배합에 의해서 서로의 가치를 더욱 상승시켜 시너지 효과를 내고 있다.

이와 같이 대자연이 긴 세월동안 자연스럽게 창조한 '카리스마와 배려'라는 두 축은 모든 사물의 근본적인 이치가 되어 인간과 동물, 그리고 식물의 영혼까지 깊이 스며들어 절묘한 연결논리를 만들며 생존과 사랑의 가치를 빛내고 있다.

그러므로 인간은 멋지고 아름다운 삶을 위해서 카리스마와 배려를 배합하는 능력을 보유해야 하며 이를 위해 다양한 체험과 지식을 더욱 가까이 해야 한다.

직위의 고하나 학식과 재산의 유무에 관계없이 안 보면 생각나고 만나면 생기가 돌고 행복한 느낌을 주는 사람이 있는가 하면 직위나 학식이 높고 재산이 많은 자라도 만날수록 인간미가 사라지고 서서히 지겨워지는 사람도 있다. 바로 카리스마와 배려의 '배합능력'이나 '변질도'에 따라 달라진다는 것이다.

예를 들면 물질, 성공, 직위, 명예 등에 깊이 빠져버린 자는 카리스마와 배려의 균형이 깨지거나 변질되고 진정성이 파괴된다. 주위에 많은 사람들이 있어도 자신의 진심을 전하고 싶은 사람들이 서서히 사라지는 외로움의 원인은 바로 여기에 있다. 그러나 그 외로움의 원인을 알지 못하거나 알아도 이미 늦었기에 불행으로 향하게 된다.

끝으로 카리스마는 남자만의 매력이 아니며 배려 또한 여자만의 매력이 아니다. 성별에 관계없이 카리스마와 배려를 함께 지니고 있어야 한다. 다만 남성에게는 배려보다는 카리스마의 비율이 조금 높고 여성에게는 카리스마보다는 배려의 비율이 조금 높아야 자연스럽다. 바로 대자연의 이치를 따를 뿐이다.

남성에게도 소량의 여성호르몬이 존재하고 여성에게도 소량의 남성호르몬이 존재하는 이치와 다를 바 없다.

073 본성적 카리스마와 이성적 카리스마

발하지 않은 상태의 모든 생물과 무생물은 '이'의 상태에 있는 것이며 그 '이' 속에는 발하기 위한 원초적 배려의 모습이 내재되어 있다. 수천 년을 숨죽이고 있다가도 발할 수 있는 여건만 되면 싹을 틔우는 식물의 씨앗이 그렇고, 일상생활에 편리함과 건강함을 주는 원료나 재료가 되는 흙과 바위속의 광물질과 식물속의 미네랄이 그렇다. 그리고 움직이는 모든 생물과 무생물은 '기'를 발하고 있으며 바로 카리스마의 모습이라 말할 수 있다.

축구선수의 골 장면이나 가수들의 노래, 그리고 솟아오르는 분수

대가 멋지게 느껴지는 것 또한 발하고 있는 '기'의 모습을 보며 카리스마를 느끼는 것이다.

시동을 걸지 않은 자동차는 '이'의 상태를 유지하고 있는 것이며 움직일 수 있는 온갖 준비를 마친 원초적 배려의 모습이지만 시동을 걸면 '이'를 타고 '기'가 발하여 카리스마의 모습을 보여준다는 것이다.

이와 같이 '기'가 발하는 모습이나 소리를 통해 느끼고 체험할 수 있는 카리스마를 본성적 카리스마라 한다. 그러나 인간은 동물과 달리 발하지 않는 '이'에서도 카리스마를 강하게 느낄 수 있다. 예를 들면 예술품이나 자연경관이다. 움직임이 없는 '이'지만 그 '이'가 창조되는 과정을 사색할 수 있는 이성을 가지고 있기에 '기'를 느끼고 카리스마를 표출하기도 한다. 바로 이성적 카리스마다.

이와 같이 본성적 카리스마에서 파생된 이성적 카리스마를 함께 보유하고 있는 인간이기에 창조의 능력을 갖게 되었고 찬란한 인문을 만들어 낼 수가 있었다.

074 이성과 감성과 야성 그리고 지성

본성을 선이나 악으로 규정한 것은 시각적이고 감성적이며 비논리적 철학이었다. 타당치 못한 일은 비타당일 뿐 이치를 통해 타당하게 변화시킬 수 있음에도 성급히 악으로 규정해 버렸다.

이와 같이 구인문은 선을 인간성의 이상향이라고 확신하며 인간을 선악으로 갈라 세웠다. 그러나 악이 활개치고 승리하는 결과만 낳았다. 오늘날의 사회모습이 바로 그 현주소다.

인간적이라는 의미는 첫째도 둘째도 화합인데 선한 사회를 만들어야겠다는 '분열적 정의감'으로 존재하지도 않는 악을 설정하여 그 무리들을 제거하는 데 골몰했고, 그 결과는 처참한 전쟁과 테러, 그리고 끝없는 갈등과 분열을 재생산하며 인간성의 상실로 치달았다.

이제는 신인문의 시각으로 본성을 바라보아야 한다. 본성 속에는 선악이 아닌 카리스마와 배려가 내재되어 있으며 감성보다 야성이 주축을 이루는 카리스마가 '기'에 속하고 야성보다 감성이 주축을 이루는 배려가 '이'에 속한다.

'이'는 '기'를 위해 존재하고 '기'는 '이'를 위해 존재하듯 배려는 카리스마를 위해 존재하고 카리스마는 배려를 위해 존재한다. 마치 뼈와 살처럼 한몸이 되어 삶의 가치와 행복을 창조해 낸다.

이기일체론과 이기순환론의 근거는 바로 여기에 있다.

갓난아이가 태어나자마자 울기 시작하는 것은 엄마의 젖을 달라는 카리스마의 첫걸음이고 엄마의 젖을 먹은 아이는 곤히 자면서도 살며시 눈웃음을 치며 즐거워하는 것은 엄마에 대한 배려의 첫걸음이다.

그리고 말을 배우기 시작하고 부모와의 대화를 통해 본성에 녹아 있던 이성이 서서히 분리되기 시작한다. 그리고 육체적 사랑을 느끼기 시작하는 사춘기가 되면 상대에게 멋과 아름다움을 보여주기 위해 노력한다. 품격 있는 카리스마와 배려의 절묘한 배합능력을 보여주기 위함이다.

이러한 감성과 야성을 이성과 연결시켜 가장 타당한 카리스마와 배려를 뿜어내며 삶의 가치를 극대화시키는 것이 바로 지성인 것이다. 본성이 감성과 야성이라는 삶의 재료에 해당된다면 이성은 감성과 야성의 비율을 적절히 배합하는 삶의 조미료이고 지성은 이 두 가지를 버무려 만든 맛있는 음식과 같다.

075 권력자들의 탐욕을 눈감아 준 구인문

권력자는 모두 탐욕자인가? 그렇지는 않다. 권력자는 대중의 권력을 위임받은 자이기에 권력에 대한 욕구 자체는 탐욕이 아니다. 공평과 화합을 만들어 내는 능력을 가진 자의 권력욕은 탐욕이 아니기에 국가나 사회를 유익하게 한다는 것이다.

그러나 그러한 능력을 갖추고 있지 못하면서 권력자가 되려고 안간힘을 쓰는 자가 있다. 바로 권력탐욕자인 것이다. 특히 권력자가 권력세습. 부귀영화, 특권의식 등의 영혼을 가지고 있다면 탐욕의 극치가 된다. 그러므로 과거의 권력자들(왕이나 군주)의 절대다수는 탐욕자다. 왕조시대의 법과 제도는 이미 공평에서 어긋난 탐욕의 제도이기 때문이다(아직까지도 이러한 탐욕의 제도를 남겨 둔 나라도 있다). 구인문은 이러한 탐욕의 제도를 모순이라고 꾸짖지 못하고 침묵했다.

오히려 백성들에게 사단을 치켜세우고 칠정을 깎아내리는 관습을 만들어 탐욕의 제도에 맹목적인 충성과 순종을 유도하기도 했다. 백성들의 카리스마는 오만스러운 행위로 규정하여 배제시키고 배려는 겸손과 예절의 근본으로 추겨 세웠던 것이다.

카리스마와 배려에 대한 절묘한 균형보다는 배려에만 치우친 구인문의 저변을 의심하지 않을 수 없다. 대중을 길들이기 위한 권력자들의 소망과 우연하게도 일치한다. 생계에 허덕이다 못해 목숨을 걸며 권력자의 탐욕에 항거하는 백성들의 카리스마(민초들의 봉기)를 반역행위로 처단해도 물끄러미 바라만 보는 인문이었다.

구인문이 대자연의 이치를 더 깊고 섬세하게 관조했다면 권력자들의 지배력을 강화시키는 데 협조하면서 대중들의 삶의 반쪽(카리스마)을 처절하게 짓밟지는 않았을 것이다.

그러나 이제는 달라지고 있다. 구인문에 의해 성장해 온 배려문화가 시들어 가고 카리스마의 문화가 그 자리를 서서히 채워 가고 있다. 카리스마와 배려의 절묘한 배합으로 향하는 신인문의 양면적 모습이 사회 곳곳에 서서히 나타나고 있다.

그러므로 오늘날의 권력자들은 기득권을 과감히 버리고 국민에게 카리스마를 마음껏 펼칠 수 있는 정치제도를 만들어 내야 한다.

076 포퓰리즘

자연과 인간의 절정에는 항상 카리스마가 존재하고 그 카리스마가 시들어지면서 배려가 서서히 고개를 든다. 폭풍우가 지나면 따뜻한

햇볕과 순풍이 오는 순환의 이치와 같다.

본성에서 분리된 태초의 이성은 야누스의 두 얼굴처럼 나뉘어졌다. 바로 양심과 순환과 나눔의 논리에 근거한 합리적 이성과 탐욕과 단절과 축적의 논리에 빠져버린 변질된 이성이다.

인간이면 누구나 두 가지 이성을 함께 지니고 있다. 이쪽에서는 양심과 나눔을 부르짖다가도 저쪽에 가면 탐욕과 축적을 드러내기도 한다. 그 배합비율의 무게중심에 따라 양심자와 탐욕자로 나누어질 뿐이다.

카리스마와 배려 역시 마찬가지다. 변질된 카리스마와 배려위주로 사는 대중들이 있고 합리적 카리스마와 배려위주로 사는 대중들도 있다. 전자의 대중이 많을수록 후자의 대중은 사회조직에서 소외되고 변질된 리더들이 각 분야에 진을 치게 된다. 대중들도 변질된 리더의 영혼에 물들어 물질주의와 편리주의가 몸에 배면서 사회는 부패와 혼란의 온상이 된다. 바로 오늘날의 사회다.

변질된 카리스마와 배려가 탁월한 자는 합리적 카리스마와 배려와 흡사하게 표현하는 위선의 달인이기에 이러한 자들이 정치적 리더가 되면 자신의 권력유지를 위해 대중들을 쉽게 속일 수가 있다. 이와 같이 물질주의와 편리주의에 편승한 정책들을 변질된 카리스마와 배려로 포장하여 국민의 오판을 유도하고 지지를 이끌어내는 인기영합주의가 포퓰리즘이다.

올바른 사회로 나아가야 할 중용적 가치를 혼란하게 하고 민주주의의 진정성을 파멸시키는 핵심요인이며 인문(특히 정치분야)의 몰락을 앞당기는 원흉이다.

포퓰리즘적 사회에서 벗어나기 위한 유일한 방법이 있다. 권력자들이 지지를 이끌어 내기 위해 사용하는 카리스마와 배려의 합리성과 변질성을 구분하는 능력을 국민들에게 배양시키는 것이다(118절 정치 지도자로 뽑아 줘서는 안 될 5가지 유형 참조).

077 탐욕자들이 넘볼 수 없는 영역

탐욕자들은 그들끼리 모이며 서로 친하게 지내다가도 어느 날 갑자기 서로를 헐뜯으며 증오로 끝나는 것이 다반사다. 그들이 사용하는 친숙함이나 사교력의 내면에 탐욕을 숨기고 있으며 그 탐욕을 서로가 알게 되는 날이면 바로 원수가 되는 것이다. 이러한 탐욕논리로 성공한 슈퍼물질자나 권력자들의 대다수는 '나는 이렇게 성공한 사람이야'라는 개념이 강한 권위주의자들이다. 권위가 자신의 향기로 주변을 그윽하게 하는 것이라면 권위주의는 자신의 향기에만 취해 주변의 향기를 느끼지 못하는 것이니까.

이러한 권위주의자들의 영혼을 신인문적 개념으로 바꿔 놓을 수만 있다면 그들의 삶의 개념이 부끄러워 얼굴을 제대로 들고 다니지 못할 것이다. 과연 신인문적 개념이 그러한 변화를 이끌어 낼 수 있을까? 매우 난해하지만 가능한 일인 동시에 반드시 풀어야 할 과제다.

그들의 성공과 출세의 개념 속에는 인류멸망의 핵심이유 중의 하나인 탐욕바이러스가 박혀 있기 때문이다. 이러한 탐욕바이러스는 민주주의 문화에 자본주의 문명이 극대화되면서부터 더욱 가속화되었다.

이 땅에 나타난 모든 물질과 정신은 양면성을 갖추고 있듯이 자본주의야말로 인류에게 엄청난 문명의 이기와 변혁을 선물했지만 인류 멸망을 초래하는 파생상품들도 만들었다. 그 파생상품들은 워낙 중독성이 강해 자제력을 마비시키며 사회 곳곳에 파고들었다. 그리고 급기야는 대중의 뇌리에 깊이 파고들어가 전염성이 강한 불치병으로 변질되기 시작했는데 그것이 바로 황금만능주의다.

이러한 제도와 환경 속에서 가장 잘 적응하여 재화를 블랙홀처럼 빨아들인 자가 바로 슈퍼물질자이다. 그들은 목숨을 걸다시피 하면서 재화축적을 즐겨왔다. 그들이 사는 큰 저택의 에너지 소비가 일반인의 수백 배가 되어도 후손에게 부끄럽게 생각하기보다는 자랑스럽고 즐거운 일로 확신하는 자들이다.

재화자체가 힘이고 권력이며 법이라 확신하는 변질된 이성으로 가득 차 있으니 그 얼마나 즐거우랴! 그러나 그들이 진정 즐거울까? 그들이 움켜쥔 엄청난 재산 가까이에 모여 튀밥이나 챙기려 하는 자들의 가식적 지지나 아부에 놀아날 뿐이다.

엄청난 재산이 오히려 부끄럽고 성가시게 느껴지는 신인문적 사회를 만들어 탐욕의 덫에 걸린 그들을 구해야 한다. 그들도 구인문이 낳은 모순적 사회의 피해자들이기 때문이다.

그들이 진정으로 부러워하는 삶을 영위하는 자들이 있다. 풍부한 지식과 지혜를 겸비하고 대중들을 진정으로 감동시키는 훌륭한 철학자나 예술가, 그리고 작가(시인, 소설가 등)들이다. 바로 카리스마와 배려의 배합능력으로 멋과 아름다움을 창조하는 자들이며 엄청난 재산으로도 흉내 낼 수 없는 삶의 영역이기 때문이다.

이와 같이 진정한 자는 카리스마와 배려의 배합능력을 깨우쳐야 삶의 행복을 얻을 수가 있다는 것을 확신하기에 물질이나 영혼의 탐욕에 무심하고 지식과 사색과 체험이라는 논리의 계단들을 밟는 데에 여념이 없다.

078 한없이 사랑하다 돌아가라

분노에는 두 가지가 있다.

타당의 뿌리에서 나온 분노와 비타당의 뿌리에서 나온 분노다. 전자는 자신을 잘 알고 있는 자의 분노이고 양면논리가 정립된 감성에서 나오며, 후자는 자신을 잘 모르고 있는 자의 분노이며 비논리에 치우친 감정에서 나온다. 전자는 사랑이 충만한 분노이기에 용서와 화합으로 수렴하지만 후자는 사랑이 결핍된 분노이기에 응어리가 지며 결국 증오와 분열로 발산한다.

이러한 증오로 만들어진 조직(대표적 예로는 테러단체)은 그 어떤 대의명분과 정의를 앞세워도 비논리에서 출발된 것이기에 또 다른 증오를 파생시키며 파멸의 길로 향한다.

사랑에도 역시 타당의 뿌리에서 나온 사랑과 비타당의 뿌리에서 나온 사랑이 있다. 전자는 자신을 잘 알고 있는 자의 사랑이고 양면논리가 정립된 지혜에서 나오며 후자는 자신을 잘 모르는 자의 사랑이기에 비논리에 치우친 탐욕에서 나온다. 전자는 주위가 모두 스승이라 생각하고 배우려 하기에 삶의 모습과 행동 또한 한결같고 사랑스럽다. 그러나 후자는 주위에서 배우고 느낄 것이 없다고 생각하기에 삶의 모습과 행동 또한 변덕스럽고 편애로 가득하다. 그들의 마음속을 들여다보면 암덩어리와 같은 탐욕덩어리가 영혼의 중앙에 자리잡고 있다. 그러기에 영혼보다 물질이나 학벌, 그리고 외모위주의 사랑에 목을 맨다.

이러한 사랑은 질투와 시기를 불러일으키고 증오로 발전하기에 오래 지속될 수가 없어 흉하고 허망한 이별이 다가올 가능성이 높거나 사랑이 없는 만남으로 평생을 낭비한다.

탐욕이 앞서 있는 사랑은 변질된 이성이 내재되어 있기에 감성논리가 제대로 작동되지 않아 그 품격을 유지해 낼 수가 없어 사랑의 기운이 서서히 식어 가기 때문이다. '증오는 탐욕에 정비례하며 사랑의 연속성과는 반비례한다'는 이치를 깨우치지 못한 결과다.

이와 같이 자신을 잘 알고 있는 자는 멋지고 아름다운 추억을 쌓는 사랑으로 승화시키기에 삶이 어렵고 고통스러울 때 그 추억을 되새기며 새로운 힘과 지혜를 충전시킬 수가 있지만, 자신을 잘 모르는 자는 갈등과 증오로 끝맺는 사랑이기에 다시는 떠올리기 싫은 추억으로 남아 미래의 삶속에서 무거운 짐이 될 수밖에 없다.

그리고 대중들의 다수는 지식과 체험과 사색이 부족하여 양면논리(이성과 감성)가 정립되어 있지 못한 사랑을 경험하기에 '이제는 두 번 다시 사랑하지 않으리'나 '이렇게도 사랑이 괴로운 줄 알았다면'이라는 대중가요의 가사들이 그들에게 깊은 공감대를 형성하여 유행가로 인기가 치솟는 것이다.

그래도 인간은 사랑을 외면할 수가 없다. 인문의 뿌리이고 삶의 핵심적 가치이기에 또 다시 진정한 사랑을 염원한다.

이 세상에 태어난 인간들이여!

그대의 탄생은 분명한 축복이니 탐욕을 버리고 지식과 사색과 체험을 통해 자신을 깨우쳐 카리스마와 배려의 배합능력을 길러야 한다. 그래야만 자신이 원하는 상대를 원없이 만나 진정으로 사랑하다 후회없이 돌아갈 수가 있다.

능력이란 무엇인가? 07

079 능력이란 무엇인가?

오늘날 능력이라는 의미가 긍정과 부정의 개념을 넘나들며 사용되고 있다. 물질만능주의에 오염되어 그 정의가 혼탁해진 것이다.

능력이라는 용어야말로 사회의 화합과 혼란을 결정짓는 핵심적 인문용어이기에 그 정의의 개념을 바로 정립시키지 못하면 인문의 미래는 절망적일 수밖에 없다.

능력과 실력 또한 서로 연결되어 있지만 그 정체성은 분명히 다르다. 정치에 '권력실세'나 '실력행사'라는 용어는 사용해도 '권력능세'나 '능력행사'라 하지 않고 종교에 '초능력'이라는 용어는 사용해도 '초실력'이라 하지 않는 것은 두 용어의 정체성이 다르기 때문이다.

실력이 나무를 보는 것이라면 능력은 숲을 보는 것이다.

실력이 현미경과 같아 부분적 분야를 확대, 분석하는 것이라면 능력은 망원경과 같아 총체적 분야를 연결, 조정하는 것이다.

실력이 소통보다는 자기만의 세계를 중시한다면 능력은 소통을 가장 우선하며 우리의 세계를 중시한다.

실력은 사랑이 넘치는 사회를 만드는 데 무심해도 인정받지만 능력은 자신과 사회가 함께 사랑으로 향하게 하는 근본이 되어야 한다.

실력은 삶과 생활에 대한 극한 체험을 하지 않고 탁상에서만 고뇌해도 이룰 수 있는 것이라면 능력은 반드시 다양하고 깊은 체험을 한 후 사색해야만 이룰 수 있다.

실력이 주위 사람들의 머리를 감탄시키고 경쟁심을 일으키는 힘이라면 능력은 주위사람들의 가슴을 뭉클하게 하고 존경심을 일으키는 힘이다.

실력은 자신의 지식공간을 가득 채우는 데 정성 드리는 힘이라면 능력은 자신의 지식공간을 잘 정돈하여 다른 지식이 들어와도 쉽게 연결할 수 있도록 지식공간에 여백을 두는 힘이다.

실력이 인간이 만들어 놓은 논리를 잘 활용하는 힘이라면 능력은 자연의 이치를 꿰뚫어보며 이를 인간의 행복에 활용하는 힘이다.

실력은 이성의 폭과 깊이를 더하기 위해서만 사용하는 힘이라면 능력은 본성의 멋과 아름다움을 위해서 이성의 폭과 깊이를 더하는 힘이다.

그러므로 실력자는 눈이 빛나고 빈틈이 없어 보이지만 그 실력을 벗어난 곳에서는 많은 빈틈이 나타나고 능력자는 눈이 맑으며 스스로 빈틈을 보여줌으로써 포용을 만들며 빈틈을 서서히 채워 간다.

실력자는 무언가를 낚으려 하는 소유를 즐기는 편이지만 능력자는 그저 관조하며 소유에 무심한 편이다.

실력자들끼리는 이념이나 의견충돌이 증폭되어 돌이킬 수 없는 증오와 분열로 향하기도 하지만 능력자들끼리는 사랑과 화합의 모습으로 수렴시킨다.

실력자는 자존심이 강한 편이어서 자신이 모르고 있는 분야를 모른다고 스스로 밝히지 않는 편이어서 더 넓은 영역을 섭렵할 수 없지만 능력자는 자부심이 강한 편이어서 자신이 모르는 분야를 모른다고 밝히는 편이어서 그만큼 많은 것들을 더 깨우치게 된다.

실력자는 '자아실현의 4대 요소(판단력, 결단력, 설득력, 친화력)'를 자기중심적 사고에서 출발하지만 능력자는 자신과 남과의 공유적 사고에서 출발한다.

그러므로 실력자는 CEO나 재벌은 될 수 있어도 국민을 다스리는 데에 한계가 있고 능력자는 공유적 사고를 우선하기에 결코 재벌이 될 수 없지만 국민을 다스리는 데에 무한하다. 정치인이 능력자가 되어야 하는 이유다.

그대는 어느 쪽에 삶의 중심을 두고 있는가?

O8O 자아실현의 4대 요소

우리가 생존과 사랑에 진정성을 다 해야 하는 이유는 무엇일까?

그것은 인문이 시작된 두 줄기 원류이고 그 원류 속에서만 삶의 보석인 행복을 캐낼 수가 있으며 그 행복을 캐내기 위한 필수요건이 바로 진정성이기 때문이다. 연인사랑, 부부사랑, 자식사랑, 이웃사랑, 회사사랑, 친구나 선후배, 그리고 사제지간의 사랑, 자연사랑 등이 진정해야 하는 이유다.

이와 같이 진정성의 시각과 상황, 그리고 환경적 여건은 너무나 제각각이고 다양하다. 그러므로 그때마다 진정성의 모양과 향기 또한 타당해야 하기에 이를 충족시키기 위해서는 지식과 사색과 체험을 통해 배우고 익혀 그 다양성을 균형 있게 연결시키는 것이다. 그것이 바로 정신과 육체를 아우르는 교육이며 깨달음이다.

이러한 다양한 생존방식과 사랑의 지혜를 철저히 깨우친 자는 자신이 원하는 삶의 방향으로 달려가는 데 매우 자연스러우며 거침이 없고 자신감을 잃지 않는다. 누구와도 깊고 폭넓은 '맞춤형 소통'이 가능하기 때문이다. 그리고 자신은 물론이고 주변사람들까지 깨우치게 하여 행복을 함께 공유하게 만든다.

그렇다면 성숙된 자아실현이란 무엇인가?

그것은 외형적 성공이 아니며 자신과 사회가 함께 만족감을 느끼는 시스템의 일원으로서의 능력을 갖추는 것이다. 그 능력은 4가지의 요소로 나누어진다.

첫째. 판단력이다

판단력은 지식과 사색과 체험의 탁월한 배합으로 달성되며 추리력, 상상력, 수치력, 암기력, 사고력, 통찰력 등의 판단원소로 이루어져 있다. 너와 나의 소통을 위한 원초적 깨우침 그 자체다.

둘째. 결단력이다

결단력은 용기와 안목의 배합으로 달성되며 정의, 지조, 의리, 냉정 등의 결단원소로 이루어져 있다. 너와 나의 소통을 통해 화합의 터전을 마련하기 위해 주어진 상황에 따른 적절한 결단을 내리는 힘이다.

판단력이 탁월하면 명쾌한 결단력이 나오기 마련이다. 그러나 판단력이 부족한 결단력은 자신과 사회를 혼란의 구렁텅이로 밀어 넣는 원흉이다.

셋째. 설득력이다

설득력은 표현과 승복의 배합으로 달성되며 언어구사력, 연기력, 겸손, 솔직 등의 설득원소로 이루어져 있다.

표현력이란 올바른 결단임에도 그 결단의 의미가 주위사람에게 잘 전달되지 못해 소통에 문제가 생길 경우 그 결단의 상황을 설명해 나가는 힘이다. 그리고 승복력이란 결단이 잘못되었을 경우(인간이기에) 가장 적절한 시기에 그 결단이 잘못되었음을 주위 사람에 알리고 이해과 용서를 구하는 소통의 힘이다.

넷째. 친화력이다

친화력은 사랑과 이해의 배합으로 달성되며 위트, 예의, 용모, 개성 등의 친화원소로 이루어져 있다. 소통의 여건을 성숙시키기 위해 자신의 진정성을 알리는 힘이다.

이것은 물질과 성공을 목표로 한 포장된 친화력(사교술)과는 전혀 다르며 판단력과 결단력, 그리고 설득력이라는 3대 요소에 진정성을 주입시켜 주변사람들과 긴 세월을 대화하고 토론하여 발효되는 힘이다.

짧은 기간에 달성하려는 사교술이야말로 물질과 직위탐욕을 앞세운 변질된 친화력이며 결국 자신과 사회를 불신과 불통으로 몰아붙여 인간과 인간 사이를 이간질시키는 원흉이 된다.

○81 인체와 자아실현의 4대 요소

음식물을 잘 선별하여 입속으로 넣는 것이 판단이면, 그것을 잘게 씹는 치아가 결단이며, 식도로 넘어가게 하기 위해 음식물의 점도를 조절하는 침이 설득이며, 식도로 넘어간 음식물을 천천히 분해하는 위장이 친화이다.

판단은 몸과 영혼의 건강과 직결되고, 결단은 강하고 빨리 이루어지며, 설득은 결단의 직전이나 직후에 반드시 요구되는 것이며, 친화는 많은 시간을 요하게 됨을 알 수 있다.

음식물을 완전 분해시켜 체내에 영양을 공급하는 역할을 하는 장은 화합을 위한 소통을 의미한다.

○82 능력교육과 실력교육

인간교육도 실력과 능력의 철학적 의미를 잘 살펴 교육의 지침으로 삼아야 한다.

예를 들면 초·중등과정은 개인성향을 가진 실력위주의 교육보다 사회성향을 가진 능력위주의 교육을 우선적으로 실시해야 한다. 어린 시절에 실력위주의 교육만을 집중하면 사회전체를 보지 못하는 절름발이 인생을 만들 가능성이 크다. 춤과 음악과 미술과 스포츠와

견학위주의 교육을 더욱 강화시켜 화합의 원리부터 철저히 가르쳐야 한다는 의미다.

태어남이란 누구나 예외 없이 백지 한 장만을 획득하는 것과 같다. 그곳에 자신의 그림을 그리며 삶을 완성해 나간다고 할 때 능력은 그 백지 위에 전체적인 구도를 짜맞추는 작업이고 실력은 그 구도 위에서 자신이 더욱 강조하고 싶은 부분에 구체적이고 섬세한 색칠을 해내는 작업이다.

아무리 개성이 넘치고 섬세하며 강렬한 그림도 전체적인 구도가 잘 짜여 있지 못하면 그림의 가치가 없는 것처럼 고등교육을 받기 전에 인생구도를 잡아 주는 능력교육이 우선되지 않으면 진정한 행복에 대한 가치관이 잘못 이해되어 지거나 굴절되어 편향된 인생관을 꿈꾸기 쉽다.

더 심각한 문제는 한번 색칠이 들어간 백지는 전체적인 구도를 다시 짜기 힘들 듯, 평생교육을 시켜도 편향된 인생관을 되돌리기가 어렵다는 것이다. 교육이 천년대계인 이유다.

083 교육이란 무엇인가?

인간은 동물에 비해 탁월한 호기심을 가지고 있어 앎은 더욱 깊어 갔고 성대의 기적으로 언어가 발달되면서 논리가 탄생되었다. 논리와 논리는 끝없이 연결되어 합리를 만들고 학습의 문을 열었다. 바로 인간문화의 핵심인 교육문화의 탄생이다.

그러나 앎의 논리는 두 가지 형태로 존재한다. 암기와 기교를 통해 얻어진 지식과 그 지식을 사색과 체험으로 발효시킨 지혜다. 전자는 개인의 생존에 초점이 맞추어져 출세와 물질을 얻는 데에 주로 사용되었고 후자는 개인과 사회의 사랑과 화합을 위해 영혼을 풍요롭게 만드는 데에 주로 사용되었다.

교육은 이 두 가지의 앎의 논리를 절묘하게 배합하여 개인과 사회가 윈윈의 행복을 누리게 하는 데에 그 목적이 있다.

품질이 좋은 건축자재를 다양하고 무한하게 가지고 있어도 스스로가 이를 연결시키지 못하면 집을 지을 수가 없듯이, 출세와 물질축적에 초점을 둔 지식은 아무리 풍부해도 목표달성에 대한 충족감일 뿐 진정한 행복이라 말할 수 없다는 것이다.

오늘날의 교육제도가 그렇다. 행복은 고사하고 인문을 몰락시키는 수준이다. 나눔과 예술과 화합을 중시하는 사랑논리보다는 축적과 기교와 분열로 향하는 생존논리에 치중해 있다. 개인과 사회의 소통보다는 개인의 성공에 집중되어 있기 때문이다. 부모들도 자녀의 성공에만 열을 올리며 생존논리의 교육을 원하고 있고 교육자 또한 그러한 생존논리 위주의 교육에 잘 적응하여 살아남은 자들로만 채워져 있다. 봉건시대 교육제도보다 더 심각한 상태다.

특히 사법, 행정, 외무와 같은 국가의 각 분야별 지도자들은 사색과 체험위주의 사랑논리가 탁월한 자로 채워져야 함에도 암기와 기교위주의 생존논리를 집중적으로 공부한 자가 리더가 된다. 이와 같이 정치나 사회분야에 생존논리가 탁월한 리더만으로 채워지면 모든 조직이 출세와 탐욕의 논리에 빠져들며 부정부패로 얼룩지는 국가로 향할 수밖에 없다.

가슴은 멀리하고 머리만 굴리는 데 집중된 오늘날의 교육시스템 속에서 성장한 리더들 중에 어찌 국민을 뜨거운 심장으로 감동시킬 수 있는 리더가 나오겠는가?

이제 리더십 교육을 최우선 과제로 삼는 교육시스템으로 전환하여 정치와 사회의 갈등과 분열과 부조리를 치유해야 한다.

그렇다면 교육이란 무엇인가?

개인적 출세보다는 사회적 화합을 더 중시하는 앎을 일깨워 지구촌이 하나로 소통되는 문화를 창조해 내는 학습시스템의 총체다.

○84 리더십이란 무엇인가?

조직을 잘 이끈다고 해서 모두 다 진정한 리더라 말할 수 없다. 조폭두목을 리더라고 할 수 없는 이유도 여기에 있다.

자신이 이끄는 조직의 물질적 풍요나 이익만을 목표로 하고 그 목표가 다른 조직에게 누를 끼친다면 이미 진정한 리더가 아닌 오너일 뿐이다. 주위 조직과 윈윈하지 못하는 리더십은 진정한 리더십이 아니라는 것이다. 그러한 리더십은 힘과 실력의 논리로 잠시 동안의 찬사를 받겠지만 세월이 흐르면 흐를수록 사회에 정신적 분열과 물질적 양극화를 초래하는 변질된 리더십일 뿐이다.

이러한 변질된 리더들은 자신의 힘과 실력을 주위사람들에게 보여 주는 것을 최상의 즐거움으로 생각하고 있다. 이와 같이 개인적 성공과 출세의 개념에 젖어 있는 한 가난한 서민을 위한 지혜와 능력이 나올 수가 없다는 것이다.

그렇다면 진정한 리더십이란 무엇일까?

리더십의 종류는 다양하지만 진정한 리더십은 3가지 철학을 확실하게 실행하는 자만이 획득할 수 있다.

첫째 물질은 곧 권력과 힘이라는 개념에 사로 잡혀서는 안 된다. 현실이 그렇다 하더라도 이겨내야 한다. 부의 축적에 조금이라도 미련을 가지고 있다면 진정한 리더가 되려는 꿈을 버려라.

재산을 축적하는 데 즐거움을 느끼거나 자손의 상속에 뿌듯한 가치를 느끼는 자가 어찌 대중의 행복에 진정한 관심을 가질 수가 있는가? 자신의 달변으로 아무리 리더십을 강조하고 유명세를 타고 있어도 변질된 리더십인 것이다. 이런 자가 정치나 교육이나 사법의 리더에 자리 잡으면 그 국가의 문화적 발전은 더 이상 기대할 수가 없다.

둘째 인문학적 설득력이 탁월해야 한다.

물질탐욕에 몰입되어 있는 대중들에게 삶의 새로운 시각을 일깨우고 물질탐욕에 성공하여 축적한 갑부들에게 사회 환원의 당위성을 감동시키는 논리를 통섭해야 한다. 이러한 설득력을 위해 엄청난 지식과 사색과 체험으로 조합된 지혜, 그리고 탁월한 카리스마와 배려가 요구된다.

셋째 각계각층의 어느 누구라도 진정으로 대화할 수 있는 소통능력이 있어야 한다.

특히 두 부류의 계층에 좀 더 많은 대화가 필요하다. 바로 인문학적 학문이 깊은 자와 가난한 자이다. 일회성이 아닌 끊임없는 만남의 장을 마련해야 한다.

위의 3가지 요건 중 하나라도 갖추지 못한 리더가 정치나 교육이나 사법의 리더로 자리한 국가는 희망이 없다. 그러한 리더는 열정적 개혁에 박차를 가할수록 잠시 동안은 국민의 인기를 독차지할 수는 있어도 결국 국가의 미래가 혼돈에 빠지게 된다.

국민들이여!
정치나 교육이나 사법의 리더를 선출할 때 가장 먼저 배제시켜야 할 대상을 아는가? 바로 탐욕의 증거품(큰 재산)을 가지고 있는 자다. 그런 자는 아무리 지혜롭게 보여도 이미 변질된 이성 속에 파묻혀 있기에 대중들이 소망하는 바를 이룩해 낼 수가 없다.
노력과 땀의 목표가 갑부라고 확신하는 탐욕의 논리로 어찌 진정한 나눔의 제도를 활성화시키는 리더십을 발휘할 수가 있겠는가?

085 진정한 리더십이 절박하다

고래는 무리를 지어 먼 거리를 이동하며 먹이사냥을 한다. 고래의 수명이 60년 이상이기에 축적된 먹이사냥 경험은 상상을 초월한다. 이러한 고래무리들이 호주나 뉴질랜드 해변에 올라와 죽어 가는 모습을 담은 사진을 가끔 볼 수 있다.

고래연구가들은 이러한 떼죽음에 대한 명쾌한 답을 내놓지 못하고 있다. 여러 가지 이유가 있겠지만 분명한 것이 있다. 바로 리더십에 대한 문제다. 그 3가지 예를 들어보자.

첫째 리더가 늙고 병들어 이동 중에 사망한 경우다.

일반적으로 많은 경험을 가진 고래가 무리의 리더가 된다. 그러나 경험이 많은 리더 중에는 나이가 많아 쇠약한 리더도 있다. 이동 중에 리더가 급사하고 차기리더의 능력을 가진 고래가 없을 경우 결국 이동경로를 찾지 못하고 헤매다 굶주림에 지쳐 해변으로 올라온다.

둘째 리더가 이동 중에 미세한 뇌졸중과 같은 두뇌장애를 일으킨 경우다.

리더의 행동에 이상증세를 감지하지 못하거나 감지해도 엄격한 위계질서 때문에 반기를 들지 못하고 따라가다가 이동경로를 벗어나 굶주림에 지쳐 해변으로 올라온다.

셋째 리더가 경험이 부족한 젊은 고래인 경우다.

젊고 힘이 센 고래가 지배욕에 젖어 경험은 많지만 늙고 힘없는 리더를 물리치고 무리를 이끄는 경우도 있다.

다양한 경험을 가진 리더는 조류나 급박한 환경변화로 먹이경로에 문제가 생겼다는 것을 직감하면 제2, 제3의 이동경로로 방향을 돌리는 지혜를 갖추고 있지만, 젊은 리더는 여러 상황에 따라 다양한 경로를 선택하지 못하고 하나의 이동경로만을 고집하다가 굶주림에 지쳐 해변에 올라와서 떼죽음을 당한다.

인간 역시 정치, 종교, 사회, 경제, 문화 등의 각종 단체에 리더가 존재한다. 단체의 규모가 고래무리에는 비교가 안 될 정도다. 그리고 고래무리처럼 독립된 무리가 아니고 서로 긴밀히 연결되어 있다.

고래는 리더의 실수로 인해 해변에서 떼죽음을 당해도 전체의 멸종이라는 몰락의 길을 걷지는 않지만, 인간은 정치나 종교분야에 정신장애가 잠재된 한 명의 리더가 나타나도 인류의 몰락으로 향할 수도 있다는 것이다.

지금 인류는 가장 시급히 서둘러야 할 일이 있다. 지구환경과 에너지 보존에 대한 세계적 법률을 완성시켜야 된다.

이러한 리더십을 발휘해야 할 정치리더들이 권력다툼과 종교분쟁, 그리고 신무기 개발에만 열을 올리고 있다. 이러한 인간리더들이 인간의 미래를 책임진다며 이끌고 있으니 인간의 몰락이 고래의 몰락보다 훨씬 더 빠르지 않겠는가?

086 리더십 교육이란 무엇인가?

교육의 목표는 인간의 행복에 있다.

행복을 위해 배운다. 열심히 배워서 불행해진다면 학교도 교육도 아무런 의미와 가치가 없다. 그러나 반드시 기억해 두어야 할 것이 있다.

행복은 철두철미한 법칙을 지니고 있다. 나만의 행운은 있어도 나만의 행복이란 존재하지 않는다는 것이다. 정치인이나 법조인, 그리고 교육인을 도저히 신뢰할 수 없고 강도나 조폭이나 유괴범, 그리고 살인범이 들끓으며 테러가 자행되는 사회에서 나 자신만이 행복해질 수가 없다는 것이다.

사회가 행복의 기본적 여건을 갖추고 있어야 한다. 그러한 여건을 갖추기 위해서는 그 사회 구성원들의 마음이 중요하다. '나의 행복은 사회의 행복과 맞물려 있다'라는 개념에 확신을 가지고 있어야 한다는 것이다. 이러한 개념이 깊은 자일수록 사회에 대한 관심이 많다. 사회를 이끌어 나가는 능력 즉 리더십에 대한 관심이다.

그러므로 리더십은 리더만이 갖추어야 하는 것이 결코 아니다. 참다운 리더를 판별하는 능력과 그 리더에게 힘을 실어 주는 능력까지도 리더십에 포함된다. 모든 열매에는 씨앗이 있듯이 리더십 또한 마찬가지다.

진정한 교육은 사회 구성원 모두에게 리더의 씨앗을 품도록 돕는 것이다. 물과 영양분이 적절히 공급되면 언제라도 큰 재목으로 성장하는 씨앗처럼 누구라도 리더로 발탁되면 리더십을 발휘할 수 있는 교육이어야 한다.

리더십은 윤리나 도덕처럼 나만의 한계에 가두어진 소극적 개념이 아니다. 나를 위해 '우리'라는 공동체의 품격을 중시하는 적극적 개념이다. 이것이 바로 교육의 가장 핵심적인 가치다.

학교는 기본적 리더십을 가르치는 방안을 제도화하는 데에 가장 역점을 두어야 한다. 공부 중에 리더십 공부를 그 어떤 공부보다도 최우선적으로 중요시해야 한다.

기본적 리더십 교육이 바로 서지 않으면 나의 행복과 사회의 행복과는 별개의 문제라고 생각하는 자가 많아지며 개인의 직위와 물질 축적을 최상의 목표로 두는 사회로 향한다. 그런 사회는 양극화로 치닫고 갈등과 분열이 끊이질 않아 결국 모두가 불행해질 수밖에 없다.

인성보다 지식을 최우선으로 하는 교육으로 직위와 출세와 부자를 만드는 데 골몰하는 학교는 이미 교육이 아니며 갈등사회를 만드는 전초기지일 뿐이다.

지식보다 주변과 소통을 잘하는 리더십을 갖춘 자가 국가의 높은 직위에 올라 있어야 행복한 사회를 만들 수가 있는 것이다. 이러한 사회를 완성하기 위해 리더십 교육의 제도화는 너무나 중요하다. 그리고 그 방안은 너무나 간명하다.

어떤 주제를 올려놓고 대화와 토론, 그리고 발표를 통해 기본적 리더십을 길러 내면 된다. 꾸준한 대화와 토론과 발표는 사랑과 정의와 화합과 공평의 철학적 의미를 다양한 각도로 사색하고 체험하는 분위기를 만들어 내고 서서히 흔들리지 않는 리더십으로 확립된다.

이러한 리더십 능력을 일반 과목처럼 점수제로 평가하는 학점시스템을 구체화시켜 진학과 취업에 크게 반영하는 교육제도가 너무나 절실하다.

087 리더십 과목은 인성교육의 혁명

대화와 토론과 발표, 그리고 질문과 답변에는 인문의 모든 것이 들어 있다. 그 속에서 리더십이 자라난다. 리더십은 다수의 마음속을 가장 세밀하게 읽어 내어 그들이 생각하는 바를 연결시켜 이끄는 능력이다. '리더십'이라는 과목이 학점으로 반영되는 교육이 절실한 이유다.

리더십 과목은 일반과목의 3배 이상의 가치로 점수에 반영하여 진학과 취업까지 그 가치가 인정되어야 한다. 리더십은 말만 잘하는 자가 아니며 어눌하더라도 자신의 생각을 효율적으로 보여 주어 조직의 화합과 단결을 이끌어내는 자이기에 이러한 성적반영(300점 이상)은 매우 타당하다.

문제는 점수에 대한 합리적인 평가시스템이다. 반드시 수직적 평가와 수평적 평가로 나누어야 한다. 수직적 평가는 담임교육자에게 맡기고 20%만을 반영하면 된다. 그리고 수평적 평가는 토론이나 발표나 학교생활을 근거로 '진정성과 인간성과 설득력이 탁월한 친구의 이름을 순서대로 적으시오'라는 질문으로 반의 친우들이 서로를 무기명 평가하여 그것을 등급으로 타당하게 나누고 80%를 반영한다.

수직적 평가와 수평적 평가에 대한 비율(20%와 80%)은 교육자의 주관이나 부모의 치맛바람을 미연에 차단시키고 반의 친구들이 서로를 가장 섬세하게 알고 있다는 원칙을 중시하기 위해서다. 이러한 리더십 교육평가를 학과점수에 실질적으로 반영하면 학교분위기와 학부모의 자세부터 달라지기 시작한다.

일반과목에 대한 공부도 중요하지만 자신의 인간적인 면모를 더욱 중시하게 되고 자식을 성공시키기 위해 온몸을 던지는 학부모들은 새로운 리더십 교육에 대한 개념에 눈을 뜨게 된다. 부모들은 자녀들에게 이렇게 말하게 될 것이다.

"얘야 공부도 좋지만 춤과 노래, 그리고 운동도 잘해야 한다. 특히 대화와 토론과 발표를 잘하기 위해 독서와 사색을 하고 틈틈이 여행도 해야 한다. 그리고 항상 진정한 모습과 재치를 보여 주려 최선을 다하고 음식도 나누어 먹고 즐겁고 밝은 대화를 나눌 줄 알아야 한다. 그래야만 원하는 대학에 갈 수가 있단다."

이러한 기본적 리더십 교육과목을 중·고등교육 과정을 통해 6년 정도 비중 있게 반영하다 보면 대학교육에 가서는 실력위주의 교육과정만을 해도 된다. 리더십 교육으로 몸에 스며 든 사회성향의 뿌리가 튼튼하여 밝고 건강한 인간사회의 기반을 형성하게 된다.

이러한 리더십 교육을 받은 아이들이 사회에 나오게 되면 그 사회를 이끄는 리더들의 가치관 속에는 직위와 물질탐욕만을 집착하는 자들이 급속히 줄어들고 타당치 못한 직업(밀수, 마약. 퇴폐업소, 도박, 위해식품업 등)을 해서라도 성공해 보겠다는 자들이 급속히 사라진다.

오늘날 다수의 젊은이들이 '돈이 모든 것을 해결한다'는 논리를 철칙으로 삼고 돈을 벌기 위해서라면 무엇이라도 하겠다고 두 눈을 부릅뜨고 있는 것도 리더십 교육의 결핍 때문이다.

리더십 교육이라는 간단한 교육제도의 발상이 훗날 교육과 사회혁명의 핵심적 토대가 된다는 것을 그대는 눈치채고 있는가?

088 인성교육이란 무엇인가?

오늘날 인간사회의 교육시스템은 두 가지로 대별된다. 개인의 생존을 위한 교육과 사회적 화합을 일깨우는 교육이다. 전자는 생존경쟁에서 살아남기 위한 직업교육이며 후자는 사랑과 행복에 직결된 인성교육인 것이다.

직업을 위한 전공교육은 엄청난 발전이 있었다. 그러나 인성교육제도는 참으로 심각하다. 인성교육 시스템이 조상들의 것보다도 더 무너져 내렸고 그 교육을 담당해야 하는 선생조차 퇴화되어 버렸다.

인성교육의 핵심적 뿌리는 외면한 채 사상이나 윤리나 도덕의 열거와 암송만이 거품처럼 부풀려 있으니 학생들의 공감을 만들어 내지 못하고 있다. 잘 살기 위해 물질과 문명의 교육에 너무나 편중하다보니 '어떻게 살 것인가?'라는 영혼과 문화의 교육을 너무나 홀대하여 문화적 창의성까지 퇴화시키고 있다.

오늘날의 첨단문명과 인구급증 속에서도 옛 조상과 같은 창조적 문화인이 출현하지 못하는 이유 또한 여기에 있다.

그렇다면 인성교육의 핵심은 무엇인가?

대화와 토론, 그리고 질문과 답변의 다양화와 성숙화다. 그 속에는 '인의예지신용'의 연결고리와 균형추가 완벽히 들어 있다.

이제는 학생들의 질문을 적극적으로 유도하며 서로의 토론을 극대화시킬 수 있는 선생이 필요하다. 선생도 학생도 모두 완벽할 수 없고 서로가 배우는 관계이며 대화와 토론과 질문의 성숙을 위해 최선을 다해야 한다. 선생이든 학생이든 모르는 것은 서로가 모른다 해야만 진정한 앎을 찾고 소통의 즐거움을 얻는다.

대화와 토론과 질문이 없는 강의식 인성교육은 설득력도 없고 자기중심적이고 독선적 성격의 소유자를 배출시키며 인간의 이중성을 증폭시킨다. 그 이중성은 물질과 문명의 공격에 너무나 허약하기에 그 어떤 지식인일지라도 물질탐욕의 세계에 빠져든다.

인성교육은 인간의 이성 속에 존재하고 있는 이중성을 뽑아내고 그 여백에 양면성이 스며들게 하는 교육이며 리더십 교육의 승패를 좌우하는 기본적 교육이다.

089 오늘날 인성교육이 무의미한 이유

인간의 본성 속에는 자제력을 잃거나 사납고 거친 측면도 있지만 멋과 아름다움의 원액 또한 내재되어 있다. 아이들이 노는 모습과 행동의 내면을 깊이 들여다보면 더욱 확연해 진다. 그리고 누구나 어릴 적 추억을 '행복했다'고 말한다.

그 이유는 간명하다.

주위 아이들과 먹고 어울리는 데 필요한 물질 이외의 물질에 대해 주판을 튕기거나 탐욕을 부리지 않았던 것이다.

그리고 물질이 넘치면 곧 바로 주위와 나누며 평생을 살아가는 자들을 보면 부럽고 존경스럽다.

이와 같이 행복한 삶의 진정한 목표가 명백하게 나와 있음에도 지금 그대는 어떤 행복을 꿈꾸고 있는가?

　인간이 동물과 달리 매우 긴 세월을 통해 이성의 원리를 배우고 익히는 것은 성인이 되어서도 어릴 적 본성위주의 삶을 더욱 윤택하게 하기 위함이며 인성교육은 바로 이러한 목표가 바탕이 되어야 한다.

　인간은 첫째도 둘째도 사회적 동물 이전에 문화적 동물이며 교육적 동물이라는 의미다. 그러므로 교육을 백년대계로 보는 것은 경솔하며 적어도 천년대계임을 명심해야 한다. 그러나 오늘날의 인성교육은 이러한 참 교육의 가치를 상실한 지 오래다. 본성의 품격을 위해 이성이 필요함에도 이성이 본성을 지배하려는 구인문적 인성교육이 인간의 이중성만 키우는 결과를 초래했다는 것이다.

　본성을 이성으로 받쳐 주는 교육을 받은 자는 물질탐욕이 없고 화합과 공평의 원칙을 우선하는 성공에 초점을 둔 삶을 영위하기에, 멋과 아름다움의 원액을 발효시켜 사랑과 나눔을 듬뿍 담아낸다. 그러나 이성으로 본성을 억제하는 인성교육은 예를 갖추는 표피적 품격은 탁월해 질 수 있지만 멋과 아름다움을 뿜어내는 본성의 원액이 빠져 있기에 물질을 최우선으로 하는 성공에 집착하는 이중성에 걸려들기 쉽다.

　이성이라는 가위로 본성을 재단해 버리는 인성교육이니 그 이성적 '인의예지신용'에 무슨 진정성이 있겠으며 무슨 매력이 나오겠는가? 오늘날 인성교육이 학생들에게 외면당하고 조소당하는 이유다.

　참된 이성의 원리를 터득하는 목적은 본성속의 미성숙 인자(자제력을 잃거나 거친 행동)를 선별 조절하여 본성의 품격을 올리는 데 있음에도 구인문은 이성이 본성을 지배하는 논리에만 몰입했고 그 결과 성공과 물질탐욕을 분리시키지 못한 것이다. 여기에서 변질된 이성이 파생되었고 '물질만 넘치면 무조건 행복해진다'는 변질된 성공개념을 대중에게 주입시켰다.

그리고 변질된 이성을 극대화시켜 물질축적에만 성공한 자들은 '가난한 자는 게으르고 무능하며 부자는 부지런하고 똑똑하다'는 협의적이고 이분법적인 개념에 빠져 있으니 어찌 진정한 사랑과 나눔을 실천하리오.

090 교육제도의 역발상

교육은 천년대계이기에 부모와 정치지도자는 자녀와 대중의 교육에 무한책임을 지고 있다. 교육을 제대로 받지 못한 인간은 동물의 본능보다도 더 추악한 모습으로 변할 수 있기 때문이다.

그러므로 정치인은 누구나 정치철학 이전에 교육철학을 확고히 갖추어야 한다. 자신의 교육철학을 교육책임자(장관)에게 명확히 제시하고 참다운 교육시스템을 설계하고 추진하는 데 핵심적인 역할을 해야 하기 때문이다.

정치지도자의 교육철학이 결여되어 있으면 교육제도의 불합리성이나 모순성이 교육자의 능력을 묶어 버리기에 아무리 유능한 교육자라도 교육에 대한 열정과 의욕이 식어 버린다는 것이다.

정치인은 '올바른 교육제도야말로 훗날 올바른 정치, 사회, 경제 문화를 만드는 초석'이라는 사실을 진리처럼 생각해야 한다. 이러한 개념에서 교육의 역발상을 상상해 볼 필요가 있다. 고등교육을 마친 학생들에게 약 2~3년 정도 사회체험에 뛰어들게 한 후 대학에 입학하게 하는 제도다.

이 제도는 다음과 같은 6가지 장점이 있다.

첫째 순풍과 폭풍, 그리고 단비와 땡볕이 있기에 곡식과 열매가 여물고 익듯이 학문도 혹독한 사회체험의 여백을 거치면 더욱 능동적이고 적극적인 학습의지가 나타나서 매우 효율적인 교육이 된다.

둘째 사회체험을 통해 안정된 직장을 얻은 자들 중에는 대학을 진학하지 않는 자도 있으므로 그만큼 입시경쟁도 사라진다. 그리고 대학이 취업의 장으로 변질되는 것을 막고 학문의 상아탑으로 돌아갈 수 있다.

셋째 스스로가 학비를 마련할 수 있는 여건이 마련되어 학문에만 전념할 수 있고 독립의지가 강해지며 학부모들의 학자금 고통도 덜게 된다.

넷째 사회생활을 통해 조직에 대한 현실적 경험을 얻게 되면 판단력이 업그레이드 되고 자신의 적성을 더 확연히 알게 되어 소신과 주관에 근거를 둔 전공분야를 택하게 된다.

다섯째 국민들에게 일하며 공부하는 평생교육의 개념을 주고 학문을 마친 후 바로 사회로 배출된 자들보다 사회적응도가 매우 높아 국가경제발전에도 이롭다.

여섯째 사회체험을 한 후 학문에 정진한 자는 창의력이 높아 분야마다 대학자가 배출될 확률이 높아진다.

이러한 교육제도를 시행한다면 대학생활 4년을 3년으로 줄여도 세계에서 가장 경쟁력 있는 젊은이가 탄생될 것이다.

이러한 역발상 제도는 서둘러 전면 개혁하면 반드시 실패한다. 시간을 갖고 일부지역에 시범적으로 실시하여 지켜 본 후 점차 보완 확대해 가는 점진적 교육개혁으로 풀어 가야만 한다. 대자연이 가르쳐 준 진화의 이치처럼.

성공이란 무엇인가?

08

091 성공이란 무엇인가?

진정한 성공이란 무엇인가? 성공의 개념과 기준을 어디에 두어야 하는가? 오늘날의 인문은 과연 어떤 성공개념으로 우리에게 다가와 있는가?

사전에는 '뜻이나 목적을 이루는 것'으로 정의하고 있다. 바로 구인문적 정의다. 못된 짓을 해도 목적을 이루면 성공이라는 것이다. 이와 같이 구인문은 성공이라는 불씨를 지피는 방안은 수없이 제시해 놓고 그 불씨가 커져 수습이 불가능한 화재가 발생하고 여기서 흘러나온 절망적 매연(사회적 해악)을 여과해 내는 방안에는 너무나 허술했다.

구인문은 탐욕(물질과 영혼)문화가 훗날 인간멸망의 단초가 된다는 체계적 논리 또한 정립시키지 못했다. 출세한 자나 물질적 성공자에게 사회의 나눔을 주는 구체적인 제도나 논리를 체계화시키는 것에는 관심이 없고, 그저 청렴이나 기부 또는 '노블리스 오블리제'라는 추상적이고 도덕적인 단어만을 애타게 부르짖고 있었다.

오히려 출세는 곧 성공이며 과도한 물질을 가진 특권층으로 인정해 주고 옹호해 주는 모습을 보였다. 사치스럽고 화려한 저택과 수많은 머슴들을 거느리려는 꿈을 자연스럽고 당연한 성공개념의 필수로 생각하게 하는 데에 일조한 것이다. 성공한 자의 과도한 물질축적은 탐욕의 징표일 뿐 부끄러움이라고 호되게 질타하는 인문의 개념이 너무나 부족했다.

'어질고 착한 자에게 복이 온다'는 흥부전의 핵심주제도 영혼의 풍요보다는 금은보화라는 형이하학적 감동에 치중했고 동서고금을 막론한 전래동화의 대다수 역시 금은보화에 맞추어진 성공으로 감동을 만들고 있었다.

이처럼 구인문의 성공개념에는 요람에서 무덤까지 물질축적을 유혹하고 부추겼던 측면이 있었음을 부인할 수 없다. 결과적으로 이러한 성공개념은 인간사회를 물질양극화로 내몰았고 서민층과 특권층이라는 불통의 신분사회로 향했다.

그리고 과도한 물질을 축적하여 특권층이 되기 위해서 그 어떤 일도 서슴지 않는 비인간적 사회풍토를 낳게 하였다. 물질과 직위탐욕의 장본인들까지도 훌륭한 인물로 내세워 역사에 크게 부각시켜 놓았으니 어느 누가 탐욕에 중독되지 않겠는가?

그렇다면 신인문적 성공은 무엇일까?

'직위의 상하나 물질의 대소에 무관하게 자신은 물론 주위까지도 행복하게 만드는 영혼을 소유하고 물질이 넘치면 즉시 나눔을 실천하는 지혜를 깨우치는 것'이다.

이제 우리는 직위나 명예, 그리고 과도한 물질에 인생목표를 두고 있는 구인문적 성공개념에서 완전히 벗어나야 한다. 인간사회의 진정한 희망은 바로 신인문적 성공개념에서부터 시작된다는 것이다.

092 성공의 3대 요소

진정한 성공은 높은 직위나 많은 재화에 비례하지 않으며 결코 비례해서도 안 된다. 유능한 자가 앉아야 할 높은 직위를 아부나 인맥으로 성취한 성공 또한 자신은 물론 국가와 국민들을 불행하게 만들 뿐이다.

골목슈퍼와 재래시장을 폐허로 만들며 대형유통업자로 성공한 자도 다람쥐가 겨울을 나기 위해 낙엽 밑에 감추어 둔 도토리까지 주워 가는 야비하고 추한 모습일 뿐이다.

진정한 성공은 3가지 필수요건이 존재한다.

첫째 자신의 육체와 정신을 꾸준히 닦고 깨우치며 죽을 때까지 진정으로 자신을 사랑할 수 있는 자신감과 확신이 있어야 한다. 자신을 진정으로 사랑하기 위해서는 양심을 가장 우선해야만 가능하다. 자신을 진정으로 사랑하는데 어찌 남을 증오하겠는가?

둘째 자신을 깊이 알고 있는 주변사람들(특히 가족이나 가까운 친지들)의 대다수에게 진정으로 인간적 사랑을 받아야 한다.

셋째 자신의 삶의 정체성이 참다운 대중문화의 궤적을 확장시키고 조금이라도 그 수준을 이끄는 역할을 담당해야 한다.

이러한 신인문적 성공개념이 상식이 되는 사회가 도래될 때 비로소 진정한 문화와 정의와 공평이 무르익는 사회가 된다. 성공은 극소수의 훈장이나 소유물이 아니며 원하고 깨우치는 자이면 누구나 다다를 수 있는 보편적 가치로 자리매김 되어야 한다는 것이다.

신인문의 성공개념은 첫째도 둘째도 원원이다.

내가 성공함으로 해서 주위사람까지도 가능한 한 행복(물질과 영혼)을 함께 누리도록 하는 일이다. 진정한 성공자는 삶의 멋과 아름다움을 뿜어내어 이를 바라보는 주변사람들에게 부러움을 사고 물질탐욕에 크게 성공한 자들을 부끄럽고 왜소하게 만드는 진정한 양심과 사랑을 소지하고 있다. 그리하여 사회가 물질과 무관한 성공된 삶으로 향하는 영혼의 문화를 창출해 내는 자이다.

그대는 자신과 주위사람들을 진정으로 사랑하고 있는가?

그렇다면 그대는 바로 성공자의 길을 가고 있다.

093 행복이란 무엇인가?

사전은 모든 용어의 뜻을 풀이하는 지식의 요람이라 할 수 있다. 그러므로 사전의 정의를 통해 용어의 정체성을 이해하면 할수록 더 폭넓은 지식을 축적할 수 있다. 그러나 그 정의가 모호하면 개인과 사회의 갈등을 심화시킨다. 특히 핵심적 인문용어(사랑, 행복, 정의, 문화, 성공 등)에 대한 사전의 정의가 단편적이고 혼란스러우면 사회화합은 불가능하다. 대표적인 예로서 '행복'에 대한 사전의 정의를 들여다보자.

'복된 좋은 운수' '생활에서 충분한 만족과 기쁨을 느끼어 흐뭇함' '인간이 살아가는 과정에서 갖게 되는 욕구충족에 기인한 만족감' 등으로 기술하고 있다. 그리고 행운에 대한 정의는 '좋은 운수' '행복한 운수' 등으로 기술하고 있다.

일단 행복과 행운의 뜻이 구별되지 못해 혼란스럽다. 그리고 둘 다 '운수'나 '결과론적 만족감'에 초점을 맞추어 정의하고 있다. 이러한 행복의 정의를 배우고 암기한 학생들이 사회인이 되어 과연 어떤 행복을 꿈꾸며 살게 될까? 행복을 위해서는 '운'과 '횡재'를 바라는 물질탐욕의 세계로 빠지기 쉬운 잘못된 정의라는 것이다.

그렇다면 진정한 행복이란 무엇일까?

행복은 사랑과 더불어 우리에게 가장 가까이 있으면서도 가장 폭넓고 난해한 삶의 가치다. 동물은 본능만을 충족시키기에 단조롭지만 인간은 본성과 그로부터 분리되어 발달된 이성이라는 양면을 타당하게 연결시키는 행복이어야 하기에 그 정의도 매우 복잡하고 난해하다.

행복은 너무나 폭넓고 중요하기에 3가지 측면의 입체적 정의로 규정해 본다.

첫째. 문화론적 정의다.

행복은 더불어 살면서 깨우친 삶과 생활의 지혜와 가치를 서로 나누며 더 폭넓은 지혜를 만들어 축적하는 만족감이다. 이러한 행복의 원리가 인간에게 문화를 창조하는 계기가 된 것이다.

행복은 남과의 비교 우위를 통해 느끼는 지식이나 물질적 풍요의 만족감이 아니다. 지식이나 기술로 자신의 이득에만 몰입하여 높은 직위나 많은 과도한 물질에 목표를 둔 삶은 오히려 불행을 자초하는 행위이기에 행복이라 말할 수 없다는 의미다. 그들은 행운을 행복이라 착각하며 끝없는 탐욕으로 치닫다가 어느 날 갑자기 행복이 아님을 알게 된다.

둘째. 이기론적 정의다.

행복은 심오한 이(깊은 삶의 이치를 깨우치고 있는 배려) 위에 어울리는 기(깊은 삶의 이치를 표출해 낼 수 있는 카리스마)를 올려놓는 지혜와 용기를 통해 느끼는 삶에 대한 만족감이다. 이성이라는 꽃받침을 잘 가꾸어 본성이라는 꽃을 더욱 가치 있게 꾸미는 지혜를 통해 얻는 흐뭇함이다.

먹고 살 만하면 더 이상 물질이나 직위에 매달리지 않고 세상이치를 폭넓게 배우는 학문이나 체험에 심취하는 가운데 무한한 행복이 은은하게 다가온다.

셋째. 기하학적 정의다.

자신을 깊이 알고 있는 사람들의 과반수 이상으로부터 진정한 사랑을 받는 것이다. 국민의 지지율이 30%인 대통령보다 100명의 지인 중 50명 이상에게 진정으로 사랑받는 자가 더 행복하다는 것이다.

1천5백만 명의 지지자가 있고 수백 명의 측근이 온갖 칭찬을 늘어놓아도 3천5백만 명이 고개를 돌린다면 불행한 대통령이며, 49명이 고개를 저어도 51명에게 진정한 사랑과 신뢰를 받는 서민이 오히려 행복하다는 것이다.

이와 같이 3가지 입체적 정의에 비추어 볼 때 행복은 물질이나 직위, 그리고 권력이나 명예로 다가오는 것이 아니며 진실과 정의만을 내세운다고 해서 달성되는 것도 아니다.

행복은 오직 성실과 사색을 기반으로 학문과 체험을 가까이 하여 터득된 카리스마(기)와 배려(이)의 절묘한 배합능력으로 자신과 이웃을 위해 다양하고 풍요롭게 활용하는 흐뭇함이다. 행복은 배우고 깨우친 자신을 사랑하는 삶속에서 발하는 것이기에 깨우침을 멀리하거나 자신을 사랑하지 않는 자는 불행할 수밖에 없다.

행운의 속은 비어 있어 훗날 공허하지만 행복의 속은 열매의 씨처럼 깨우침으로 가득 차 있어 영원히 공허하지 않다.

094 행복과 행운

행복과 행운은 심장과 폐처럼 서로 연결되어 있지만 그 정체성은 다르다. 행운이 물질과 불공평을 향해 두 팔 벌리고 있다면 행복은 영혼과 공평을 향해 미소를 머금고 있다.

행운이 '기'만 살리려 하는 것이라면 행복은 '이'를 갖춘 뒤에 저절로 '기'가 사는 것이다. 행운이 엔돌핀이라는 신경물질을 만들어 잠시 즐거움을 주는 피난처라면 행복은 세레토닌을 생산해 내어 영원한 즐거움을 주는 안식처다. 행운이 화려한 꽃만을 보고 흥겨워하는 것이라면 행복은 그 꽃의 뿌리를 먼저 사색하며 즐거워하는 것이다.

행운이 사치스럽고 드러내기를 좋아하는 것이라면 행복은 평범을 즐기며 억지로 눈에 띄려 하지 않는 것이다. 행운은 승패에 몰두하기에 정법보다 편법이나 비법이 사용되지만 행복은 윈윈을 생각하기에 편법이나 비법보다 정법을 사용한다.

행운이 운명을 바꾸는 데 집착한다면 행복은 운명을 갈고 닦는 데 심혈을 기울인다. 행운이 술을 마시고 취해 있는 것이라면 행복은 물을 마시고 상쾌해지는 것이다. 행운이 연결논리가 부족하고 어느 순간에 얻어지는 것이라면 행복은 연결논리에 근거하고 서서히 축적되는 것이다. 행운이 머리이고 암기이며 순진에 빠져 있는 것이라면 행복은 가슴이고 사색이며 순수로 향하는 것이다.

행운이 부자연스럽고 한시성을 지녔다면 행복은 자연스럽고 영원성을 지니고 있다. 행운은 생선과 같아 오래될수록 부패되어 악취가 날 수 있는 것이라면 행복은 포도주와 같아 오래될수록 더욱 발효되어 향취가 나는 것이다. 행운은 개인성에 집착하여 불행의 씨앗이 될 수도 있지만 행복은 사회성이 함께 존재하며 불행이 될 수 없다.

행운 속에는 탐욕을 키우는 인자가 들어 있고 행복 속에는 꿈을 키우는 인자가 들어 있다. 행운이 모방을 좋아하는 것이라면 행복은 모방을 달가워하지 않는 것이다. 행운이 판치는 사회는 질투와 탐욕을 낳지만 행복이 가득 찬 사회는 사랑과 양심을 낳는다.

마지막으로 행운은 게으른 자에게도 오지만 행복은 부지런한 자에게만 온다.

○95 행복한 사회와 불행한 사회

행복한 사회란 지혜 속에 피어나는 사랑과 공평을 최고의 가치로 생각하는 문화적 사회를 말하며, 그곳에는 물질과 직위와 이권이 힘을 발휘할 수가 없다. 이러한 행복한 사회에서 이루어지는 대화의 주류는 문화의 향취와 지식과 지혜의 다양성이며, 이를 위해 서로 소통하는 데 열정을 쏟고 그 수준을 높여 가는 가운데 즐거움을 만끽한다.

그러나 불행한 사회에서 이루어지는 대화의 주류는 문명의 이기와 물질과 직위와 재주의 다양성이며, 이에 대한 정보를 서로 교환하는 데 목숨을 바치고 그 목적을 쟁취하는 가운데 즐거움을 만끽한다.

전자의 사회조직은 행복과 문화의 개념을 기반으로 하였기에 물질의 상대적 분배가 자연스러워 공평한 사회로 수렴하나, 후자의 사회조직은 행운과 문명의 개념을 기반으로 하였기에 물질의 상대적 분배가 부자연스러워 불공평한 사회로 발산된다.

전자의 사회조직은 영혼의 가치에 무게를 두기에 있는 자와 없는 자의 대화의 초점이 일치하여 소통과 화합과 공평의 사회로 나아가지만 후자의 사회조직은 물질의 가치에 무게를 두기에 있는 자와 없는 자가 기름과 물처럼 갈라지고 대화의 초점도 다르기에 불통과 분열과 양극화 사회로 향한다.

O96 행운의 제도와 행복의 제도

정치인들에게 가장 중요한 책무가 있다. 입법을 통해 국민들의 행복을 뒷받침해 주는 사회제도를 건설하는 것이다. 바로 행운의 제도를 멀리하고 행복의 제도를 개발하는 일이다. 행운의 제도는 공평의 원칙을 서서히 갉아 먹으면서 부패하기 때문이다. 그러나 문명의 발달이 물질만능주의를 재촉하면서 정치인도 대중도 행운의 제도에 중독되어 파멸의 길을 걷고 있다.

그렇다면 행운의 제도란 과연 무엇인가?

몸속의 혈액순환이 제대로 되지 않으면 다양한 질병들이 서서히 몰려오듯 사회의 순환시스템이 논리적으로 작동되지 않아 성실보다 운세에 기대는 대중들이 늘어나고 갈등과 대립과 양극화 등의 사회문제를 심화시키는 사회제도다. 이러한 제도는 기득권이나 특권층이라는 울타리를 만들며 증오와 불통의 계급사회를 조장시키기도 한다.

가장 대표적인 행운의 제도가 있다. 국가가 세수확장을 명분으로 제도화하고 있는 각종 복권이나 경마, 그리고 각종 투기향락사업이다. 그리고 사회를 서서히 부패시키고 있는 행운의 제도가 있다. 철밥통이라는 공무원이나 기업의 채용방식이 그렇고 정규직과 비정규직이라는 노동제도가 그렇다. 한번 결정되면 평생 동안 그 위치를 보장받는 행운을 거머쥔다.

한번의 시험만으로 실력과 능력이 평가되어 미래의 운명을 가름하는 사회제도는 행운을 비는 습성에 물들게 하고 나태해져서 비효율적 조직으로 변질될 수밖에 없다. 성실과 노력을 멀리하면 언제라도 밀려날 수 있다는 경쟁의 개념을 고취시키고 수시로 패자부활의 기회가 다양하게 주어지는 순환시스템으로 개혁해야 한다.

이와 같은 순환의 논리가 적용되는 것이 바로 행복의 제도다. 예를 들어 정치나 스포츠 분야가 그렇다. 임기나 계약기간이 있어 새로운 능력자를 자연스럽게 받아들여 순환 교체시킨다. 이와 같이 공무원이나 회사원들도 2~3년에 한번씩 조직전체의 5~10% 자연스럽게 퇴출시키고 노력하는 자에게 항상 새로운 기회가 주어지는 사회제도를 제도화해서 도전하는 자에게 열려 있는 사회를 만들어야 한다.

그리고 순환시스템은 자연스러워야 한다. 윗사람의 평가보다 같은 조직 구성원들끼리의 평가를 위주로 순환이 결정되는 것을 말한다. 조직의 장이나 기업주가 구성원을 평가하는 것이 아니라 구성원들 스스로의 평가를 위주로 조직을 정돈하는 순환시스템인 것이다.

이러한 수평적 평가를 우선으로 하여 탁월한 양면논리로 제도화시키면 노사간의 그 어떤 부작용도 쉽게 해결된다. 신규채용을 더 늘릴 수 있고 기업의 경쟁력도 증가되며 능력이나 실력을 가진 자들의 창의력이 더 살아나게 된다. 조직에 도움을 주지 못하는 자는 도태될 수밖에 없는 자연의 법칙으로 조직속의 잘못된 관행이나 부패의 고리를 끊을 수 있으며 불만과 혼란을 축소하고 여과시키는 제도다.

이러한 행복의 제도는 국영기관이나 기업의 효율성으로 나타나 국민경제의 공평성의 파이를 넓히는 데에 큰 몫을 한다.

행복의 제도는 국가의 천년대계를 책임지고 있는 교육계와 법조계와 행정공무원부터 시급히 제도화시켜 실행해야 한다. 정치인이 해야 할 핵심적인 직무다.

097 행복 2차 방정식

행복을 수학적 논리로 들여다볼 가치가 있다. 인문은 자연과학이며 바로 양면논리에 바탕을 두고 있기 때문이다. 물질과 영혼이라는 두 축(X, Y)의 평면 위에 $Y=aX(b-X)$ 라는 2차방정식을 그려보자. a는 영혼상수이고 b는 물질상수라고 하면 $Y=0$ 일 때 X값이 0과 b인 뒤집힌 포물선이다.

이와 같이 제 1사분면에 그려진 포물선 면적이 행복의 크기이며 영혼상수 a와 물질상수 b가 커질수록 그 면적은 넓어진다.

그러나 여기에서 언급해야 할 부분이 있다. 영혼상수 a와 달리 물질상수 b는 임계값이 존재한다. a는 자연과 문화와 나눔과 순환의 개념을 가지고 있기에 그 값이 커질수록 개인과 사회의 행복지수가 동시에 높아지지만 b는 인간과 문명과 축적과 단절의 개념을 가지고 있기에 임계값을 넘어서면 개인과 사회의 행복지수가 도리어 줄어든다.

그러므로 물질상수 b의 임계값을 법률로 정할 필요는 없지만 타당한 임계값이 사회적 불문율로 자연스레 상식화된다면 부귀영화를 애원하고 기다리는 삶의 개념이 혁명적으로 변화되고 개인과 사회의 행복과 공평성에 대한 정체성도 달라진다.

사람마다 보는 시각이 달라 물질상수 b의 임계값도 다양하겠지만 한국의 4인 가족이 서민적 삶을 가장 풍요롭게 유지하기 위해 필요한 순수물질(재산)의 최대치를 10억 정도로 정해 본다. 국민 가구당 평균 재산의 3~4배 정도가 될 것이다.

10억의 재산이 넘어서기 시작하면 축적의 열정을 멈추고 주위의 가난한 자들에게 효율적으로 나누는 데 힘써야 한다. 그리하면 자신의 영혼을 깨우치는 데 열정을 바치는 삶으로 바뀌게 되며 자신과 주위가 사랑과 화합으로 향하고 행복으로 승화된다는 것이다.

최대 재산을 10억 정도로 정한 것에 대해 반론하는 서민도 있을 것이다. 민주주의와 자유주의에 위배되는 독선의 논리라고 말할 수도 있다. 탐욕(직위나 물질)이 포장되어 있는 구인문적 성공개념에 중독되어 있으니 너무나도 당연한 반론일 것이다.

그러나 분명히 말해 두어야 할 것이 있다. 10억의 재산이 있어도 더 많은 재산을 위해 물질축적에 시간을 허비하고 있는 자는 스스로를 탐욕자로 확신해야 한다.

오늘날 인간은 자유주의 개념을 잘못 이해한 법률의 보호 아래 무한물질 소유법칙에 중독되어 버렸고 재벌은 자신의 물질축적에 대한 자신감과 자부심이 가득하고 부끄러워할 하등의 이유도 없다고 확신하는 세상이다. 이러한 사회적 환경 속에서는 그 어떤 민주주의라도 인류의 궁극적 목표인 '최대다수 최대행복'은 근원적으로 불가능하다.

행복 2차방정식의 모양을 좌우하는 두 가지 상수의 개념인 '무한영혼 유한물질'이 바탕이 된 사회만이 인류를 구할 것이다.

098 이중적 상식

　인간은 살아가면서 많은 상식을 접한다. 그러나 수천 년 동안 깊은 사색 없이 관습에 의존하다보니 혼란과 갈등만을 부추기는 상식들로 철갑을 두르고 있다.

　바로 이중적 상식이다. 양심자(나눔자)나 비양심자(탐욕자) 누구나 수긍을 하지만 정체성이나 합리적 기준이 모호해서 결국 양쪽 모두를 분열시켜 불행하게 만드는 상식을 말한다.

　대표적 사례를 들어보자.

　"누구나 부자가 되기를 원한다."

　이것은 분명히 상식이다. 그러나 부자에 대한 도덕적이고 합리적인 개념이 불분명하여 나눔과 베풂의 정신을 위축시키고 탐욕자들의 물질축적에 명분을 줌으로써 사회가 황금만능주의로 향해 달려갈 수밖에 없다. 심지어 '부자 되세요'라는 인사법까지 즐기고 있다. 부자란 원래 의식주와 문화적 삶을 누릴 수 있는 풍족한 물질과 깊고 따뜻한 영혼을 가진 자를 말한다.

　영혼은 무한하게 깨우쳐도 되지만 물질은 그렇지 않다. 어느 한계를 넘어서면 물질에 시간을 뺏기면서 영혼이 탁해지고 무디어지기 시작한다는 것이다.

　요즘 화폐로 약 10억 정도면 서민적 삶을 충족시키고도 남는 부자다. 10억으로는 중형아파트도 살 수 없다는 자들도 있지만 사치나 과시를 멀리하면 4인 가족이 원하는 의식주와 기타 비용을 해결하고 남을 재화이고 경제후진국의 국민들에게는 경이로운 재산에 해당된다. 이러한 부자가 되기 위해 절약하고 재테크에 열정을 쏟으며 물질에 욕심을 부리는 것까지 탐욕이라 말할 수는 없다.

그러나 10억을 가지고도 더 큰 물질을 목표로 하는 자들이 있다. 물질탐욕에 중독된 자이며 사치나 과시문화에 젖은 이중인격자로 변질될 수밖에 없다. 사회를 양극화로 몰고 가는 삶의 목표는 아무리 정당해도 결코 정의로울 수 없으며 세상을 분열시키는 잘못된 삶이다. 그들은 평범한 서민들의 지혜가 담긴 각종 문화들을 사치와 과시문화에 연결시킨 화려함과 웅장함에 매료된 자들이기에 서민과의 차별성을 행복이라고 확신하는 자들이다.

이와 같이 10억도 부족해 그 이상의 재산축적에 열정을 쏟는 자는 '물질의 크기는 성공과 명예의 저울'이라고 생각하는 자이기에 경쟁자나 혈족 간에 물질로 인한 다툼이 잦다.

부끄러움도 모르는 재벌가의 재산분쟁이나 주식투자가 그 대표적 사례다. 그들이 모이면 부동산, 주식, 펀드, 인맥, 법률지식, 자동차, 골프, 의류, 가재도구 등의 물질에 관한 대화가 주류를 이룬다. 그들은 물질의 꽁무니를 따라 혀를 날름거려 축적된 재산을 매우 큰 자부심으로 느끼는 영혼을 가진 자다.

그들은 그들끼리만 어울리며 물질에 흔들리지 않는 진정한 자와 소통 자체가 어려워 서로 어울릴 수가 없다. 탐욕자들의 주위에는 진정한 자가 서서히 멀어져 갈 수밖에 없다. 그들의 가장 큰 불행은 바로 여기에 있다. 마치 엄청난 식탐으로 인해 초고도 비만이 되어 복근남녀들과 어울리지 못하는 측은한 자와 같다.

사치와 과시야말로 인간성과 진정성을 갉아먹는 기생충이요, 행복을 변질시키는 원흉이며 맑고 깊은 영혼으로 향하는 길을 스스로 가로막는 어리석은 행위다. 더더욱 심각한 것은 환경오염과 에너지 과소비를 촉진시켜 인간몰락의 위기를 앞당기는 생활양식이다.

이제는 그들도 영혼의 진정성에 목적을 둔 사랑과 평화와 행복과 역사와 문학과 철학 등의 인문에 관심을 가져 소통의 지혜를 터득하고 자신의 탐욕을 가슴속 깊이 부끄러워해야 한다.

맑은 물(영혼)이 담겨 있는 옹달샘을 보라. 바닥이 썩는 저수지와 다르다. 물이 넘치면 여지없이 아래로 흘려보내는 모습은 너무나 아름다워 예술의 경지다. 솟는 샘물이 아까워서 둑을 높게 쌓으면 샘의 물구멍이 막혀 물이 썩고 생명수로서의 가치가 사라진다.

인간의 물질소유 또한 옹달샘의 이치를 따라야만 진정성과 인간성이 되살아나고 행복을 누릴 수가 있다. 그것이 곧 순리이며 법률보다 앞서는 상식인 것이다.

재물에 악착같은 갑부들이여, '넘치면 즉시 흘려보내라'는 옹달샘의 상식을 깨우치고 뉘우쳐 나눔으로 향해 두 팔을 활짝 펴고 진정한 행복을 쟁취하길 바란다.

099 지식과 지혜

지식과 지혜는 폐와 심장처럼 서로 연결되어 있지만 그 정체성은 구별되어야 한다.

지식이 남들이 사색하고 체험한 기록에 감탄하며 닮으려는 것이라면 지혜는 자신이 체험한 삶과 지식을 연결시켜 체계화하는 것이다. 지식이 암기와 모방을 우선한다면 지혜는 사색과 창조를 우선한다는 의미다.

지식이 제각각의 부품을 효율성 있게 정돈시키는 차량부품 관리사라면 지혜는 그 부품들을 절묘하게 연결시켜 움직이게 하는 차량 정비사다. 지식이 각 부품의 성능과 기능에 대한 파악력이라면 지혜는 부품과 부품의 연결성과 균형성을 꿰뚫는 통찰력이라는 의미다.

지식이 인간주변과 문명의 정체성을 정돈시키는 앎이라면 지혜는 인간자신과 문화의 정체성을 체계화시키는 앎이다. 지식이 이득과 흥미가 앞서는 앎이기에 갈등과 분열의 소지도 있다면 지혜는 공평과 사랑이 앞서는 앎이기에 이해와 화합만이 존재한다.

지식은 어느 한 분야에만 탁월해도 인정받기에 사회적 균형을 깨트려 인간에게 해로운 분야도 있지만 지혜는 연결과 균형을 중시하는 중용철학의 실행이기에 해로운 것이 없다.

지식은 과학적 논리만 탁월해도 가능하지만 지혜는 철학적 논리가 반드시 추가되어져야 한다.

지식이 핸들과 가속패달이라는 평면시스템으로 이루어져 있다면 지혜는 브레이크까지 추가된 입체시스템으로 이루어져 있다.

지식은 평면적이기에 체험을 하지 않은 자라도 얻을 수 있고 그 지식을 체험이 부족한 자에게 이해시키기 용이한 장점이 있지만 지혜는 입체적이라 폭넓은 사색과 체험이 있어야 얻을 수 있고 체험이 결여된 자에게는 이해시키기가 힘든 단점이 있다.

지식이 '도자기를 굽는 방법'이라는 책 한권을 정독하여 습득된 앎이라면, 지혜는 수 십년 이상 도자기를 굽다가 경지까지 도달한 도공의 앎이다.

지식인은 그들끼리의 소통에만 흥미를 느낀다면 지혜로운 자는 다양한 계층과 소통을 즐긴다.

훌륭한 걸작품을 보면 마음이 숙연해지듯 지혜로운 자를 보면 자신도 모르게 탐욕이 사라지고 사랑과 행복과 순수가 가득해진다.

지식인보다는 지혜로운 자가 이 사회에 필요한 이유다.

100 지성이란 무엇인가?

한국의 인문(문, 사, 철)을 이끌고 있는 주류들이여! 그대들은 제각각 수많은 책을 저술하고 강의하면서 독자와 제자들에게 어떤 지혜와 행복을 주었는가? 그대들은 우리들에게 지식으로 감탄을 자아내게 했지만 지성으로 감동시킨 일이 있는가?

그대들은 구시대 인문의 개기름이 겹겹이 쌓여서 엉겨 붙어 굳어 버린 둔덕 위에 걸터앉아 무언가를 찾아내 현실과 조화로운 조각을 만들려고 안간힘을 썼지만, 둔덕의 껍질에 왁스만을 칠하고 있을 뿐 획기적인 인문의 변화를 만들어 내지 못하고 있다.

나눔과 베풂을 뒤로한 채 재산에 탐닉하는 자의 모습과 껍질만 다를 뿐 그 내면에 존재하는 탐욕의 뿌리는 변함이 없다.

그대들을 향해 '구시대 인문의 심장부 속에 기생하는 탐욕에 이끌려 성공의 몸집만을 불려온 날렵한 기생충'이라고 비난하는 자에게

침을 뱉을 자격이 있는 자가 과연 몇 명이나 되는가?

그대들은 배움의 혜택을 받아 구인문을 깊숙이 접하고 집토끼로 전락해 버린 소수 엘리트의 우상은 될 수 있지만, 배움의 여건이 되지 않아 구인문을 깊이 접하지 못하여 산토끼로 남아 있는 대중의 우상은 결코 될 수가 없다.

그대들은 구시대 인문의 껍질을 더욱 단단히 하는 데에 혁혁한 공을 세워 명예를 얻은 뒤, 그것을 지키기 위해 구시대 인문의 입구에서 불철주야 보초를 서고 있으면서도 새로운 인문의 시대를 여는 수문장 역할을 하고 있는 양 능청떨며 끝없는 구시대의 터널만을 향해 정진하고 있다.

그대들은 이성에만 매달려서 행복 방정식을 만들려다 지쳐 버린 지식인일지는 몰라도 본성에 대한 깊은 혜안을 가지고 그 위에만 이성을 덧칠하는 지성인일 수는 없다. 이성의 터널만 파고 있었으니 본성의 터널을 구경이나 했겠는가.

더더욱 두렵고 무서운 것은 그대들이 이러한 사실을 전혀 모르고 스스로에게 만족해 하며 젊은이들에게 인생열강을 늘어놓고 있다는 것이다.

그대들은 지성을 무엇이라 생각하는가? 구인문이 끝없이 확대만 시켜온 이성에 대중을 더욱 몰입시켜 얽매이게 하는 것인가? 소수 엘리트의 찬사에 만족해 하며 대중 속에 스며 있는 본성적 열정은 품위손상이라는 용어로 대치하며 단절하는 것인가?

그렇지 않다. 결코 그렇지 않다. 가곡이나 오페라보다는 대중가요의 발전이 더 필요하듯 이성을 위한 삶이 아니라 본성을 위한 이성적 삶이 바로 지성의 원천이다.

지성인이란 본성을 깊이 이해하고 그 본성의 격을 최대한 높이기 위해서만 품격 높은 이성을 활용하는 자이다.

지성인은 지식인과 다르다. 지식인은 자신의 이성만을 가지고 특정된 이념을 앞세워도 되고 개인의 부를 축적하는 데에 열성이어도 된다. 그리고 소수 엘리트들만을 감동시킬 수 있다면 지식인인 것이다.

그러나 지성인은 이성을 반드시 본성 속에 흡수시켜야 하며 어느 특정한 이념에 몰입되어서도 안 된다. 그리고 물질의 넘침을 반드시 나눔으로 실천해야 한다. 그리하여 엘리트와 대중 모두를 감동시켜 두 삶의 공통분모를 확대시켜 화합의 세상을 만드는 자이다.

101 천명의 지식인보다 한명의 지성인이 시급해

동물은 본성위주로 살아간다. 굶주리면 먹이를 놓고 목숨 걸며 다툰다. 이 광경만을 보면 본성을 추하게 생각할 수도 있다. 그러나 자신이 목숨 걸고 잡은 먹이라도 배가 부르면 아무런 대가도 바라지 않고 그 먹이를 주위에 넘겨준다. 이 광경만을 보면 본성이 멋지고 아름답다. 대자연의 이치를 따르는 본성의 화합적 선택이다. 굶주림의 상황에서는 어쩔 수 없는 격투이지만 풍요로울 때는 탐욕에서 벗어나 물질의 공평으로 종결하여 무리의 화합을 이루면서 성공적으로 진화해 온 것이다.

그러나 만물의 영장이라고 자처하는 인간은 정반대다.

식량이 부족할 때는 동물과 달리 서로를 배려하며 나누어 먹다가 먹을 것과 재산이 넘쳐흐르게 되면 더 축적시키는 경쟁에 혈안이 되어 그 옆에서는 굶어 죽는 사람들이 생긴다. 그 이유는 너무나도 간명하다. 인간에게만 독립된 상태로 존재하는 이성 속에 무언가 큰 이물질이 섞여 본성의 뿌리를 갉아먹고 있기 때문이다. 바로 야누스의 두 얼굴을 하고 있는 이성의 한 얼굴이 본성 속에 원존하는 지혜를 바보로 조소하며 교만을 부리고 있다. 바로 변질된 이성이다.

굶주릴 때는 서로가 서로를 배려하는 합리적 이성이 발동되지만 재산이 늘어나게 되면 자신의 소유에 대한 경쟁과 집착으로 그 축적의 과시에 매달리는 변질된 이성이 발동된다는 것이다. 동물은 '어떻게 해서 잡은 먹이인데?'라는 생각을 하지 않고 배를 불린 후 본성의 이치대로 아무런 대가없이 넘겨주지만 인간은 '어떻게 해서 모은 재산인데?'라고 생각하며 변질된 이성의 이치대로 대가 없이는 나누려 하지 않는다.

구인문은 두 가지 이성을 구분하여 여과하는 논리적 시스템이 없었기에 변질된 이성은 합리적 이성의 탈을 쓰고 인간성의 몰락을 향해 질주해 왔다. 동물의 거칠고 즉흥적인 생존과 사랑의 본성만을 추하게 바라보며 그저 '이성예찬'에만 바빴다. 열심히 노력하고 복이 있으면 부자가 되고 소유에 더욱 집착하여 더 큰 부자가 되는 것을 긍정적으로 묵인해 주는 인문의 길을 재촉했다.

그러므로 엄청난 물질을 가질수록 대우받고 존경받는 인간문화(계급사회와 특권의식)로 변질되어 갔고 재산이 천배 만배 차이가 나는 인간 사회가 출현했다. 한쪽은 넘쳐흐르고 다른 쪽은 모자라 굶어 죽어도 양심과 나눔과 공평으로 행복을 꿈꾸는 사회제도보다는 엄청난 재산의 소유까지도 철저히 보호해 주는 사회제도를 우선했다. 변질된 이성이야말로 계급사회와 특권의식을 만들어 분열과 갈등과 사치와 과시라는 파생상품을 생산하는 법과 제도를 출현시키는 데에 핵심적인 역할을 했던 것이다.

이리하여 나눔을 외면하고 비축하면 할수록 '힘과 권력, 그리고 사랑에까지 활용할 수 있다'는 논리에 빠져 평생 동안 물질 모으기에만 집착하며 그것이 대단한 성공이고 지혜인 양 가슴 뿌듯해 하는 인간들이 각 분야에서 급부상하여 리더가 되고 그들이 이끄는 사회가 몰락의 낭떠러지로 향해도 구인문은 이러한 사회현상을 날카로운 논리로 지적하지 못하고 흘러간 옛 노래(노력, 인내, 부자)만을 열창하고 있었던 것이다.

오늘날 사람보다 반려동물을 더 가까이 하는 사회현상도 주위에 꽉 들어찬 변질된 이성주의자들을 가까이 겪어 본 후 본성대로만 살아가는 동물이 오히려 믿음이 가는 심리가 작용하기 때문이다.

이와 같이 탁월한 소통으로 만물의 영장이 된 인간이 오늘날에 이르러 심각한 갈등과 분열과 부패와 불통의 중심에 서 있는 이유는 너무나도 간명하다. 지배계층의 절대다수가 변질된 이성주의자들이고 그들만의 변질된 소통이 제도화되고 대중화되고 있기 때문이다.

대중들은 그들의 생활(물질과시와 사치)을 동경하며 물들어 가기에 탐욕의 내성은 사회전반에 걸쳐 더욱 커지고 겨우 명맥만 이어 오던 합리적 이성마저 비웃음의 중심에 서 있다.

물질과 직위탐욕, 그리고 이념에 물들지 않고서도 '행복해질 수 있다'는 확신을 주는 새로운 인문이 너무나도 시급하다. 이러한 인문을 위해 반드시 필요한 사람이 있다. 모든 사물의 이치를 훤히 꿰뚫고 있으면서도 인간의 본성이 품격 높게 펼쳐지는 인간사회를 위해 어린 아이처럼 해맑고 바보처럼 진정성이 느껴지는 사람이다. 바로 지성인의 모습이다.

본성적인 실수는 너그럽게 용서하더라도 변질된 이성만큼은 결코 용서하지 않는 지성인이 나타나야 한다.

천명의 지식인 보다 한 명의 지성인이 시급한 시기다.

정치란 무엇인가?

09

102 정치란 무엇인가?

인간사회는 정치와 떨어질 수 없다. 그 이유는 너무나 간명하다. 정치는 본성과 이성의 배합능력으로 국민을 설득하여 공평과 화합이 가득한 세상을 만드는 행위이며, 인간은 본성에서 분리, 독립된 이성을 가진 유일한 동물이기 때문이다.

이렇게 영광스럽게 탄생된 정치가 부정부패와 불신의 대상이 되고 있다. 그 원인은 너무나 간명하다. 인간은 태초부터 합리적 이성과 변질된 이성을 함께 지니고 있고(구인문은 이를 선과 악의 개념으로 오판하였음) 정치는 인간사회에 합리적 이성을 넓혀 주는 법과 제도를 만드는 행위인데 그 주체인 정치인들의 대다수가 자신도 모르게 변질된 이성에 중독되어 있다는 것이다.

전통과 관습을 배우고 익히는 학교교육과 가정교육 속에는 합리적 이성과 변질된 이성이 함께 스며들어 있기에 이러한 교육을 더욱 철저히 받아 성공과 출세를 한 자들일수록 변질된 이성에 더욱 중독될 가능성이 높으며, 정치인들의 대다수가 이들 중에서 배출되기 때문이다.

물론 정치인들의 영혼에 합리적 이성도 있다. 그러기에 그들이 입법하는 정치제도나 사회제도가 이 두 가지 이성으로 얽혀 끝없는 이중성과 모순을 낳으며 분열과 갈등의 사회를 만든다는 것이다.

이와 같이 자신도 모르게 변질된 이성에 깊이 물든 정치인들은 앞으로는 국민을 위해 죽는 시늉까지 하면서 뒤로는 재산증식과 권력 탐욕에 몰두한다. 그 전형적인 사례가 국회의원을 하면서 개인직업을 겸하는 정치인이다. 겸직을 허락하는 정치제도도 문제지만 이 제도를 이용하여 개인의 실리를 챙기면서 국민에게 헌신하겠다는 것은 변질된 이성의 극치인 것이다.

국민의 행복을 위해 고치고 심의해야 할 법안들을 산더미처럼 쌓아 놓고 개인적 유익을 생각하는 자가 스스로를 선량이라 생각한다면 너무나 부끄럽고 수치스런 일이다.

그러나 오늘날의 정치인들은 스스로를 합리적 이성의 소유자로 확신하고 있다. 변질된 이성에 중독되어 있다는 것조차 모르고 있기 때문이다. 그것은 마치 흡연자가 담배를 끊지 못하면서 자신이 중독되지 않았다고 확신하는 꼴이다.

그렇다면 변질된 이성이 가득 찬 정치인들을 정치무대에서 내쫓고 진정한 정치인들로 가득 채울 수는 없을까? 기존의 정치인 선출제도로는 불가능하지만 신인문적 정치개념으로는 얼마든지 가능하다. 바로 정치철학이 확고한 정치신인이 득세하는 사회여론을 만드는 것이다.

일단 정치철학부터 알아보자.

자연과 인간의 양면원리를 공부하여 인간다운 삶을 깨우치는 학문이 철학이라면 국민의 화합과 행복까지 일구어 내는 철학이 정치철학이다. 이러한 정치철학의 바탕에는 물질과 영혼의 나눔철학이 깔려 있다. 정치인이 가장 먼저 갖추어야 할 마음자세다.

바로 탐욕을 버리고 과도한 물질축적을 멀리하는 삶의 모습이다. 그러므로 성공과 출세로 인해 넘치는 물질을 끊임없이 나누어 국민 1인당 평균재산의 3~4배를 넘지 않는 재산만을 소유하는 자라면 국민을 위한 정치인으로 성장할 가능성이 높다.

이러한 자는 정치무대에 올라가도 그 어떤 뇌물유혹에도 흔들리지 않는 영혼의 뿌리를 가지고 있다. 과도한 재산을 축적하고 있는 정치지망생은 정치철학을 깨우칠 수 없는 조건과 환경을 스스로가 안고 있다는 것이다.

이와 같은 정치철학적 기초개념이 정치인 공천개념으로 도입되면 변질된 이성을 멀리하는 정치신인들이 정치무대를 채우기 시작하고 국민들은 정의롭고 믿음이 가는 정치인들을 만나게 될 것이다.

물론 정치는 정치철학만으로는 안 된다. 정치공학이 필요하다. 훌륭한 축구선수도 팀의 성공을 위해서는 주위의 선수들과의 유대와 합의가 절대적으로 필요한 것과 같다. 올바른 정책이라도 상대를 설득시키지 못하고 밀어붙이는 것은 정치가 아니기 때문이다.

정치는 정치철학과 정치공학으로 이루어져 있다. 정치철학은 폭넓은 지식과 사색과 그리고 진정하고 다양한 삶의 체험을 통해 형성되며 행복사회를 실현시키는 리더십의 핵이다. 그리고 정치공학은 이러한 정치철학을 가장 효율적으로 달성하기 위한 다양한 책략과 술수다.

정치철학은 양심과 정의를 기본 축으로 삼기에 진정성을 바탕으로

한 정치력을 키워 주고, 정치공학은 힘과 권력을 기본 축으로 삼기에 유익성을 바탕으로 한 정치력을 키워 준다.

여기서 가장 유의해야 할 것이 있다.

정치철학과 정치공학의 연결성과 균형성이다. 정치철학이 정치의 뼈라면 정치공학은 정치의 살이다. 정치철학이 결핍된 정치공학은 아무런 의미도 가치도 없다. 정치철학과 정치공학의 절묘한 연결과 균형이야말로 탁월한 정치를 가능하게 한다.

탁월한 정치는 바로 국민과의 탁월한 소통으로 연결된다. 그리고 탁월한 소통력이 바탕이 되지 않는 탁월한 설득력은 없다. 정치력이 설득력인 이유는 바로 여기에 있다.

이와 같이 올바르고 탁월한 설득력을 터득하기 위해서 정치인들이 가장 먼저 실천해야 하는 것이 있다.

시간의 틈만 생기면 대중의 삶속으로 뛰어들어야 한다. 그것도 가장 힘들고 힘없는 서민들의 삶속을 파고들어야 한다. 그들의 심장 속으로 빨려 들어가야 한다. 아무리 바빠도 그것보다 바쁜 것은 없다. 그곳에서 느껴지는 '뭉클함'에 바로 정치철학의 핵심이 숨어 있기 때문이다.

그렇다면 정치란 무엇인가?

정치는 이상과 현실이라는 두 기둥을 중용철학의 힘으로 부여잡고 대화와 토론과 설득으로 인간사회 전반에 뒤섞여 있는 두 가지 이성 중에 변질된 이성만을 축출해 내어 공평과 화합의 사회로 향하는 법과 제도를 만드는 입법행위다.

이러한 정치를 위해 정치인들은 '정치가 무엇인지?' '왜 정치를 하고 있는지?' 그리고 '어떻게 정치를 해야 하는지?'를 끊임없이 사색하는 것을 습관화시켜야 한다.

그리고 이제는 국민도 달라져야 한다. 과도한 재산을 가진 자를 정치무대에 올려서는 결코 안 되며 정치인이 된 이후의 재산증식은 더더욱 안 된다는 개념을 기본적 정치상식으로 삼아 투표하는 것이다.

정치인의 삶은 정치철학과 정치공학으로 가득 차 있어야 하지만 정치인의 생활은 반드시 서민적이어야만 국민을 향한 진정한 정치가 시작되기 때문이다.

103 정치철학과 정치이념의 관계

사회적 성공(기업인, 법조인, 학술인, 연예인, 문화예술인, 신문방송인 등)을 하여 유명해지면 정치권의 유혹을 받거나 스스로가 원해서 정치인이 된다.

정치에 입문한 그들의 절대다수는 구태를 바라보며 정치개혁을 외치지만 얼마 가지 못해 꼬리를 내리고 기존의 정치관행 속으로 젖어 들어간다. 정치력이란 정치철학과 정치공학의 절묘한 배합능력인데, 성공할 때의 의욕과 열정이면 정치도 가능하리라 확신했기 때문이다.

그것은 마치 자신의 몸의 면역체계가 불안정한 것은 모르고 바이러스가 득실대는 영역에 겁없이 들어가 결국 감염되어 버린 것과 같다. 사회적 성공이라는 훈장과 지식과 노력과 의지와 힘만으로는 자신이 바라는 정치의 길을 걷기 힘들며, 결국 국민만 괴롭혔다는 사실을 뒤늦게 깨우치고 후회하는 것이다.

이와 같이 정치철학을 제대로 갖추지 못한 채 정치에 입문하여 자신의 정치적 꿈을 제대로 펼치지 못하고 사라지는 정치인은 크게 두 가지 부류가 있다.

첫째는 물질적 성공에 따른 엄청난 재산을 움켜쥐고 있는 정치인이다. 이들의 절대다수는 보수성향이 짙으며 '국민을 위한 정치지만 고생 끝에 축적한 내 재산을 축내면서까지 정치를 하고 싶지는 않다'는 개념을 가지고 있다.

이런 정치인은 아무리 최선을 다해도 국민들에게 감동을 주는 정치는 할 수가 없다. 나눔보다 축적을 즐기는 정치인들의 정치행위는 자신도 모르게 자신의 재산을 보호하는 정치제도를 선호할 수밖에 없는 한계를 지니고 있기에 정치적 성공을 이루어 낼 수가 없는 것이다.

둘째는 부자들을 무조건 냉소하고 나눔에만 집착하는 정치인이다. 이들의 절대다수는 진보성향이 짙으며 '보수세력은 정치를 퇴보시키는 세력이다'라는 개념을 가지고 있어 정치무대를 갈등과 분열로 얼룩지게 하니 정치적 화합을 이루어 낼 수가 없는 것이다.

학문은 가까이 했지만 현실적 사회체험이 부족한 진보세력을 '이상에 치우쳐 무모한 제도를 만들려는 세력'으로 몰아 부치는 보수세력과 사회체험이 풍부하지만 물질축적에 집착하는 보수세력을 '학문이 결핍되어 소통이 불가한 세력'으로 바라보는 진보세력이 물과 기름처럼 나뉘어져 있으니 이념의 대결장으로 변질되어 국민만 괴롭다.

이런 자들의 절대다수는 그들의 성공경험을 통해 정치공학적 체험은 풍부하게 쌓아 놓았다. 그러나 긴 세월동안 철학적 체험과 사색으로 다듬어야만 터득되는 정치철학은 부족하다.

이러한 상황에서 정치무대 위로 올라가는 것은 정비도 끝내지 않은 자동차가 도로 위를 질주하고 있는 것과 같다. 그들은 이러한 부족함과 불안감을 국민들에게 보여 주기 싫어 정치철학과 유사하게 보이는 것을 취득하려 한다. 그 중에 가장 손쉽게 가질 수 있는 것이 바로 '정치이념'이다.

그것은 마치 삶에 대한 철학이 결핍되어 굳건한 자유의지로 살아가기가 힘들 때 자신에게 어울리는 종교(이념의 일종)로 무장하여 삶에 대한 자신감을 얻으려는 인간의 심리상태와 유사하다.

이처럼 오늘날의 정치 사회 언론에는 이념으로 가득하다.

살아가기가 힘겨울수록 점쟁이들이나 신흥종교들이 여기저기 날뛰듯, 정치철학이 결핍된 정치인이 득세하여 정치가 제대로 작동하지 못하고 정치이념이 정치무대를 뒤덮어 불통의 난장판을 만들고 있다.

TV공개 정치토론도 진보와 보수로 나뉘어져 논쟁을 해야만 하고 언론은 정치인들의 이마에 진보나 보수 딱지를 붙이기에 바쁘다. 물론 자신이 진보주의자나 보수주의자라고 공개적으로 나서서 외치는 이념주의 정치인들 중에는 국민을 위한 정치를 하려는 자들도 있다.

그렇지만 자신의 뜻과 의지와는 달리 국민의 분열과 갈등만 키우면서 국민으로부터 손가락질 받거나 외면당하는 정치인으로 종말을 고한다. 그것은 마치 어느 특정종교인이 '자신들의 종교로 천하가 통일되면 지구의 평화가 반드시 온다'고 외치지만 결국 분쟁과 갈등의 결과만을 초래하는 것과 같다. 국민들의 대다수가 관심조차 가지지 않는 정치이념을 자신의 정치능력으로 포장하여 알리는 헛발질에만 바빴던 것이다.

물론 정치에는 정치이념도 필요하다. 그러나 정치이념만으로는 사회의 분열과 갈등을 치유할 수가 없다. 왜냐하면 정치이념은 정치의 핵심부품일 뿐이며 정치 전체를 연결하고 조합할 수 있는 주체가 되지 못하기 때문이다.

정치가 몸이라면 진보와 보수는 심장과 폐에 비유된다는 것이다. 심장과 폐만으로는 몸 전체의 건강을 보장할 수가 없는 것처럼 진보와 보수라는 정치이념만으로는 정치철학을 담아낼 수가 없다. 더군다나 심장과 폐가 서로가 먼저라고 으르렁거린다면 생명까지 위험하듯 진보와 보수가 대립과 증오로 지새우는 이념정치라면 이미 정치 생명은 끝난 것이다.

몸이란 심장보다 폐가 나빠질 때가 있고 폐보다 심장이 약해질 때가 있으며 간과 신장과 위장이 나빠질 수도 있다. 이러한 상태에 따라 그에 맞는 운동과 음식으로 건강을 유지하는 지혜가 필요하듯 정치인은 반드시 정치철학이라는 정치의 바탕을 지니고 있어야만 한다. 그래야만 정치적 상황에 따라 정치이념과 정치소신을 적절하게 연결하고 조합하여 공평과 화합의 제도를 일구어낼 수가 있는 것이다. 그리고 정치공학은 이를 효율적으로 달성하기 위한 책략과 아이디어일 뿐이다.

104 정치인의 '양심과 정의'에 대한 신개념

구인문은 '탐욕을 버려야 한다'고 강조했지만 은유적이고 추상적이었다. 수천 년 동안 양심과 정의와 청빈만을 외쳐 왔다. 그러나 인간 사회는 오늘날까지 탐욕으로 가득 차 있다. 탐욕을 떨쳐 버릴 수 있는 불문율이나 구체적인 사회제도를 제시하지 못했다는 것이다. 그 이유는 너무나 간명하다.

구인문이 만들어진 시대의 정치제도나 사회제도가 탐욕을 합리화시키려는 제도였고 이러한 제도를 만든 권력자의 절대다수가 탐욕자이니 탐욕을 버리는 불문율이나 구체적인 사회제도를 외치는 것은 사회혼란을 주도하는 '국가 대역죄'에 해당되는 시대였기 때문이다. 그러므로 구인문이 그렇게도 원했던 '양심과 정의의 사회'로 향하지 못하고 탐욕의 파이는 더욱 커져만 갔다.

구인문의 '도덕적 호소'에 감화되어 탐욕을 버린 자들의 대다수가 주위의 탐욕자로부터 이용당하고 결국 고통스런 삶으로 종말을 고하는 현실을 경험한 인간들은 '탐욕을 버리라는 구인문은 비현실적이다'라는 결론을 내리고 다시 탐욕자로 회귀할 수밖에 없다는 것이다.

인간의 역사가 그 사실을 증명해 주고 있다.

역사에 성공한 자들로 기록되어 있는 대다수가 탐욕이 가득한 자이며 직위나 물질탐욕을 버리고 부조리에 맞서 싸웠던 자의 절대다수는 탐욕자의 힘과 칼에 난도질당했거나 역사의 뒤안길에 쓰러져 갔다.

이제는 탐욕으로 가득 찬 세상을 걷어치워야 한다. 이를 위해 '탐욕을 버려라'고 외치고만 있는 인문어서는 안 되며 '무엇이 탐욕인지'를 외치는 인문이어야 한다. 그리고 구체적이어야 한다.

우선 정치인들부터 '탐욕이 무엇인지'를 알아야 한다. 그리하여 진정으로 양심이 바르고 정의로운 자가 나서서 세상을 지배해야 한다.

'재산 부풀리기'나 '영혼 부풀리기'에 혈안이 된 정치인 중에는 진정한 '양심과 정의'를 깨닫고 국민을 위해 일할 수 있는 자는 단 한 명도 없다고 단언한다. 그들은 인내와 노력과 승리라는 용어는 외칠 자격이 있지만 양심과 정의라는 용어만큼은 말할 자격도 없다는 것이다.

수백수천 명 이상의 가난한 자들에게 물질적 풍요와 교육과 문화의 기회를 줄 수 있는 엄청난 재산을 축적하고도 그 가난을 모른 체하며 외면하거나 수많은 사람들의 영혼을 부풀려 어긋난 꿈을 가지게 만드는 자가 무슨 양심과 정의를 말하며 정치를 할 수가 있겠는가?

이러한 개념을 근거로 현실적이고 구체적인 설정을 해 보고자 한다. 재산이 10억(±10%)이 초과되는 자가 정치를 입문하고자 할 때는 스스로가 그 초과분을 국가에 헌납하거나 주변에 나눔을 베풀어야 하며 정치인이 되어서도 재산이 10억을 초과하면 즉시 현명한 나눔을 실천해야 한다는 것이다.

이것이 신인문에서 바라본 정치인의 기본적 자격이다. 정치인이야말로 재산이 많아 그 재산을 관리해야 하는 시간마저도 국민에게 투자해야 한다. 그리고 서민의 생활과 향취에 늘 근접해 있어야 하고 '탐욕이 없는 자'라는 개념으로 대중에게 각인되어져야 한다.

이러한 설정은 신인문의 핵심적 정치논리인 동시에 인간의 진정성을 회복시킬 수 있는 근원적인 논리다. 이것이야말로 정치인의 가장 기본적인 양심이고 정의다.

105 10억의 불문율

정치지도자의 재산은 10억(±20%) 이하이어야 하고 초과분이 생길 때마다 적절한 시기에 현명한 나눔이 필수적이라는 신인문의 정치기본개념이 인간의 기본권에 저촉된다고 생각하는가?(정치는 신인문의 핵심적 역할을 해야 하기에 언급하지 않을 수 없다) 그리고 이러한 주장은 돈이 많이 필요한 정치현실을 망각한 순진의 극치라고 생각하는가?

재산이 많은 자가 진정 국민을 위해 온몸을 바치기로 결심했다면 정치입문 직전에 과잉재산을 국가에 헌납하거나 현명한 나눔을 실천하는 것이 그렇게 아깝거나 부당하게 느껴지는가? 그렇다면 정치무대를 바라보지 않으면 간단하다. 그런 자는 현명한 나눔과 배려의 가치를 제도화시키는 정치개념에 근본적으로 배치되는 삶에 중독되어 있는 자이기에 진정한 정치에 전혀 도움을 주지 못한다. 슈퍼물질을 소유한 정치인 중에 진정한 양심과 정의를 갖고 있는 자는 단 한 명도 없다는 것이다.

정치인에게 필수불가결한 것은 국민적 신뢰다.

그 신뢰란 지식과 업적과 능력에 의해서도 쌓아 가지만 가장 우선적이고 절대적인 것이 있다. 바로 스스로가 서민적 삶을 행함에서부터 나온다. 그리고 정치무대에 소수의 슈퍼물질자(갑부)가 있으면 정치인들부터 재산의 양극화가 나타나 두 그룹으로 나누어진다. 국민의 소통을 위해 존재하는 정치인들이 그들 자신들의 소통부터 심각한 문제가 생긴다는 것이다.

그리고 건물주가 세입자에게 유리한 전세계약서를 작성하지 않듯이 갑부정치인은 가난한 자를 위한 입법행위에 적극적일 수가 없다. 서민을 위한 입법은 종국적으로 자신의 재산을 축소시킨다는 것을 너무나 잘 알고 있는 자들이기 때문이다. 그들은 서민과 빈민층을 위한 정치입법을 외쳐대지만 자신의 재산방어의 범주 내에서만 생색을 낸다. 한마디로 진정성이 있을 수가 없다. 정치의 최우선적 과제는 양극화를 최소화하는 것이기에 자신도 모르게 과시와 사치에 젖어 있는 자들에게는 어울리지 않는 분야인 것이다.

그러므로 훌륭한 정치인을 발탁하기 위해서 선행되어야 할 제도가 있다. 정치인에 필요한 정치자금이나 선거자금은 국가에 부담해 주는 정치시스템으로 반드시 가야 한다. 정치인에게 필요한 각종 정치자금까지 줘야 한다는 주장이 구인문적 개념에서는 소설처럼 느껴지겠지만 '10억의 불문율'이 토착화되면 국민들은 정치인을 신뢰하게 되어 흔쾌히 승낙하게 되니 어려운 일이 아니다.

국민들이여!

정치인을 선택할 때는 가장 우선적인 철칙이 있다. 10억(±20%) 이상의 재산을 가진 후보는 철저히 배제시켜라. 그리하여 갑부정치인을 부끄럽게 하고 자연스럽게 퇴출되는 사회풍토를 정립해야 한다.

서민의 행복이 무엇인지를 깊이 깨닫고 그에 상응하는 법과 제도를 만들기 위해서는 서민적 삶을 끝까지 유지하는 것은 너무나 간단한 상식이다.

과거에 서민의 고통과 현실을 두루 경험한 후 갑부가 되었기에 서민의 고충을 깊이 알고 있다고 말하는 자들은 과거에 운동선수를 했으니 지금은 운동을 하지 않고서도 그 때의 실력을 충분히 발휘할 수 있다고 우쭐거리는 자이다. 아무리 서민적 삶을 오랫동안 경험하였다 해도 갑부의 삶으로 바뀌면 자신도 모르게 사치나 과시의 환경에 포위되고 그 즉시 서민적 영혼은 빠져나간다. 리더로 있으면서도 서민적 삶을 끝까지 실천해야만 초심이 변하지 않는 정치적 리더십이 끝까지 샘솟는 것이다.

이러한 정치문화가 토착화되면 정치무대의 비리가 서서히 사라지고 사회전반에 영혼적 품격(정신문화)이 돌아온다.

온기 하나만으로 만년설이 녹아내리고 뿌리 하나만 튼튼해도 병든 잎사귀들이 살아나듯 '10억의 불문율'은 뒤엉켜 나뒹구는 정치적 난제들을 하나하나 풀어헤치는 실마리가 될 것이다.

106 이런 정치인이 보이질 않아

로또와 스포츠 복권, 그리고 경마와 카지노가 인기절정이다.

정치인들은 국민의 오락과 문화시설을 다양하게 하고 경제를 활성화시키는 동시에 세금도 거두어들이는 일석이조의 사회제도라는 명분을 앞세워 그 파이를 계속 넓히고 있다. 그러나 투기로 변질되어 가산을 탕진하는 서민들이 점점 늘어나고 탐욕에 빠진 경마나 스포츠 선수들이 승부조작까지 벌이고 있다. 국민에게 탐욕을 부추기며 새로운 탐욕을 파생시키고 있는 것이다.

　미국은 최근에 복권 1등 당첨금이 수천억에 이르러 국가전체가 탐욕의 도가니가 되고 있다. 과연 수천억을 갑자기 얻게 된 1등 당첨자는 어떤 삶으로 변하게 될까? 국민에게 올바른 인문과의 만남을 주선하고 맑은 영혼을 권장하여 합리적 이성이 넘치는 사회로 나가도록 해야 할 국가가 탐욕을 증폭시키는 제도에 빠져 있는 꼴이다.

　이러한 탐욕의 제도가 사회에 다양하게 스며 있는 국가의 국민은 문화와 영혼의 품격에 무심할 수밖에 없다. 황금만능주의적 대화(부동산, 주식, 자동차, 주식, 명품 등)가 사회를 지배하고 문학과 역사와 철학의 소통과 대화는 줄어들 수밖에 없다. 이러한 사회는 자연스레 정치의식 수준과 판단력 또한 떨어지고 자신도 모르게 탐욕자가 되어 버리는 국민이 늘어난다.

　여기에서 더더욱 심각한 사회문제가 파생된다.

　탐욕자가 되어 버린 국민들은 탐욕의 정치인이 탐욕자로 보이지 않으며 경우에 따라서는 존경과 부러움의 대상으로 보이게 된다는 것이다. 결국 탐욕의 정치인들이 선거에서 승리하여 정치무대를 휘젓게 되며 그들은 또 다시 탐욕(복권, 경마, 카지노 등)의 제도를 더욱 활성화시킨다.

　이러한 악순환은 탐욕의 정치인의 정치생명을 연장해 준 만큼 올바른 정치인이 정치무대에 진입할 기회를 막아 버린다.

　간단한 사례를 들어보자.

　5년 동안 일주일에 10,000원을 복권에 투자하는 서민은 원금만 200만 이상이 지출된다. 만일 복권과 같은 물질탐욕의 제도가 없다면 그 돈으로 5년간 책을 사 보거나 여행을 떠날 수가 있어 우리 서민들의 문화 의식수준이 완연히 달라진다는 것이다.

더 심각한 문제도 있다.

투기에 중독되어 가산을 탕진하고 절망의 늪에 빠진 한 명이 수십만 명을 공포로 몰아넣는 사회를 만든다는 것이다. 이를 방지하기 위한 사회안전망의 구축비용은 복권이나 경마나 카지노로 거둬들인 세금과는 비교가 되지 못할 정도로 실로 어마어마하다.

인간은 정치적 동물이며 정치에 큰 관심을 두어야만 그 나라의 모든 문화가 선진화된다. 정치에 무관심한 국민들로 이루어진 국가는 결코 올바른 문화를 향유할 수 없다는 의미다.

그리고 정치인이 해야 할 일은 딱 하나다. 탐욕의 근간이 되는 변질된 이성을 부추기는 사회제도를 없애고 나눔의 근간이 되는 합리적 이성을 회복시키는 사회제도를 만드는 일이다.

이러한 사회제도가 정착되면 오락이나 복권이나 카지노보다 문학이나 예술, 그리고 역사나 철학에 관심을 가지며 경제와 복지도 저절로 균형있고 정의롭게 활성화되면서 경제대국이 아니더라도 국민의 행복지수는 크게 올라간다.

정치는 국민에게 탐욕과 행운보다 나눔과 행복이 진정한 삶의 가치라는 것을 깨닫게 하는 설득의 예술이다.

이런 정치인이 전혀 보이질 않는다.

107 정치와 경제의 관계

이 세상에는 연결되지 않은 것이 없다. 주변에 존재하는 모든 것들이 자신의 삶과 생활에 어떤 관계로 연결되고 있는가를 깊이 헤아려 서로 이해하고 화합하는 능력이 바로 지혜다. 그러한 관계는 우선순위의 유무에 따라 두 가지로 대별된다. 바로 병렬적 관계와 직렬적 관계다. 전자는 선후를 가릴 필요가 없는 관계이고 후자는 반드시 선후가 존재해야 하는 관계다.

예를 들면 새의 양 날개나 정의와 양심이 병렬적 관계라면 말과 마차나 사랑과 신뢰 등이 직렬적 관계에 속한다. 날개의 좌우나 정의와 양심은 우선순위를 정할 필요가 없지만 말이나 사랑은 마차나 신뢰보다는 우선되어야만 둘과의 관계가 오랫동안 합리적으로 유지된다는 것이다.

그렇다면 정치와 경제의 관계는 어떠한가?

병렬적 관계가 아닌 직렬적 관계다. 양 날개나 수레의 좌우바퀴의 관계가 아닌 말과 마차의 관계다. 정치는 경제보다 더 우선적관계로 연결되어 있다. 정치가 먼저 올바르게 서야만 경제가 제대로 서게 된다. 종이가 더 맑고 깨끗할수록 더 훌륭한 그림을 그릴 수 있는 이치와 같다.

그리고 정치인은 바로 그 말을 부리는 마부다. 이와 같이 정치와 경제는 직렬적 관계로 설정하여 바라보아야만 모든 연결성이 어울리고 합리적으로 풀려나간다. 그래야만 국민의 행복지수를 끌어올릴 수가 있는 것이다.

그러므로 마부(정치인)는 마차(경제)보다 말(정치)을 더욱 사랑해야 한다. 말과의 소통을 더 중요시해야 한다는 것이다.

말의 눈빛과 동작을 보면서 말의 심리를 꼼꼼히 챙기는 능력이 있어야 한다. 마차의 바퀴나 몸체나 그 위에 실려 있는 재화(경제에 관련된 사안)에 문제가 있으면 수리전문가(경제책임자)에게 맡겨도 되지만 말이 병들거나 음식을 먹지 않으면(정치에 관련된 사안) 마부(정치지도자)가 직접 챙겨야 한다.

이와 같은 정치와 경제의 철학적 관계조차 제대로 깨닫고 있지 못하는 정치무대이고 국민들 또한 이러한 관계를 학습 받지 못한 교육무대이기에 '경제대통령'이라는 용어를 부끄러움도 없이 외치는 후보가 정치지도자로 탄생되는 것이다. 양심과 정의를 우선하는 정치는 재화의 축적을 가장 우선적 가치로 생각하는 경제와는 그 가치부터가 다르다는 것이다.

정치의 본질을 깊이 사색해 보지 못하고 정치의 현상만을 자주 접한 경제인이 정치지도자가 되면 모순된 리더십으로 국가를 혼란시킬 수밖에 없다. 스스로가 정치인이면서도 정치를 매우 부정적으로 보며 모든 정치를 경제논리로 풀어나가려 한다.

정치지도자가 경제만 살리면 된다는 정치개념은 바탕이 지저분해도 그 위에 그림만 잘 그리면 된다는 개념이기에 그 그림이 아무리 잘 그려져도 훌륭한 작품이 될 수 없듯이 정치를 외면하고 경제에만 몰입하는 정치지도자는 국가는 물론이고 경제 또한 결국 혼란에 빠지게 된다는 것이다. 마부가 말(앞)은 보지 않고 마차에 실린 재화(뒤)에만 관심을 두며 갈 길을 재촉하는 꼴이다.

마부가 마차보다 말에 더 많은 관심을 가져야 한다는 것은 사랑과 양심과 정의와 신뢰를 근간으로 한 정치력으로 정치관련 법안을 우선적으로 개혁하는 데 초점을 맞추어야 한다는 의미다.

정치지도자는 문제점이 있는 정치 법안에 대한 대화와 토론, 그리고 법안상정과 처리에만 10년 밤을 지새워도 해결하지 못할 정도로 많은 정치개혁 작업이 산적해 있다. 정치지도자는 긴급한 경제현안을 제외하고는 경제의 모든 것을 가능한 한 경제책임자에게 맡기고 정치현안에 대한 해결방안에 집중해야 하는 이유는 바로 여기에 있다. 정치를 하는 사람이기에 정치인인 것이다.

108 정치와 소통

가장은 가족에게 두 가지 리더십을 발휘해야 한다.

바로 풍요로운 물질과 정신세계다. 이것은 결국 경제와 소통을 의미한다. 경제적 안정과 원활한 소통이 화목의 쌍두마차인 것이다. 그러나 그 두 가지중에 어느 것이 더 중요한가를 묻는다면 두말할 것도 없이(굶어야 하는 상황이 아니라면) 소통이다.

가족의 행복은 경제지수에 비례하는 것이 아니라 소통지수에 비례한다는 것이다. 탁월한 소통이 있는 가정은 부유하든 가난하든 사랑과 존경이 싹트는 아름다운 가정을 꾸민다.

그러나 어떤 가장들은 경제적 풍요가 가정의 화목에 우선적으로 중요하며 그것만 이루면 소통은 쉬워진다고 말한다. 사실 어떤 가장

들이 아니라 절대다수 가장들의 생각이다. 가정을 위해 경제적 풍요에 성공하면 그 자체가 훌륭한 소통이라고 생각하고 있는 것이다.

그러나 부유한 가정이라도 소통의 결핍으로 가정이 무너지는 경우가 많으며 가정이 유지가 되어도 부인이나 아이들이 '아빠와 소통은 잘 되지 않는다'고 생각하고 있다면 소통을 잘하고 있다고 스스로 자신하는 가장도 소통결핍자임이 틀림없다.

이와 같이 가족에게 소통의 능력을 인정받지 못하는 가장은 아무리 경제적 풍요를 가져와도 가족에게 정신적 결핍(불통의 괴로움)을 주기에 존경과 사랑이 피어나는 가정을 만들 수가 없다.

소통의 확장은 지혜의 확장을 의미하며 지혜의 확장은 끝없이 배우고 익히며 사색하는 것 말고는 그 어떤 지름길도 없다.

소통능력이 없는 가장은 가족과의 대화를 꺼려하거나 일방적 대화만을 즐기며 쌍방향의 대화를 이끌어 내지 못한다. 이러한 불통자는 경제적 풍요를 떠나 가정의 화목에 결국 실패하니 가족들에게 참회해야 한다.

정치 또한 마찬가지다.

정치인은 그 나라의 경제와 소통을 책임지고 있다. 그러나 경제는 경제전문가를 시켜서 대행시킬 수도 있지만 국민과의 소통은 직접 챙겨 나가야 한다. 소통력이란 국민의 마음을 꿰뚫어 볼 수 있는 능력이다. 국민이 무엇을 원하며 어떤 언행을 해야 하는지를 알고 있기에 정치적 성공의 지름길이다.

물론 절대다수의 국회의원들이 국민과의 소통을 위해 노력하고 있는 것은 부인할 수 없다. 그러나 국민이 그 마음을 알아주느냐가 더 큰 문제다. 국민의 눈에 옳은 정치인으로 보이지 않고 국민을 위하는 정치인으로 느끼지 못한다면 국민을 위해 평생을 바친 정치인이라도 정치를 잘못하고 있는 정치인이며 그 위치를 꿰차고 앉아 있었던 기간 동안 국민에게 괴로움만 준 정치인이다.

정치인 자신은 국민을 위해 정말 열심히 했는데 국민이 인정해 주지 않는다는 것은 정치무능이거나 국민의 마음을 제대로 잃지 못하는 소통불통자라는 결론이다. 불통 정치인은 자신이 아무리 진정해도 국민들은 그 진정성을 전혀 느끼지 못하기 때문이다.

이명박 대통령이 그랬다.

정치적 사색을 전혀 무시하고 눈만 뜨면 하염없이 일만 했다. 경제를 중시하며 직접 챙겼던 지도자였지만 국민과의 소통능력이 없는 지도자였기에 그 자리를 꿰차고 있었던 시절을 부끄러워하고 참회해야 한다.

109 신인문에 의한 신정치 개념

구인문 역시 사랑을 핵심 주제로 다루고 있다. 그러나 사랑의 그림 또한 이분법적 개념으로 그릴 수밖에 없었다. 사랑에 선과 악, 그리고 진실과 거짓이라는 가늠자를 만들다 보니 선과 진실만을 끝없이 강조하게 되고 그것은 곧 악과 거짓을 더욱 선명하게 키우는 결과를 자초했다.

증오와 적개심은 바로 여기서 출발된다.

대나무와 버드나무는 서로의 모습이 달라도 헐뜯지 아니하며 둥근 잎을 가진 나무는 뾰족한 잎을 가진 나무를 보고 거짓된 잎을 가진 나무라고 생각하지 않기에 증오하지 않는다. 그러나 성대의 기적으로 대화능력까지 선물 받은 만물의 영장은 그렇지 못하다.

자신의 이념과 다르면 악이나 거짓의 이념으로 규정하고 증오와 적개심을 불러일으켜 자신들의 세력을 키운다. 그리고 전쟁의 명분을 만드는 것이다. 이분법적 인문의 숙명인 것이다.

자신의 이념에 논리적 허점이 존재하기에 상대방과의 소통이 어려움을 먼저 사색하지는 않고 자신의 이념만이 최고의 이념이라 맹신하며 이단을 만들며 끝없는 살육의 인류사를 써 내려갔다.

확고한 논리가 없는 선과 진실, 그리고 정의나 양심은 상대방에게 악과 거짓, 그리고 불의나 비양심으로 보일 수 있어 서로 목숨을 건 혈투를 할 수밖에 없다는 것이다. 구인문이 가고자 했던 방향은 결코 아니었지만 스스로가 그렇게 유도했고 그 결과 증오와 저주가 탄생된 것이다.

이러한 구인문은 오늘날의 구태정치에도 영향을 주고 있다. 수천 년 동안 내려온 구인문적 학습을 성실하게 이수한 자는 더욱 이분법적 개념에 빠져들게 되고 그러한 자가 모든 분야의 리더로 자리하게 되어 사회전체가 온통 '이분법적 불통'으로 가득차고 대혼란에 빠지게 된다.

정치지도자 또한 예외일 수가 없다는 것이다.

정치이념에만 몰입되어 상대를 삿대질하는 정치를 정의롭고 장엄한 정치로 믿고 있는 것이다. 이러한 정치개념은 상대이념의 장점을 모르는 체하며 외면해 버리고 상대의 허점만을 찔러대는 네거티브

정치로 흘러갈 수밖에 없다. 평생 동안 받아온 인문교육과 사회체험
이 선과 악, 그리고 진실과 거짓이니 모든 정치적 상황을 그 잣대만
으로 바라보는 것이다.

상대이념의 정책 중에 칭찬할 것이 있으면 칭찬해 주는 포지티브
정치를 하고 싶은 마음도 있겠지만 구인문이 만들어 놓은 정치관습
은 그러한 정치를 불가능하게 하고 있다. 상대이념을 이미 총체적 악
이나 거짓으로 규정하는 습성에 굳어 있는데 어찌 칭찬할 부분이 있
단 말인가?

만일 상대 정책이념 중에 옳은 부분이 있어 과감히 칭찬하면 구인
문에 중독되어 있는 양쪽 이념세력으로부터 흑백이 선명하지 않고
양다리를 걸치는 사이비로 몰려 정치생명까지 위험에 처하게 된다.
상대를 증오하며 분열의 정치를 할 수밖에 없는 정치적 숙명 속에 갇
혀 있는 것이다.

새로운 정치는 선악과 진실과 거짓으로 승부하는 이분법이 아니라
심오한 논리로 타당과 비타당을 명쾌하게 구분하여 합리로 승부하
는 중용의 정치를 말하며 신인문의 개념이 바탕이 되어야만 가능하
다.

110 민주주의의 적은 무엇인가?

민주주의의 위기는 어디에서 비롯되었나?

그것은 민주주의를 뒷받침해 온 자본주의의 과욕과 무관하지 않다. 민주주의와 자본주의는 떨어질 수 없는 직렬적 관계이고 그 중에 민주주의가 우선적 관계임에도 민주보다 자본을 우선시한 사회계약이 민주질서를 파괴시키고 있다. 오늘날의 민주주의는 민주보다는 자본에 좌우되는 경제 우선의 정치제도로 변질되어 있다는 것이다.

　물론 경제도 중요하지만 그 가치가 정치 위에 있으면 인간성보다는 물질이 앞서는 모순덩어리가 곳곳에 주렁주렁 열린다.

　정치인을 꿈꾸려면 일단 재력이 있어야 가능하고 선거에 승리하려면 맘모스적 경제공약을 우선해야 하며 1%의 갑부층은 정치인과 밀접한 로비관계를 유지하면서 자본거래를 하는 제도이니 어찌 부조리가 없겠는가?

　이러한 사회는 대중들까지도 물질적 부패에 물들어 걸출한 인재보다는 자신에게 자본적 이득이 되는 자에게 투표하는 경향으로 흐를 수밖에 없다. 이와 같이 자본 우선의 정치는 대중들까지 탐욕자나 이중인격자를 만들어 자본이 영혼을 지배하는 사회로 몰락한다.

　예를 들어보자.

　한국의 성인들에게 '만일 당신이 생활이 매우 힘들 때 10억을 챙길 수 있는 불법정보를 알고 있고 그 범죄를 실행에 옮기면 90%의 가능성이 있지만 발각되면 3년의 감옥행이다. 범죄를 저지르겠는가?'라고 질문한다면 70% 이상이 그렇게 하겠다고 답할 것이다.

　그리고 또 이렇게 질문해 보라.

　"국가기밀을 악용하여 10억의 이득을 챙기다가 발각되어 감옥에 가는 지도층 인사들을 어떻게 생각하는가?"

절대다수는 그러한 행위에 약 20년 이상 감옥에 넣어야 한다고 외친다. 그리고 감옥에 가는 지도층 인사들도 마음속으로 이렇게 속삭인다.

"대중들아, 당신들도 내 위치에 있으면 교묘하게 유혹하는 뇌물공세에 견딜 수가 없을 것이다."

이와 같이 자본을 우선하는 민주사회는 물질이 우선이므로 자신이 범법하면 로맨스요 남이 하면 스캔들이라는 이중성 개념이 팽배해 있다.

이러한 자본위주의 사회를 혁명적으로 변혁시킬 수 있는 유일한 해결책이 있다. 대통령을 위시해서 고위직의 부정이나 거액경제범은 그어떤 변호인단을 구성해도 빠져 나오지 못하는 엄하고도 강한 법안을 만드는 것이다.

그러나 정치인들이 문제다. 이러한 엄벌주의가 진정한 개혁 법안의 근간임에도 진보든 보수든 그 누구도 못 본 척하며 딴청을 부리고 있다. 물질과 직위탐욕을 더욱 가속화시키는 솜방망이 법안 속에 내재된 그들의 권위욕과 기득권을 결코 포기할 수 없기 때문이다.

이제는 달라져야 한다.

민주주의의 적은 공산주의도 사회주의도 아니다. 바로 부패와 부조리다. 사회 부조리와 직결된 자본 탐욕적 범죄는 권한이나 규모에 정비례하는 강력한 처벌을 해야만 자유의지가 넘치는 창조적 사회는 물론이고 부패 없는 진정한 민주주의가 정립된다.

111 자유란 무엇인가?

자유는 인간이 출현하기 전부터 우주와 대자연의 이치 속에 철저한 논리로 이미 존재했다. 왜냐하면 자유는 '이'와 '기'를 합성시키고 활성화시키는 대자연의 핵심부품이었기 때문이다.

그러므로 자연 속에 녹아 있는 자유의 논리는 인간탄생의 뿌리이며 인간이 자유와 떨어질 수 없는 숙명적 관계일 수밖에 없다. 우리 인간은 스스로는 물론이고 자연을 지키기 위해서라도 자유의 맥을 찾아내어 삶의 중요한 가치로 만들어야 하는 책임이 있다.

자유는 자유로울 수 있는 이유가 반드시 있다. 저 하늘에 흘러가는 구름 역시 자유롭지만 사실은 자연의 이치에 한 치의 오차도 없는 범주 내에서 무한히 자유롭다. 이 세상은 논리로 이루어져 있고 자유 또한 예외일 수가 없기에 논리 속에서만 무한한 자유를 누린다는 것이다.

그러므로 자신보다 탁월한 논리로 월등한 능력을 보유한 자라고 믿게 되면 그에게 귀속되어 복종하는 것이 더욱 편안한 자유로 느껴지고 국가의 법과 제도가 논리적으로 완벽에 가까우면 그 법과 제도를 엄격히 따르면서도 무한한 자유를 느끼는 것이다.

자유는 3가지 측면으로 설명된다.

첫째. 기본적 자유와 응용적 자유다.

기본적인 자유는 모두에게 부여되지만 응용적 자유는 자연의 이치를 사색과 체험을 통해 꿰뚫어 보고 그것을 실행에 옮기는 능력에 따라 그만큼 더 많은 자유가 주어진다.

예를 들면 걷고 뛰는 것이 기본적 자유라면 무용이나 축구와 같이 배우고 익혀서 얻는 것이 응용적 자유다. 깨우치기를 싫어하는 자는 응용적 자유를 누릴 수가 없다는 것이다. 주인의 마음을 알고 대소변을 잘 가리며 애교를 잘 부리면 목줄도 없이 따뜻한 방안에서 한껏 더 높은 자유를 누리며 사랑받는 애완견의 삶과도 일치한다.

우리 인간의 교육시스템도 물질과 직위와 성공 이전에 모든 대중에게 응용적 자유를 폭넓게 깨우치게 하여 자유와 소통의 품격을 올리는 데에 최우선적 목표를 두어야 한다.

둘째. 철학적 자유와 이념적 자유다.

전자는 총체적이고 포괄적 자유를 의미하고 후자는 선별적 자유를 의미한다. 그러므로 전자는 모든 상황을 관조할 수 있는 자유이지만 후자는 자신이 선택한 이념이나 종교에 어울리지 않는 것은 그것이 자유일지라도 스스로 포기할 수 있는 자유를 말한다.

셋째. 화합적 자유와 분열적 자유다.

전자는 철학, 문화, 예술, 스포츠 등과 같이 논리와 논리가 서로 연결되는 합리를 가지고 있어 사회를 화합시킬 수밖에 없는 자유를 말하고 후자는 탐욕, 향락, 사치와 같이 하나의 논리로만 동떨어져 있어 사회가 분열로 향할 수밖에 없는 자유를 말한다.

논리와 논리가 연결되지 못해 논리의 계단을 오르지 못하고 하나의 논리(일리)만을 외치는 분열적 자유는 결국 비논리로 종결되며 여러 개가 연결되어 조화를 이루는 논리(합리)를 파괴하는 자유다. 바로 조화를 뒤로하고 자유 그 자체만을 외치는 자유인 것이다.

예를 들어 자유민주주의 국가로 자부심을 가진 미국이 총기판매를 자유로 인정하는 논리야말로 논리의 계단을 오르지 못하는 동떨어진 논리이기에 분열적 자유이며 파괴적 자유인 것이다.

진정한 자유의 핵심은 합리와 자연스러움이다. 주위사람들에게 부자연스럽게 느껴지고 부담을 주는 자유라면 분명 논리 속에 비논리가 숨어든 분열적이고 파괴적 자유이기에 사회적 갈등과 혼란을 부추긴다.

진정한 민주주의는 바탕논리가 명쾌한 법과 제도로 대중의 기본적 자유를 보장해 줌으로써 응용적 자유와 철학적 자유를 마음껏 누리게 하여 화합된 사회로 향하게 하는 자유로 이루어져 있다.

112 희몽과 까몽

4년전 딸아이가 어린 토끼 한 마리를 가지고 왔다. 5인 가족이 살아가기에도 비좁은 아파트에 새 손님이 온 것이다. 목에 흰색을 휘두른 토끼인데 귀엽고 예뻐서 '희몽'이라 이름을 붙였다.

막상 키워 보니 털이 날리고 독특한 향취가 불편했다. 아무 곳에나 배설하고 전선이나 전화선을 갉아먹어 조그마한 토끼장에 가두어 키울 수밖에 없었다. 그리고 배설물을 스며들게 하는 화장실도 구입해야 하고 겨울에는 건초를 사서 먹여야 했다. 그러나 방안 구석구석에 털이 날아다니는 것은 도저히 묵과할 수 없어 키우고 싶어 하는 주위 사람을 여기저기 수소문해 보았다.

가까운 암자에 허락받아 갖다 놓으니 산고양이 때문에 안전하지 못해 다시 집으로 데리고 왔다. 식용으로 사용할 것 같은 사람들만 달라고 졸라대는 느낌이 들어 그냥 키우다 보니 4년이 흘렀고 이제는 정이 들어 한식구가 되었다.

일을 마치고 지친 몸으로 집에 들어오면 희몽이가 반긴다. 가끔씩 빗과 테이프를 이용하여 희몽이의 털을 뽑아 주고 머리를 쓰다듬으며 나 혼자 중얼거린다.

"희몽아 잘 놀았나? 심심했제? 당근 줄까? 건초 줄까? 양배추 줄까? 칡잎 줄까? 안아줄까? 토끼장 안에 감금되어 있어도 항상 불만 없이 건강하게 자라니 미안하고 고맙고 착하고 예뻐."

2년 6개월전 가을이었다.

건강을 위해 아침마다 앞산을 오르는데 등산로 입구 농장에서 토끼 한 마리를 보았다. 온몸이 새까만 토끼였는데 그 농장을 자유로이 돌아다녔지만 우리집 희몽과 달리 사람들을 몹시 경계하는 것처럼 보였다.

어느 날 농장을 관리하는 노인을 우연히 만나게 되어 '도둑고양이가 날뛰는데 토끼를 그냥 풀어서 기르느냐'고 여쭈었더니 토끼가 어디선가 갑자기 나타났고 얼마나 날쌘지 잡을 수도 없고 먹이도 안 준다고 말했다.

누군가가 애완용으로 키우다가 여건이 맞지 않아 도둑고양이가 돌아다니는 그 농장주변에 버린 토끼였다. 그때부터 아침등산길에 토끼의 생존을 확인하는 습관이 생겼고 '까몽'이라 불렀다.

그리고 추운 겨울이 왔다. 까몽이는 두 번의 겨울을 통해 어둠에 대한 두려움과 외로움과 굶주림에 견딜 수 있는 체험을 겪었고 생존과 자유의 이치를 꿰뚫어 보게 되었을 것이다.

어느 봄날에 희몽이를 안고 농장에 가서 까몽이 옆에 갖다 놓았다. 풀도 뜯지 않고 멍 때리고 있는 희몽이를 힐끔 바라보던 까몽이는 이내 다른 곳으로 가서 자신의 일상을 즐겼다. 풀쩍 풀쩍 뛰기도 하고 온갖 풀을 맛보며 보란 듯이 자유를 만끽하는 모습이 너무나 평화롭다. 동작 하나 하나에 생존과 자유와 진화의 모든 논리를 집약시켜 놓은 듯하다.

만일 까몽이를 토끼장에 가두면 '자유가 아니면 죽음을 달라'고 외칠 기세다. 희몽이에게도 그러한 자유를 주면 독풀을 먹거나 인간이나 도둑고양이의 표적이 되는 위험을 감수해야 한다.

누구나 자유를 달라고 외칠 자유가 있다. 그렇지만 지혜를 갖추지 않은 자가 지혜를 갖춘 자의 자유까지 넘보는 것은 마치 일반인이 피겨선수의 유연한 몸동작을 흉내를 내다가 큰 사고를 초래하는 것과 같다.

이와 같이 동물이든 인간이든 기본적 자유는 주어지지만 응용적 자유는 많은 시행착오와 사색과 체험을 통해 대자연의 이치를 터득하고 그것을 자신의 영혼에 연결시켜 균형을 맞추는 능력만큼 누리게 되어 있다. 지식과 체험을 멀리한 자는 기본적 자유를 누릴 수 있어도 응용적 자유는 스스로가 포기하는 행위이기에 행복도 멀어져 간다.

자유는 대자연의 이치를 뿌리로 삼아 자라나고 행복의 꽃을 더욱 만발하게 하는 인간의 절대적 필수품인 것이다. 철학이 자유의 폭과 깊이와 가치를 더욱 높이는 학문인 이유 또한 바로 여기에 있다.

그대는 희몽인가? 까몽인가? 그대의 자녀를 희몽이로 만들 것인가? 까몽이로 만들 것인가? 그대의 영혼에 달려 있다.

113   자유민주주의의 정체성

자유민주주의란 자유를 최우선으로 하는 민주주의를 뜻한다. 자유야말로 창의력을 마음껏 발휘했던 인간의 본성 속의 핵이며 만물의 영장이 된 진화의 밑바탕이 아니었던가?

그러나 오늘날의 자유민주주의가 심각한 상황(갈등과 낭비와 과시와 포퓰리즘)에 직면해 있다. 그 이유는 너무나 간명하다. 자유에는 타당한(화합적) 자유와 비타당한(분열적) 자유라는 두 얼굴이 존재하고 있다는 것을 간과하고 있기 때문이다.

다시 말하면 자연 속에는 두 가지 자유가 혼재되어 있어도 분열적 자유를 여과시켜 자연스럽게 치유하는 논리를 가지고 있지만 인위성에 편중된 인간사회는 자유를 여과하고 치유하는 논리가 부족해 분열적 자유가 오히려 증폭되어 사회갈등과 혼란을 일으킨다.

자연은 분열적 자유가 나타나면 즉각 경고음을 내고 그 자유가 지속되고 증폭되면 언젠가는 대가를 반드시 치르게 하지만 인간은 분열적 자유가 지속되고 증폭되어도 그에 상응하는 대가를 치르게 하는 시스템이 완벽하지 못해 머뭇거리고 지체하다가 결국 엄청난 사회적 파멸을 맞이하게 된다는 것이다.

깊이 깨우친 자는 응용적 자유와 화합적 자유를 창조해 내지만 깨달음보다 더 큰 자유를 원하는 자들은 분열적 자유에 빠져들기 쉽다, 더더욱 심각한 것은 전자는 소수이고 후자는 다수라는 것이다.

민주주의의 핵심은 다수결의 법칙이기에 분열적 자유는 포퓰리즘과 결합하고 시너지 효과를 발생시켜 사회적 갈등과 분열은 폭발적이라는 것이다.

분열적 자유의 예를 들어보자.

자동차 경주대회나 햄버거 먹기대회를 즐기려고 에너지와 식량을 마구 낭비하는 것도 자유이고 상속제도의 틈새를 교묘히 이용하여 재산대물림에만 몰입하는 슈퍼물질자들의 교활함도 자유다. 그리고 비논리적 관습이나 사이비 이념으로 주변사람들의 영혼을 변질시키거나 파멸로 몰아가는 것 또한 자유다. 이러한 분열적 자유도 표피적 논리와 부분적 절제가 있어 무절제한 방종과는 다르기에 자유임에는 틀림없다.

자유민주주의는 이러한 분열적 자유만을 선별하여 규제하는 제도적 장치를 마련하려 하면 자유를 억압한다는 반발논리를 설득시킬 방법이 없다.

사회주의나 공산주의는 인간의 자유 자체를 막는 정치제도이지만 자유민주주의는 방향성이 서로 다른 두 자유를 여과하고 선별하는 인문교육과 사회제도로 개혁할 수가 없다는 것이다. 화합보다는 자유를 더 큰 가치로 확신하는 민주주의이기 때문이다.

이와 같이 자유는 창조의 씨앗이지만 자연의 이치에 어울리지 않는 분열적 자유는 논리가 타당한 화합적 자유를 서서히 잠식시키며 인간사회를 파멸로 몰아갈 수밖에 없다.

이렇게 중요하고도 위험천만한 자유를 화합과 분열로 선별할 명쾌한 논리도 없으면서 민주주의 앞에 함부로 붙여 놓은 자유민주주의는 분열과 물질만능사회로 변질될 수밖에 없으며 국가에게 자유만을 바라는 국민만이 점점 늘어나 결국 포퓰리즘으로 몸살을 앓는 민주주의로 갈 수밖에 없다.

화합적 자유와 분열적 자유가 혼재되어 있는 자유를 민주주의 앞에 붙인 것은 마치 야누스의 얼굴을 민주주의의 상징처럼 형상화한 것과 같다.

민주주의 앞에는 인민도 사회도 자유도 평등도 붙여서는 안 된다. 민주주의 앞에 붙어야 할 용어는 '자연'이나 '중용'처럼 화합의 상징만이 가능하다.

114 새로운 민주주의가 절실하다

대자연은 인간사회와 달리 화합적(타당한) 자유와 분열적(비타당한) 자유를 함께 공유해도 혼란이 없는 이유는 과연 어디에 있을까? 그 정답은 대자연의 생태계 속에 있다. 산과 들에는 가뭄과 홍수에도 견디며 자유롭게 화합하고 크게 번창하여 수천 년 동안 사는 식물도 있다. 그러나 강가는 풍부한 물의 자유를 만끽하다가 가뭄이나 홍수가 나면 생사를 넘나들기에 긴 세월동안 성장하는 식물이 드물다.

자연은 숲속과 강가에 똑같은 자유를 허락하지만 위험하거나 타당치 못한 자유를 택하게 되면 언젠가는 예외 없이 그 대가를 치르게 한다.

이와 같이 대자연 속의 두 자유가 자연스레 화합적 자유로 수렴하는 것은 분열적 자유에 반드시 그 책임을 물어 치유한 후에 화합적 자유로 녹여 버리는 자연의 재활용 능력 때문이다.

동물 또한 마찬가지다. 서로 무리를 지어 화합하는 자유를 가지는 반면 우두머리가 바뀔 때는 투쟁과 분열의 자유로 인해 억울한 죽음을 당하는 대혼란이 일어난다. 그래도 새로운 질서가 무르익고 화합적 자유로 수렴되는 것은 자연의 이치에서 탄생된 동물의 본성이 탐욕과 원한과 증오에 집착하지 않기 때문이다.

원시신앙조차 없었던 태초의 인간 또한 마찬가지였다. 그들은 자연 속에서 삶을 영위했기에 역시 두 가지 자유를 누렸다. 자연과 함께 마음껏 먹을 수 있는 방법을 서로에게 알려주며 나눔의(화합적) 자유를 즐겼고 자기 것만을 탐하는 축적의(분열적) 자유도 즐겼다.

이러한 두 가지 자유를 누리면서도 인간다운 삶으로 행복했던 이유는 간명하다. 화폐나 완벽한 곳간을 만들 수 없어 물질탐욕이라는 분열적 자유가 어느 한계를 벗어나지 못하였기에 나눔(화합)을 선택할 수밖에 없었다. 그것은 마치 사슴을 잡은 사자가 무리들과 함께 나누어 먹을 수밖에 없는 이치와 같다.

그러나 오늘날 인간사회는 자연과 다르다. 문명과 문화의 발달로 화폐와 곳간(Bank)이 생겨나고 축적의 자유를 무한히 키울 수가 있다. 나누지 않고 모을수록 힘과 즐거움을 준다고 믿는 '변질된 이성'이 온 사회에 가득 차고 부익부빈익빈으로 갈등과 분열이 심화되고 있다.

재화축적에 장애물이 되는 경쟁자가 있으면 수단과 방법을 가리지 않고 승리만 하면 성공한 자로 인정받고 명예까지 주는 사회다. 축적(분열)을 뒤로하고 나눔(화합)을 우선하는 대자연의 이치와는 정반대다.

이와 같이 자유를 으뜸으로 하는 자유민주주의는 자유라는 꿈만 있고 현실은 끝없는 혼란 그 자체다. 온 세상이 분열의 자유로 가득해도 안타깝게 바라볼 수밖에 없다. 분열적 자유 또한 자유이기에 이를 치유하기 위한 제도적 장치를 만들면 '자유에 대한 억압'이라는 반론에 맞설 방안이 없는 민주주의다. 지구가 멸망한다는 것을 모두 알고 있으면서도 그저 물끄러미 바라만 보며 세월만 보내는 오늘날의 세태와 무관치 않다. 바탕논리가 두 얼굴이면 그 위에 만들어지는 부가적 논리 또한 두 얼굴이기에 혼란스러울 수밖에 없다.

분열의 자유가 만연되면 양극화는 더욱 심화되고 에너지낭비와 환경재앙으로 돌진한다.

자연 민주주의나 중용 민주주의가 절실하다.

115 자연(중용) 민주주의

자연 민주주의란 자연의 이치(자연성)와 인간의 논리(인위성)를 균형 있게 잘 연결시켜 화합의 논리를 창조하는 자연친화적 민주주의를 말한다. 자연성이 인위성보다 우선적 관계로 연결되어 있으며 다음과 같이 7가지의 특징이 있다.

첫째 이념도 중시하지만 정치의 부품과 색깔이라는 차원에 한정시키고 그 이념을 다루어 내는 중용철학을 더욱 중요시하는 정치제도다.

우리 몸에 우뇌와 좌뇌가 있고 오른팔과 왼팔이 있어 어느 한 쪽만을 고집할 수 없듯이 그때의 상황에 따라서 그 부품의 용도와 색깔을 선별하여 정책의 중심에 세우는 실용적 민주주의다.

둘째 다수결의 법칙을 가장 품격 있게 지키는 정치제도다.

자연은 시소처럼 한 치의 어긋남이 없는 무게중심의 법칙을 받들어 지킨다.

다수당이 잘못된 법안을 통과시키려 해도 소수당은 자신의 이념이나 정책을 지키기 위해 감정과 폭력을 행사해서는 안 된다. 소수당은 국민의 신뢰를 얻지 못한 결과임을 직시하고 무저항 무폭력으로 반대의사를 분명하게 표시하면 된다.

셋째 정치 최고지도자를 뽑는 선거는 반드시 양자대결의 결선투표를 하는 정치제도다.

정당 또한 가능한 양당제로 가야 한다. 호랑이도 3마리가 동시에 싸우면 어느 누가 힘센 호랑이인지 알 수 없다. 그리고 결선투표까지 할 수 없는 국회의원 선거의 경우에는 선거권자에게 '1표 2인 순위 선택권'을 주어 3위 이하에 2순위로 선택된 1, 2위 후보의 표는 더해주어 사표를 방지하여야 한다. 그래야만 자연스레 올바른 지도자가 선출된다.

넷째 자본과 인간성이 직렬적 관계로 이루어져 있고 자본보다 인간성을 우선적 관계로 이루어진 정치제도다.

건강한 경제로 향하기 위해서는 그 경제를 움직이는 자본시스템이 민주적 가치(인간성 존중) 내에서만 작동된다. 그래야만 자본 위에 인간성이 존재하는 사회문화를 형성하고 자연스레 행복지수가 높은 국가로 수렴한다.

다섯째 물질을 물질(의식주와 문화의 품격)로만 바라보며 그 이외의 것(재력, 사치, 힘, 향락)으로 바라보는 것은 자연의 이치를 위배하는 탐욕이라는 기본개념으로 모든 제도와 법을 만들어 내는 정치제도다.

수천 년이 된 고목나무도 자신이 죽은 뒤에는 소유했던 땅을 잡초들에게 분배해 주는 것을 당연시 하듯이 인간의 상속제도도 이러한 자연의 법칙을 잘 살펴 사유재산 보호와 조세제도의 중용점을 찾아내는 민주주의다.

여섯째 직위가 높은 자나 슈퍼물질자가 비논리적이거나 부조리한 범죄행위를 저질렀을 때는 그 권한과 규모에 정비례하여 강력한 처벌을 하는 정치제도다.

'누구나 법 앞에 평등하다'라는 평등의 개념이 상대적 평등의 개념으로 철저히 적용되어야 한다는 것이다.

자연이야말로 비논리적인 것이나 부조리한 것에는 그 규모에 정비례한 대가를 치르게 하는 데 예외를 두지 않는다.

일곱째 에너지와 식량을 절약하고 재활용함으로써 자연환경을 가장 우선적으로 생각하는 정치제도다.

자연의 법칙 중에 가장 근본적인 법칙이 바로 절약과 재활용의 법칙이다.

자연 민주주의의 승패는 직위나 학식이 높은 자들에게 달려 있다. 그들은 절약과 재활용에 힘쓰는 서민적 삶을 가장 먼저 실천해야 한다. 바로 진정한 지성인의 모습이다. 그리하여 사치나 과시문화를 즐기는 슈퍼물질자들을 매우 부끄럽고 수치스럽게 만드는 일이다. 여태껏 눈물과 땀으로 이룩해 놓은 자신의 물질축적의 삶이 성공적이었고 떳떳하며 당당했다고 확신했었는데 지성인들의 모습을 되새겨 보니 텅 빈 영혼에 탐욕만이 가득했음을 뼈저리게 느끼도록 만드는 일이다.

그러나 직위나 학식이 높은 자들의 절대다수는 서민보다 슈퍼물질자들과 가까이 있는 것을 원하고 있다. 배움은 성장과 분배와 나눔의 지혜를 위해 필요함에도 축적과 직위와 성공을 위해 필요한 도구라고 확신하는 그들의 탐욕이야말로 자연 민주주의로 향하는 길목에 놓인 가장 큰 걸림돌인 것이다.

116 정치와 물

첫째. 물은 평상시에 부드럽고 비상시에 강하고 엄하다. 정치는 매우 부드럽고 위트가 있어야 하는 것이다. 그러나 비상시가 되면 강약과 냉철함을 보여 주는 것이다.

둘째. 물은 맑을수록 그 가치를 더 한다. 정치 역시 맑을수록 국민에게 행복을 준다. 탁한 물은 건강을 해치듯 탁한 정치는 세상을 더럽힌다.

셋째. 물은 은은할 뿐 화려하지 않다. 정치의 핵심은 소통이며 이를 위해 서민적이어야 한다. 화려한 저택과 값비싼 골동품을 즐기는 정치인 치고 올바른 정치인은 없다.

넷째. 물은 모든 것을 깨끗하게 닦아 주며 고귀하나 스스로는 고귀함을 거부하고 진부함을 택한다.

정치란 국민의 품격을 높이는 데 최선을 다하는 것이지만 정치인은 스스로를 고귀하다고 생각해서는 안 된다.

다섯째. 물은 평상시에는 중요한지를 잘 모른다. 그러나 비상시가 되면 그 가치가 나타난다. 태평성대의 정치는 있는지 없는지도 모를 만큼 조용하지만 국가의 위기가 오면 정치만이 그 위기를 해결할 수 있다.

여섯째. 물은 자신이 싫어하는 물질이나 좋아하는 물질이나 가리지 않고 포용한다. 정치력이란 분열보다는 화합을 만드는 포용력이다.

훌륭한 정치인은 측근이든 정적이든 유능한 자이든 무능한 자이든 부자이든 가난한 자이든 선악과 애증과 선입관보다는 인간적인 배려와 타당성에 초점을 맞춘다.

일곱째. 물은 위에서 아래로만 흐르는 것 같지만 꼭 그렇지는 않다. 옹달샘처럼 차오르기도 한다.

자신이 가장 많이 알고 있다고 믿고 지시만을 내리는 정치를 즐기면 그 정치력이 오히려 약화된다는 것을 명심해야 한다. 참모나 대중들과 함께 얼마나 많은 대화나 토론을 했느냐에 따라 그 정치력이 더욱 차올라 온다.

여덟째. 물은 그릇의 모양대로 담긴다. 훌륭한 정치는 보수와 진보라는 정치이념의 저변에 변화무쌍한 중용철학이 폭넓게 깔려 있어야만 가능하다.

어느 이념에 더 비중을 두고 있느냐에 따라 진보와 보수로 갈라질 뿐 정책사안에 따라서는 진보와 보수를 넘나들 수밖에 없다. 정치이념(진보와 보수)과 정치철학(중용철학)은 직렬적 관계이며 둘 중에는 정치철학이 우선하기 때문이다.

아홉째. 물은 무색무취다. 진정한 정치는 그 어떤 색깔(이념)을 강하게 보이는 것이 아니다. 정치인은 오로지 국민에게 자신의 하얀 가슴(진정성)을 가장 효율적으로 보여 주는 데에 최선을 다하면 된다.

열 번째. 물이 있는 곳은 반드시 동식물이 존재한다. 정치가 있는 곳은 반드시 인간이 존재한다. 두 사람 이상이 모인 곳이면 반드시 정치가 존재한다는 것이다. 그러므로 대중들은 물에 대한 애정과 관심만큼 정치에 대한 교육과 참여문화를 성숙시켜야만 인간다운 삶을 창조하는 사회를 만들 수가 있다.

117 신 삼권분립과 검찰의 멍에

지금으로부터 260년 전 프랑스의 몽테스키외는 삼권분립을 주장했다. 바로 국회, 정부, 사법이다. 그 시대의 정치논리로써는 가장 탁월한 미래의 정치제도였고 오늘날의 민주국가들은 이 제도를 뼈대로 삼고 있다. 그러나 뼈에 붙은 살이 잘못 되어 뼈가 썩어 가고 있다.

법무부(행정부)에 소속된 검찰은 대통령의 시녀가 되어 있고 대법원장과 국회의장의 선출도 대통령의 마음에 달려 있다. 그러므로 사법부의 수장인 대법원장이나 국회의 수장인 국회의장, 그리고 검찰총장은 대통령의 눈치를 볼 수밖에 없는 껍데기 삼권분립이다.

그러나 어떤 정치인도 이러한 변질된 삼권분립을 원칙대로 복원시키려는 노력을 하지 않고 있다. 정치의 근본은 고치려 하지 않고 정치의 껍질만 만지작거리고 있는 것이다. 뿌리가 썩어 가는 줄도 모르고 열매 따먹기에 혼이 빠져 있으면서 국민들에게는 나무를 튼튼하게 성장시키겠다고 노래를 부르니 어느 누가 그들을 신뢰할 수가 있단 말인가?

몽테스키외가 지하에서 흐느껴 울고 있다.

아무튼 몽테스키외의 삼권분립은 이제 흘러간 정치이론이다. 바로 첨단 과학문명의 혜택을 받은 언론 때문이다. 지금 언론은 무서운 속도로 대중권력을 사로잡고 있다. 이제는 국정(국회와 정부)도 사법도 언론을 좌지우지할 수 없으며 그렇게 해서도 안 되는 시대다.

언론도 하나의 권력으로 독립되어야 하는 시대가 온 것이다.

바로 국정, 사법, 언론이라는 신삼권의 시대다.

국회의원이 장관을 겸하고 있고 국회의 수장인 국회의장은 권력이라기보다는 대통령의 꼭두각시로 변질되었지만 언론은 언론원장이 시급하다는 의미다. 왜냐하면 행정부의 수장인 대통령이 언론개혁을 단행해도 언론탄압으로 비춰질 수밖에 없기에 언론 스스로가 책임을 갖고 개혁할 수 있는 최고책임자가 반드시 필요하기 때문이다.

국민으로부터 권력을 위임받은 책임자가 없는 오늘날 언론은 정의와 개혁을 부르짖는 기사나 정보는 끝없이 알려 주면서도 정작 스스로의 개혁에는 손을 대지 못하고 있다. 언론개혁 과제는 산더미처럼 들이닥쳐도 개혁을 주도하는 권한을 가진 책임자가 없어 신음소리만 내고 있다.

언론이 언론을 정돈할 수 없는 언론비대증에 걸려 버린 것이다.

이제는 대통령을 선출할 때 언론원장과 대법원장을 동시에 뽑아 각자의 진정한 권력분립으로 소통과 화합과 균형을 이끌어 내는 정치제도의 혁명적 개혁에 박차를 가해야 한다.

물론 언론원장과 대법원장의 직접선거는 대통령선거와는 달리 그 분야에 종사하는 국민에 한해서 투표권을 주는 것이 훨씬 타당하다.

그리고 검찰조직은 행정부에서 사법부로 이전해야 한다. 이것부터 제자리를 찾지 않고는 그 어떤 정치개혁도 새빨간 거짓말이다.

대통령이 임명한 법무부장관이 검찰조직을 이끄는 정치제도에서 검찰중립을 바라는 것은 콩밭에서 팥을 기다리는 격이고, 임명받은 자가 임명한 자를 제대로 조사하기를 기대하는 것은 고양이에게 생선가게를 맡기고 기도하는 격이다.

대통령 친인척 비리를 수사 중에 수사기간이 촉박하면 대통령에게 수사기간 연장을 허락받아야 하는 특검제나 고위공직자 비리 수사처 역시 국민을 기만하는 행위일 뿐이다.

지금 검찰은 권력자에게 고개를 숙일 수밖에 없는 정치제도에 갇혀 있다. 중립의 의지를 갖고 권력자와 관련된 비리를 정의롭고 철저하게 파헤치면 미운털이 박혀 쫓겨날 수밖에 없는 정치제도인 것이다. 그러므로 정권 초기의 권력자에게는 고개 숙여 떠받들다가 정권 말기에 사라지는 권력자로 판단되면 그때서야 비리를 캐내기 시작한다.

이와 같이 검찰조직은 이미 권력의 시녀가 될 수밖에 없는 운명을 타고난 조직이며 그 조직 속에서 정의와 공평을 펼치는 자는 그 조직의 장이 될 수 없는 태생적 한계를 지닌 조직이다.

총명한 두뇌들이 가득한 검찰조직을 권력의 시녀라고 비난하기 전에 행정부에서 사법부로 옮겨 그들에게 이중인격자의 멍에를 벗겨 주어야 한다. 그리하여 국민들에게 정의와 공평을 마음껏 행하는 자랑스러운 검찰로 거듭날 수 있는 발판을 마련해 주어야 한다.

검찰조직을 행정부에서 사법부로 넘긴다는 것은 말도 안 되며 있을 수도 없는 제도라고 목청 높이는 자들이 있다. 바로 정치인과 고위공직자들이다.

그리고 권력자들과 권력을 함께 나누는 데 중독되어 버린 검찰조직의 수뇌부들도 가세할 것이다. 그들은 사법부가 무소불위의 권력을 쥐게 될 것이라고 떠들어 댈 것이다. 그러나 어림 반 푼어치도 없는 우려다. 부정과 비리와 반칙과 특권을 멀리하고 공평과 화합에 어울리는 법과 제도를 만드는 데 온 정열을 받치는 정치인과 고위공직자가 검찰조직이 어디로 가든 도대체 무슨 상관이 있다는 말인가?

오로지 국민의 눈망울만 바라보기 바쁜 정치인과 관료들이 아닌가?

'지갑 속에 돈이 두둑하게 들어 있어야 마음이 편하다'는 우민들의 상식보다도 더 탐욕적인 의식수준이다.

나를 위한 권력의 개념을 과감히 버리고 국민을 위해 권력을 사용하는 대통령이나 정치인이나 관료라면 검찰까지 거머쥔 사법부라도 전혀 두려워할 이유가 없다. 그리고 두려워서라도 그만큼의 부정과 비리가 사라져서 맑은 공직사회로 변화될 가능성이 매우 크다. 사법부도 부정과 비리가 없는 만큼 업무도 줄게 되고 무소불위의 권력이 될 수가 없다. 기득권을 과감히 버리는 정치인이야말로 공평과 화합의 제도를 만들 수가 있다는 것이다.

물론 어느 한쪽만 감찰하고 다른 쪽은 감찰당하는 삼권이란 있을 수 없다. 사법부가 국정을 감시하는 검찰조직이 있듯이 국정부에 언론감찰원을 두어 언론을 감시하고 언론부에 사법감찰원을 두어 사법을 감시하는 순환적 삼권감시체제를 법적으로 독립시켜 견제와 균형을 이루면 국민들도 정치인과 법조인과 언론인을 매우 신뢰하게 될 것이다.

자연의 순환논리(사슬구조)를 권력견제 시스템으로 도입하는 것만이 진정한 견제와 균형이 이루어진다는 것이다. 그리고 만에 하나라도 순환적 삼권감시체제의 권력충돌이 일어나면 국가혼란상태가 일어날 수도 있다.

이를 보완하기 위해 현역을 떠난 후에도 존경받는 정치인(4명), 언론인(3명), 법조인(3명)으로 구성된 10인의 삼권 통치위원들을 대통령선거를 치를 때 함께 선출해 놓고 권력충돌시 비상시국이 발령되면 전권을 가지도록 한다.

비상시국발령은 3부요인(대통령, 사법원장, 언론원장)중에 2명 이상이 비상체제 요구권을 발의하면 국민투표를 실시해야 하고 투표자의 과반수 찬성이 나오면 삼권통치위원회가 즉시 가동되어 잔여임기를 책임지고 이끄는 강력한 법적 권한을 부여하면 된다.

지금과 같이 권력탐욕을 불러일으키는 변질된 삼권분립제도와 행정부가 검찰조직을 품고 있는 정치제도를 그대로 놔두면서 국민의 행복을 지키고 책임지겠다고 외치는 것은 89도의 기둥으로 100층 건물을 올리겠다는 의지에 불과하다.

우리나라부터 신삼권분립의 정치제도를 서서히 도입하고 검찰조직에 덮어씌운 멍에를 벗겨 세계정치를 선도해야 한다.

118 정치인으로 뽑아줘서는 안 될 5가지 유형

　누구나 자신의 분야에서 성공을 하면 정치무대를 기웃거리는 이유가 있다. 국민에게 부여받은 권력을 바탕으로 국가발전에 이바지할 수 있고 동시에 자신의 능력을 국민에게 보여줌으로써 사랑을 독차지할 수 있는 인간 최상의 자아실현적 직업이기 때문이다.

　그러나 실제로 정치무대에 오르고 정치권력이 주어지면 자신이 원하는 정치력을 발휘하기가 쉽지 않다. 자신이 생각했던 정치적 성공이 얼마나 협소한 개념인지를 실감하게 되고 정치에 꿈을 둔 것 자체가 부끄럽고 후회스럽게 느끼며 정치무대를 떠나는 경우가 허다하다. 바로 정치철학의 결핍에서 비롯된다.

　정치철학이란 오랫동안 발효해야 하는 된장과 같아서 단기간에 집중한다고 해서 거머쥘 수 없는 것이다. 습관도 제대로 고치려면 수년이 걸리지 않는가?

　정치철학이 부족한 자는 자신에게 주어진 권력이 국민을 위해 사용되고 있는지 아니면 자신을 위해 사용되고 있는지도 구별하기 힘들다. 그리고 자신의 권력으로 국민의 의식수준을 끌어올리려고 아무리 애써도 자신도 모르게 국민의 의식수준을 악용하여 권력을 유지하려 한다. 그리고 자신의 권력을 유지하기 위해 포퓰리즘적 정책을 끝없이 쏟아내어 국가 부도사태로 몰아가는 것도 까마득히 잊고 있는 것이다.

　오늘날 이러한 정치인들이 정치무대를 가득 채우고 있는 것은 그들을 선출한 국민들에게도 큰 책임이 있다. 이제는 국민들도 정치인을 잘못 선출하여 고통받고 후회하는 정치적 무지에서 벗어나야 한다. 이를 위해 정치인의 진정성과 정치력을 선별할 수 있는 신인문적 기준이 반드시 필요하다.

국민들은 다음과 같은 5가지 유형의 정치인을 선출해서는 안 된다.

하나 서민에 비해 많은 재산을 소유하고 골동품, 그림, 보석 등의 수집에 흥미를 가진 자.

이런 자들은 국민의 재산보호보다 개인의 재산축적을 우선하는 자이며 후손에게 줄 상속물에 더 관심을 두는 자이다.

둘 학력과 혈연을 중시하는 자.

이런 자들이 정치지도자가 되면 자신의 참모나 보좌관 또는 각 부 장관들을 학력이나 지연, 그리고 친인척 중심으로 발탁하여 나라를 망치게 한다.

셋 종교나 이념에 심하게 치우친 자.

중용철학을 이해하지 못한 자로서 사회적 분열과 갈등의 인자를 스스로 지니고 있다.

넷 구시대 전통과 관습을 그대로 답습하고 있는 자.

정치란 인간사회의 전통과 관습을 발전적으로 진화시키는 작업인데 정치발전을 저해시키는 영혼에 중독되어 있다.

다섯 대중들이 즐기는 춤, 음악, 스포츠 등에 무심하거나 관심이 없는 자.

정치는 생존을 넘어 감성의 문화까지 공유할 수 있는 소통능력이기 때문이다.

이 5가지 중에 1가지라도 뚜렷하게 해당된다고 느껴지는 자는 개혁 성향이 부족한 자이다. 특히 첫째 항에 문제가 있는 자는 서민생활을 찌들게 하는 원인 제공자이기에 이미 정치인으로서의 핵심적 결격사유가 있는 자이다.

끝으로 국민들이 위의 5가지 사항을 철저히 지켜 투표한다면 훌륭한 정치인들이 정치무대를 서서히 채우게 될 것이다. 그리고 이러한 정치인들은 정치와 사회, 그리고 문화와 교육제도를 개혁하게 되며 국민의 의식수준을 끌어올려 더욱 훌륭한 정치인들을 선출하게 된다.

인간세상의 이치는 나눔과 연결과 균형을 바탕으로 한 순환인 것이다.

속물이란 무엇인가?

119 속물이란 무엇인가?

자신만큼은 속물이 아니라고 확신하는 사람들이 많다. 그러나 '인간의 절대다수가 편향된 교육과 사회시스템으로 인해 속물로 변질되어 있다'는 불편한 진실을 이제는 알아야 한다.

속물이란 지식과 성실과 신뢰와 직위와 인품에 무관하게 자신의 행복을 과도한 물질축적에서 찾으려는 의식에 굳어 버린 자이니까. 속물들은 삶의 잣대가 물질의 양이라는 개념에 빠져 있기에 가난한 자에게는 부정적 측면만 보이고 부자에게는 긍정적 측면만 보인다. 그래서 부자들과 인연맺기에 혈안이 되어 있다.

이러한 속물들의 행복찾기는 황혼에 접어들면서 후회한다. 진정한 친구들이 하나 둘 떠나가 버리고 주위에는 속물들만 꽉 차 있다는 사실을 깨닫기 때문이다. 심지어 자신의 속물적 근성을 가장 오랫동안 학습받은 배우자까지 속물로 변해 있으니 얼마나 불행한 일인가?

지금부터 4인 가족을 기준으로 얘기를 해 보자.

우리가 살아가는 데에 물질은 절대적이다.

첫째는 먹는 것이다.

4인 가족이 한 달 동안 맛있게 먹는 데 2백만 원 정도면 족하다.

둘째는 주택이다.

거품이 있는 특정지역을 제외하면 5억 정도면 매우 훌륭하다.

셋째는 의류와 기본 공과금이다.

한 달에 1백만 원 정도면 족하다.

넷째는 기타 문화교육비다.

한 달에 1백만 원 정도면 족하다.

그렇다면 5억짜리 주택에 3억의 저축금과 승용차와 각종 살림을 합한 재산총액이 약 10억에 월 소득 4백만 원인 가정이라면 더 이상의 물질축적에 삶의 가치를 둘 필요가 없는 엄청난 풍요다.

의류나 기본공과금, 그리고 문화교육비 외에 긴급의료비 등이 예상치를 넘거나 외식비가 증가해도 저축금의 이자만으로도 충당할 수 있다. 이러한 풍족한 여건 속에서도 물질만족을 느끼지 못한다면 사치와 과시와 허세에 중독되어 있는 속물일 수밖에 없다.

만일 20억의 개인재산을 가지고도 30억의 재산으로 늘리고 싶어 나눔을 외면하고 물질을 위한 시간에 열정을 바치고 있다면 아무리 정직하고 성실하며 신뢰있는 자라고 해도 속물의 완결판인 것이다.

성공한 속물은 많은 물질을 축적한 자신의 인내력을 내세우며 모두가 자신과 같이 성공하기를 바란다. 때로는 정의와 공평까지 강조하는 자도 있다. 자신이 초과축적을 한 만큼 주변에게 물질적 결핍과 영혼적 고통을 주고 있다는 사실은 결코 인정하려 하지 않는다.

그리고 가난한 속물들은 성공한 속물들의 자신만만함에 오히려 고개를 숙이고 가까이 빌붙어 있으려는 마음을 가지고 있다. 마치 뱀을 잡아먹는 황소개구리의 모습에 찬사를 보내며 언젠가는 자신도 황소개구리가 될 것이라는 꿈에 젖어 파괴되어 가는 생태계의 앞날이 자신의 목을 조르게 된다는 사실을 전혀 모르는 못난 개구리의 모습과 같다.

만일 대다수의 서민들이 성공한 속물을 물질에만 매료된 이중인격자로 보는 영혼적 깨우침이 있다면 성공한 속물들은 과도한 물질 축적을 부끄러워하며 나눔의 사회에 앞장서는 진정한 자로 변화되어 갈 것이다.

그러나 오늘날 대중들의 대다수는 성공한 속물들을 부러워하는 속물이 되어 버렸거나 자신만큼은 속물이 아니라고 확신하며 속물들을 비난하고 있는 속물도 있다.

속물의 정의를 명쾌하고 완벽하게 가르치지 않고 성공만을 노래했던 오늘날의 학교교육과 가정교육, 그리고 사회문화 탓이다. 이러한 변화를 주도해야 할 사람이 정치인, 교육인, 사법인이다.

이 세상에 새로운 인문이 절실한 이유 또한 여기에 있다.

120 속물이 판칠 수밖에 없는 사회

진정한 자에게 큰 행운(물질)이 주어지면, 자신이 살아온 삶에 대한 보너스로 감사히 생각하기에 그것을 잘 발효시켜 행복(나눔의 즐거움)

으로 승화시킨다. 자신의 행운을 주변사람들에게 골고루 나누어 사회적 행복을 만들어낸다는 의미다. 그것은 마치 정상세포의 분열과 같다.

그러나 속물에게 큰 행운이 주어지면, 자신의 실력과 노력 또는 운으로 획득했다고 생각하기에 그것을 사회적 행복으로 발효시키지 않는다. 자신의 직계에게 그대로 대물림하거나 그의 주변의 몇몇 극소수에게만 쪼개고 나눈다. 그것은 마치 정상세포의 분열을 방해하고 있는 암세포에게 영양분을 주어 몸(자신과 사회)을 병들게 하는 것과 같다.

속물은 물질이 늘어나고 직위가 오르면 오를수록 원하는 모든 것을 얻을 수가 있다는 확신을 가진 자이기에 오로지 물질축적의 삶 그 자체다. 그러므로 사회적 나눔과는 거리가 멀 수밖에 없다.

긴 세월동안 밤잠을 설치며 자신을 혹사시켜 축적한 재산인데 '어찌 그 피 같은 돈을 나눌 수가 있단 말인가?'라는 개념이 두뇌 속에 꽉 차 있으니 물질탐욕의 영혼을 벗어날 수가 없다.

겉으로는 사회적 행복을 외치며 생색도 내지만 속으로는 개인적 행운(물질)에 목숨을 거는 자다. 그렇지 않으면 속물적 성공(큰 부자)을 할 수 없다. 자신의 큰 행운(큰 물질)을 대를 이어 가며 끝없이 쥐고 있는 것이 가장 현명한 삶이라는 개념에 중독된 이성을 가지고 있기 때문이다. 바로 변질된 이성이 탁월한 자이다.

오늘날 절대다수의 부모들은 자식이 열심히 공부한 후 성장하여 속물로 변질되는 것을 원치 않으면서도 속물적 성공을 하거나 속물적 리더가 되어 큰 부자가 되면 오히려 자랑스러워하며 주위에 알리기 바쁜 이중성에 빠져 있다.

이와 같은 부모(기성인)들의 이중성은 자식들의 의식 속에도 자연스레 그 뿌리를 내리고 물질탐욕만큼은 한 치의 후퇴도 없는 속물적 성공자가 대우받는 속물사회를 더욱 가속화시킨다.

이로 인해 정치계나 교육계, 그리고 법조계 등의 핵심리더 역시 속물리더들이 절대다수를 차지하게 되고 그 조직의 관행 속에 잠재해 있는 부패사슬을 조직 전체가 함께 즐기면서 조직(부처)이기주의는 극에 달한다.

그 조직 속에 가끔씩 진정한 자가 들어와서 조직의 관행을 고쳐 보려고 노력하기도 하지만 진정성을 가장 피곤하고 성가시게 생각하는 속물들은 진정한 자의 용기를 애송이의 환상이나 고집 정도로 폄훼하며 조직의 관행을 이해하고 함께 동화되어 주기를 은근히 압박한다. 그리고 동화되지 않으면 다수의 힘을 모아 조직을 떠나게 만든다. 그래야만 속물들의 편의주의적 부패관행을 계속 유지시킬 수가 있는 것이다.

이러한 속물들은 결국 높은 지위에 오르고 물질이 차오르면 그들이 살아왔던 삶에 만족해 하고 흐뭇해 하며 그들의 속물적 성공담을 영혼적 성공담으로 포장시켜 책으로 남기기까지 하는 자들이 부지기수다.

긴 세월동안 꾸준해야만 우러나오는 행복보다는 짧은 시간에 추출해 내는 행운에 중독된 다수의 대중들은 그들의 성공담에 찬사를 보내며 그 탐욕을 닮으려고 안간힘을 다한다.

자신의 변질된 이성을 참회해야 할 속물리더들은 스스로가 너무나 자랑스러워 자칭 '삶의 모범서'를 출판하여 그들의 속물근성을 대중들에게 학습까지 시키니 어찌 인간세상이 어수선하지 않으리오.

구인문은 이러한 사회모순의 틈새를 적나라하게 파헤치는 논리를 찾아내지 못하고 추상적인 도덕이나 윤리로 감성적 호소만 하다가 결국 속물만 양산시키며 인류를 낭떠러지로 몰아가고 있다.

121 서민이란 무엇인가?

과도한 물질축적과 호화스런 저택은 오히려 부끄러운 일이기에 가문의 영광이라 말할 수가 없다. 그리고 후손에게 엄청난 재산을 상속해 주는 자는 아무리 뛰어나고 정의롭고 성실해도 지혜로운 자가 아니다. 지혜로운 자는 긴 세월 동안 물질부족의 체험과 지식을 통해 물질순환과 나눔과 베풂의 철학을 동시에 깨우친 자이기 때문이다.

특히 재벌이나 갑부는 자녀에게 물질부족의 체험을 주는 환경교육을 스스로 막고 있기에 성실하고 뛰어난 자녀는 가능해도 지혜로운 자녀로 성장시키는 것은 거의 불가능하다. 자녀까지도 탐욕에 물들게 하여 부끄럽게 만들고 균형을 잃어버린 삶으로 향하게 하니 어찌 그들이 지혜롭겠는가?

한국의 현실을 예시하여 사색해 보자.

2012년을 기준으로 1조 이상의 재산을 보유한 슈퍼물질자가 20명 이상이라고 한다. 그들 모두의 재산의 합은 약 60조에 달하며 그 중에서 최고 갑부는 약 10조 이상의 재산을 보유하고 있다고 한다. 10조라는 재산이 100만 가구에 1천만 원씩 나누어 줄 수 있으니 수퍼 갑부 20명의 총 재산의 합(60조)은 우리나라 가구 전체 중 빈민층에 속하는 3백만 가구(전 국민의 약 17%)에게 가구당 2천만 원씩 나누어 줄 수 있는 어마어마한 돈이다(1천억 이상의 재산을 가진 자도 200명 이상이나 된다고 하니 그 재산의 합 또한 족히 30조 이상이고 이것까지 포함하면 가구당 약 3천만 원을 나누어 줄 수가 있다).

그리고 최고 갑부 한 명의 재산 10조가 넘으니 130만 가구가 살고 있는 부산의 빈민층에 해당하는 2십만 가구에 가구당 5천만 원 이상씩 나누어 줄 수 있는 재산이며 원금만으로도 매일 1억씩 사용하는 데 약 300년이 걸리는 재화이다.

또 다른 상식적인 예를 들어보자.

한국의 총가구수는 약 1800만 가구이며 가구당 평균재산을 약 3억이라고 가정해 보자. 그러면 국민총재산은 5400조다.

그리고 국민의 상위 10%에 해당하는 180만 가구의 평균재산을 15억 정도로 보면 2700조에 달하고 국민의 90%에 해당하는 1620만 가구의 총재산 역시 2700조이며 그들의 가구당 평균재산은 약 1억6천만 원이라는 것이다.

그리고 전체가구의 1%인 180,000가구의 총재산을 500조라고 가정하고 국민의 90%에 해당하는 1620만 가구에 공평하게 분배한다면(물론 1%의 슈퍼물질자들은 슈퍼탐욕자이기에 불가능한 일) 가구당 평균재산은 3천만 원 정도가 늘어난 1억9천만 원이 된다. 서민들의 각 가정마다 3천만 원이라는 돈이 들어온다면 폭발적인 내수경기를 불러올 것이다. 수출호황에도 불구하고 내수경기가 활성화되지 못하는 가장 큰 이유는 바로 여기에 있다.

그러나 '과도한 축적'이야말로 가문의 영광이라고 여기는 재벌이나 갑부들은 그 축적이 가문의 부끄러운 양심을 만천하에 드러내는 것임을 모르기에 나눔과 베풂의 개념을 결코 이해하지 않으며 실행도 하지 않을 것이다.

그렇다면 서민이란 무엇인가?

1%의 탐욕자들에게 집중된 물질쏠림만큼 배움과 사색과 문화의 기회를 잃어버려 생의 대부분을 생존에 매달리면서 탐욕자들을 부러워할 수밖에 없기에 결국 탐욕자로 변질될 운명에 처해 있는 대중들이다. '물질적 풍요'가 곧 행복이라는 탐욕자들의 논리에 반론을 제기하지 못하고 물질만능사회에 물들 수밖에 없다는 것이다.

결국 부유층이나 서민층 모두 황금만능주의자가 되는 것이다. 빈부차가 큰 사회일수록 영혼적 풍요와 멀어질 수밖에 없는 이유다. 지혜로운 자는 주위사람들을 풍요롭고 흐뭇하게 만들며 문화를 창조한다.

그러나 탐욕에 물든 슈퍼물질자는 서민층의 삶을 힘들고 궁핍하게 만들어 사회적 행복과 화합의 장애물이 되기에 어찌 부끄럽지 아니한가? 그들이 결코 지혜로운 자가 될 수 없는 이유다.

122 흙으로 돌아가지 않는 코끼리들

숲속에 수많은 동물들이 모여 살며 항상 평화로웠다. 그러던 어느 날 두뇌가 탁월한 코끼리들이 숲속에 들이닥쳤다. 그들은 우렁찬 목소리를 내며 닥치는 대로 먹어치웠다.

숲속의 동물들은 경계도 했지만 그들 옆에 있으면 위험을 모면할 때도 있어 함께 살았다. 그러나 세월이 흐르면서 문제가 발생하기 시작했다. 숲속에는 방부효과가 있는 풀과 나무가 자라고 있었고 동물들은 아무리 굶어도 그것만큼은 먹지 않기로 약속을 했었다. 자연의 이치를 따르기 위한 것이었다.

그러나 코끼리들은 그 약속을 어기고 그것까지도 먹어치우기 시작한 것이다. 죽은 후에도 자신의 장엄함을 후손에게 그대로 남기기 위해 흙으로 돌아가는 자연의 이치를 거부한 것이다. 그들의 시체가 숲속에 나뒹굴고 옥토와 숲의 순환고리를 끊어 버렸다. 그리고 숲이 서서히 사라지고 흙도 황폐화되기 시작했으며 먹이사슬 고리가 망가져 동물들은 생존에 몸부림쳤고 결국 하나 둘 숲속에서 사라지거나 멸종되어 갔다. 물론 코끼리들도 예외 없이……

바로 갑부나 재벌이 그렇다.

그들은 과도하게 축적된 물질을 나누는 데 인색하다. 그들은 평생을 축적의 희열에 가치를 부여하며 살아왔기에 나눔을 '순진한 자들의 멍청한 의협심' 정도로 여긴다. 그들은 '생색내기 기부'로 탁월한 기교를 발휘하며 여론악화를 순간순간 차단시키면서 상속을 위한 축적에 더욱 박차를 가한다.

물질의 축적은 삶의 수단을 위한 것이고 영혼의 축적은 삶의 목적을 위한 것임에도 영혼의 축적을 포기하면서까지 모은 물질인데 어찌 나눔을 택하겠는가?

진정한 가문의 명예는 창조와 리더십과 나눔의 폭과 깊이로 평가를 받는 것임에도 갑부나 재벌들은 자신의 거대한 재산을 편법상속이나 재산 해외도피, 탈세 등의 방부제를 뿌려 거대한 재산을 끝까지 품는 것을 가문의 명예로 생각하니 얼마나 부끄럽고 수치스런 일인가?

서민도 그들도 모두 낭떠러지로 향하고 있다.

123 슈퍼물질자들은 환경파괴의 주범

에스컬레이터와 화려한 인테리어로 치장되고 넓은 정원과 개인 풀장이 있는 초호화 저택에 외제 스포츠카와 승마를 즐기며, 백화점에 비치된 최고급 가구 의류 가방 등의 명품만을 사들이는 슈퍼물질자들의(국민의 0.1%에 해당하는 갑부들) 과소비 생활양식이 언론을 통해 낱낱이 공개되는 시대에 살고 있다.

그들의 대다수는 '물질축적의 크기야말로 행복의 척도'라는 서글픈 의식에 사로잡혀 사치와 에너지 과소비를 최고의 자유와 행복으로 섬긴다. 그들은 물질을 물질 자체로만 보지 않는다. 자신을 과시하거나 포장하는 데 필요한 힘과 권력이며 법적인 문제가 생길 때는 면죄부를 사들이는 최강의 무기로 확신하며 불법을 두려워하지 않는다. 황금에 좌우되는 법조계의 관행(유전무죄 무전유죄)을 훤히 뚫어 보고 있기 때문이다. 그들은 물질개념을 쾌락이나 사회갈등용 기호품으로 변질시키면서 인간의 진정성과 정체성을 서서히 파괴시키는 선봉에 있다.

그리고 그들의 과시나 사치문화를 바라보는 국민다수의 영혼에 '나도 돈을 많이 벌어서 저렇게 살고 싶다'라는 탐욕을 심어 준다. 이러한 탐욕이 싹튼 국민들은 절약을 명분으로 나눔을 외면하여 축적된 물질로 0.1%(슈퍼물질자)들의 흉내라도 내려고 한다. 소형차나 소형아파트도 충분한데 대출을 무릅쓰고라도 중형차와 대형 아파트로 바꾸는 대중들의 소비심리도 그들의 사치와 과소비문화와 무관하지 않다는 것이다.

이와 같이 슈퍼물질자들에 의해 대중화된 사치와 과소비문화는 영혼이 풍요로워야 할 국민들에게 결코 이롭지 않은 자들이다. 결국 지구환경을 악화시키는 주원인이 되고 있다.

그러나 자유 민주주의를 신봉하는 정치지도자는 사회주의와 민주주의라는 이분법적 협심증에 걸려 '삶의 자유'라는 논리로 즐기는 슈퍼물질자들의 사치와 과소비에 그 어떤 논리적 대응도 못하고 있다. 그들이 주장하는 '자유' 속에 감추어진 '방종의 뿌리'를 찾아내는 법률제도를 마련하지 못하고 있는 것이다. 먹고살기가 어려워 환경을 파괴하는 서민들에게는 법을 강화하고 있지만 사치와 과소비 바이러스를 전염시키는 슈퍼물질자들의 절망적 환경파괴에는 무방비 그 자체다.

오히려 그들의 정치적 로비와 물질공세(정경유착 등)에 빠져 '방종의 뿌리'를 옹호하며 물질과 권력에 취해 있다. 그들이 외쳐댔던 정치적 목표(최대다수 최대행복)의 근원적 해결책은 바로 슈퍼물질자들의 삐뚤어진 의식구조(자유개념)를 설득하여 개혁하는 것임에도 전혀 모르고 있거나 알고도 모르는 체 능청을 떨면서 인간과 지구의 미래를 걱정하며 정치를 열심히(?) 하고 있으니 어떤 국민들이 그들을 진정하게 보겠는가?

이렇게 슈퍼물질자를 무수히 탄생시켜 사치와 과소비문화가 대중화되어 버린 국가들이 오히려 선진국이요, 문화대국이라 자부하고 있는 것이 더 심각한 문제다(140절 '문화와 문명'을 참고하기 바람). 그 국가들은 환경파괴 바이러스를 전 세계에 퍼뜨리고 있으며 이는 중독성과 시너지 효과가 강해 중국과 인도까지 오염되고 있으니 지구환경의 절망적 파괴는 이제 시간문제다.

124 교활한 영혼들이 불행해질 수밖에 없는 이유

누구나 다 부자가 될 수는 없다. 소수만이 부자가 된다. 그래도 누구나 부자가 되기를 원한다. 그리고 부자가 되어도 갑부가 되려고 한다. 나눔과 베풂의 개념보다 축적의 개념을 우선하는 인간들의 모습이다. 위법한 짓을 서슴없이 하다 발각되어도 축적해 놓은 재물의 힘(재력)으로 막을 수 있는 최상의 보험을 들기 위해서다. 그래서 평생 물질축적을 즐기다가 자식에게 넘기고 죽는다. 이러한 현상은 부패사회나 후진국일수록 심화된다.

대다수의 부모들도 자식이 열심히 공부해서 성공하기를 간절히 바라지만 가난한 벼슬은 탐탁하게 생각지 않는다. 그리고 벼슬을 하면 물질(부귀영화)은 자연히 따라오는 것으로 생각한다.

구인문은 이와 같은 인간의 물질탐욕을 감성적으로는 금기시했지만 결과적으로 봐서는 부추긴 셈이다. 백성의 재산을 착취한 권력자들만이 갑부였던 시기에 만들어진 구인문이기에 권력의 눈치를 보며 부의 편중을 냉정한 논리로 강력하게 비판하지 못하는 한계가 있다. 이러한 구인문의 어정쩡한 자세는 자본주의의 출현과 함께 서민갑부가 나타나면서 양극화가 더욱 심각해졌다.

구인문은 배움의 목표를 갑부에 두는 심각한 물질만능사회가 대중들의 두뇌에 파고들어 양심을 내쫓아도 '그래서는 안 된다'고 외쳐대기만 했다. 그리고 돈만 있으면 만사형통이라는 갑부들의 교활한 영혼에 충격적인 깨달음을 주지 못했다.

갑부들은 인생의 대부분을 물질에 몰입한다. 그러다보니 인간성의 가장 핵심적인 요소인 진정성을 잃어버린다. 물질탐욕을 위해 물질탐욕자들과 대부분의 세월을 보내야 하니 항상 상대를 의심하고 경계하는 자세로 삶을 꾸려야 한다.

세상사람 모두가 진정하지 않다는 확신을 가지고 살아가야만 갑부를 유지할 수가 있다. 그리고 하늘과 별과 바람과 시와 지혜에 대한 얘기보다는 골프와 부동산과 주식펀드와 인맥과 상속에 대한 얘기로 일생을 보낸다. 물질과 무관한 얘기는 도대체 흥미가 없고 시시하다. 이러한 '물질축적 중독증'이야말로 불행의 씨앗인 것을 세상을 떠날 때가 되어야 비로소 느낀다.

한 명의 갑부가 3천 여평의 저택에 살며 거드름을 피우지 않으면 그곳에 2백 가구의 무주택 가정에 기쁨을 줄 수도 있다. 이와 같이 갑부들이 물질적 삶에 가치를 두고 있을수록 가난한 자는 생활과 삶에 찌들려 교육의 기회도 그만큼 사라진다. 그리하여 더욱더 가난에 찌들게 하는 간접죄를 짓고 있는 것이다. 그것은 살인죄와 같은 직접

죄보다도 더 무서운 사회파괴적 요소를 지니고 있다.

물질탐욕에 큰 성공을 이룬 자가 많을수록 물질탐욕에 실패한 자는 훨씬 더 많아지고 양극화에 찌든 인간사회는 그만큼 불행에 젖어든다. 인간사회를 양극으로 몰아 불행한 사회를 만드는 자는 '교활한 영혼'을 지닌 자이며 자신의 황혼은 물론이고 후손까지 그 불행을 되돌려 받는다는 것이 신인문의 확고한 논리다. 교활한 영혼이 불행해질 수밖에 없는 이유다.

125 꿈과 탐욕의 차이는 무엇인가?

성공적인 삶은 어떤 삶일까?

바로 멋지고 아름다운 자연의 모습이 생생하게 담겨 있는 삶이다. 그것은 곧 가장 인간답게 사는 원천이며 첩경이다. 그리고 자연이 인간에게 강력하게 던지는 메시지는 무엇일까? 바로 탐욕을 버리고 꿈을 지니라는 것이다.

과연 탐욕이 무엇이며 내 영혼에는 무슨 탐욕이 들끓고 있을까? 그리고 그 탐욕은 꿈과 어떻게 다를까?

꿈과 탐욕의 동질성과 이질성을 명쾌히 구분해 주는 것이 인문의 책무이지만 구인문은 추상적이고 윤리적인 구분에만 골몰했기에 꿈과 탐욕이 대중들의 삶속에서 뒤엉겨 버린 것이다. 그리고 맑은 물과 흙탕물이 혼합되면 모두 다 흙탕물로 변하듯 꿈과 탐욕이 뒤엉긴 인간세계는 결국 탐욕의 세상으로 변질된다. 오늘날의 사회가 탐욕으로 물들어 가는 이유다.

그러나 신인문은 다음과 같은 10가지 개념으로 꿈과 탐욕을 구체적이고 논리적으로 구분한다.

하나 꿈의 마지막 종착지는 사랑과 나눔이어서 사회를 밝게 하지만 탐욕의 마지막 종착지는 증오와 물질축적이어서 사회를 어둡게 한다.

둘 꿈은 목표에 집착하지 않고 과정의 진정성을 더 중시하지만 탐욕은 과정의 진정성에는 무심하고 목표의 결과에만 집착한다. 그러므로 꿈은 목표를 이루는 과정 자체도 즐겁고 행복하지만 탐욕은 목표의 달성유무를 떠나 항상 쾌락과 불안만 교차한다.

셋 꿈은 가슴의 지혜를 우선하기에 영혼의 행복을 그리워하고 탐욕은 머리의 지식을 우선하기에 물질의 행운을 그리워한다.

넷 꿈은 지구력을 우선으로 진정한 노력을 하지만 탐욕은 인내력을 우선으로 계산된 노력을 한다.

다섯 꿈은 이루어지지 않더라도 그 자체가 성공처럼 멋지고 아름답지만 탐욕은 성공하더라도 진정성이 사라져 더욱 추해지고 허무해진다.

여섯 꿈을 펼친 후에는 도리어 평범해지려는 복원력이 있지만 탐욕을 채운 후에는 더 큰 탐욕의 끈을 놓지 않기에 초심으로 돌아가는 복원력이 없다. 그러므로 탐욕자는 서민임을 망각하고 특권의식에 물든다.

일곱 꿈이 있는 자는 지식과 경험을 폭넓게 터득하며 스스로를 즐기지만 탐욕자는 임기응변과 기교에 집착하며 기회를 포착하는 데 여념이 없다.

여덟 꿈이 있는 자는 어느 계층을 막론하고 진정성으로 대하지만 탐욕자는 자신에게 유익한 자에게만 진정성이 있는 듯 보이려 한다.

아홉 꿈이 있는 자는 자신부터 깨우치기 바쁘기에 능력 이상의 행운을 원하지 않지만 탐욕자는 자신을 남에게 알리기에 바쁘기에 능력 이상의 행운을 손꼽아 기다린다.

열 꿈을 지닌 자의 얼굴과 가슴속에는 화합을 소망하는 사랑이 있고 탐욕자의 얼굴과 가슴속에는 분열을 노리는 증오가 있기에 그들이 행하여 왔던 긴 세월의 흔적들이 얼굴에 축적된다. 50대 이후의 자신의 얼굴에 책임을 져야 하는 이유다.

꿈이라 확신하며 열심히 살아왔던 삶이 때때로 몹시 허무해지거나 많은 재산을 가지고도 더 큰 재산과 직위가 부럽고 나눔을 외면하고 싶은 자는 그 꿈이 탐욕이었음을 직시하라.

물질적 성공을 하여 재산이 수십억 이상이 되고 주위 친척 친우를 도와주며 사회봉사까지 하는 자를 꿈과 도덕성을 이룬 성공자로 높게 평가하지만 신인문의 기준에서는 탐욕자로 평가한다는 것이다. 그 어떤 봉사와 헌신을 하더라도 물질의 진정한 가치를 넘어 과시나 사치를 위한 과잉물질을 품고 있다는 자체가 바로 탐욕이기 때문이다.

이러한 탐욕자가 '노블리스 오블리제'를 행하는 것은 자신의 과잉재산을 보존하기 위한 안전장치로 볼 수밖에 없다. 특히 이러한 탐욕자가 정치인이 되면 맑은 정치로 헌신과 봉사를 하더라도 자신의 재산에 손실을 입는 법안발의에 미온적일 수밖에 없기에 가난한 대중들을 위해 온몸을 던지는 정치개혁을 해낼 수 없다는 것이 신인문적 정치논리의 근간이다. 과잉재산 그 자체가 이미 정치의 핵심적인 목표(양극화 해소)에 반하기에 정치인 이전에 부끄러워해야 할 탐욕이라는 것이다.

이와 같이 탐욕과 꿈을 명쾌하게 구분해 주지 못한 구인문은 권력과 부를 동시에 거머쥐는 과거의 군주제를 묵인해 왔고, 정치인이 되는 데 재산이나 인맥의 힘이 영향을 주는 오늘날의 정치제도를 개혁할 수 있는 구체적 대응논리도 제시하지 못하며 선악만을 부르짖고 있다.

첨단 과학과 논리가 모든 분야를 압도해 버린 21세기에도 재산이나 인맥의 힘으로 정치인이 되고 그 권력으로 재산을 더욱 축적하는 탐욕자가 정치무대를 휩쓸고 있다는 것이다.

이와 같이 불신과 탐욕의 정치가 사라지지 않는 명백한 이유가 있다. 구인문의 전통과 관습에 젖은 대중들이 꿈과 탐욕이 뒤엉긴 정치입문자들을 탐욕자로 느끼지 못하고 꿈과 능력을 갖춘 정치인으로 신뢰하며 표를 주기 때문이다. 그리고 정치인으로 선출된 후 탐욕의 근성이 나타나면 그때서야 그들을 향해 고개를 저으며 불만과 불신을 노골적으로 드러내는 일이 끝없이 반복되는 것이다.

신인문의 개념이 대중화되어 국민의 다수가 꿈과 탐욕을 명쾌하게 분별할 수 있는 시대가 오면 비로소 탐욕이 없고 꿈과 능력을 가진 정치인들이 정치무대를 휩쓸고 국민이 바라던 꿈을 현실화시키는 정치력을 발휘하게 될 것이다.

126 욕심과 탐욕과 철학의 관계

욕심과 탐욕의 차이점을 논리적으로 구분해 놓지 못한 구인문은 '둘 다 버려야 한다'고 수천 년 동안 노래를 불렀다. 그러나 신인문의 시각은 다르다. 탐욕은 반드시 버려야 하지만 합리적 이성으로 숙성된 욕심은 삶의 의미와 가치를 창조하는 불쏘시개의 역할을 하고 있기에 꿈을 이루기 위해서는 반드시 욕심이 필요하다는 논리다.

그렇다면 욕심과 탐욕의 차이는 무엇인가? 자신의 생존과 사랑에 꼭 필요한 물질과 영혼을 얻기 위해 이기심을 가지는 것이 욕심이라면 그 이상의 이기심을 가지면 탐욕이다. 전자가 합리적 이기심이고 후자는 변질된 이기심인 것이다.

좀 더 구체적으로 접근해 보자. 욕심과 탐욕은 하나의 선상에 위치하고 그 방향성도 같지만 타당과 비타당이라는 극과 극의 결과로 나타나기에 그것을 분별하는 능력이야말로 행복과 불행을 결정하는 나침반이다.

이러한 분별능력이 부족한 자가 크게 성공하거나 출세하게 되면 욕심의 임계점을 넘어서 탐욕으로 변질되어 있다는 사실을 깨닫지 못하고 끝없는 탐욕의 세계에 빠져들면서 훗날 불행의 계곡으로 떨어질 수밖에 없다는 것이다. 필요이상의 물질이나 능력이상의 직위를 갖는 행운을 거머쥐고 가문의 영광이라 생각하는 것 자체가 탐욕이기 때문이다.

이와 같이 자신의 꿈을 위해 욕심을 가지면서도 탐욕의 세계에 빠져들지 않는 분별능력을 갖추게 하는 학문이 있다. 바로 철학이다.

그 속에는 자연의 이치가 깊이 내재되어 있기 때문이다. 철학에 무심한 인간은 정상적인 성공과 출세를 해도 더 큰 것을 생각하다가 탐욕의 유혹에 빠져들기가 쉽다는 것이다. 인간이 철학을 공부해야 하는 이유가 바로 여기에 있다.

'너 자신을 알라'라고 외쳤던 소크라테스야말로 철학의 정곡을 찔렀다. 철학은 승패를 겨루는 학문이 아니라 자연과 인간의 연결고리와 균형추를 깨우쳐서 자신을 알게 하는 학문인 것이다.

그러므로 철학이 무르익은 사회의 구성원들은 스스로를 깨우치고 있기에 너와 나의 소통이 탁월해져서 이념적 갈등이나 이분법적 흑백논리에 휘말리지 않고 자연스레 화합과 원원의 사회로 향하게 된다.

나를 알게 되면 나의 능력을 알게 되고 나를 사랑하는 방법을 깨우치게 된다. 그리고 상대를 알게 되고 상대를 사랑하는 방법까지 깨우치게 되어 탐욕이 사라질 수밖에 없는 사회적 분위기를 형성시킨다. 이와 같이 탐욕이 사라진 합리적 욕심은 순수하여 행복하지 아니할 수가 없다.

자신의 능력이상의 직위를 바라거나 과시나 사치위주의 저택과 스포츠카, 그리고 골프와 밍크코트를 즐기며 필요이상의 많은 재산을 축적하여 자식에게 물려주는 데 혈안이 되어 있는 자는 틀림없는 탐욕자이다. 그리고 항상 건강에 욕심을 내고 진정한 사랑을 갈구하며 자신의 능력만큼의 직위만을 원하고 한 권의 시집을 내고 싶어하거나 기타 취미생활에 목표를 두어 열정을 쏟는 자는 합리적 욕심자인 것이다.

탐욕자는 자신과 사회를 어둡게 하며 제 명을 앞당기고 욕심자는 자신과 사회를 밝게 하며 제 명을 더 늘린다. 이 모든 행복의 시발점이 철학이니 어찌 철학을 멀리하리오.

127 생존논리의 악순환

세 친구 A, B, C가 있었다. 의좋은 시골동네 친구였다. 그들은 모두 같은 중·고등학교를 졸업 후 대학에 진학했다. 그들은 인문의 핵심인 '인의예지신용'을 함께 배우고 익히며 정의롭고 영원한 친구로 살아갈 것을 맹세한 엘리트들이었다.

대학졸업 후 A, B는 일반직장에 일하게 됐고 C는 판사가 되었다. 세 친구는 사회생활을 하면서도 자주 만났다. 판사 초기시절 C는 A, B에게 정의롭고 떳떳한 판사가 되겠다고 다짐했다. 그러나 세월이 흐를수록 조직속의 괴로움을 가끔씩 A, B에게 토로했다. 윗선에서 자신의 소신과 전혀 다른 지시나 은근한 청탁이 내려오면 어느 쪽을 선택해야 하는가에 대한 고뇌다. C는 결국 소신을 뒤로하고 출세를 선택한다. 그는 어쩔 수 없는 선택이라고 확신했다.

여태껏 공부시켜 준 부모님에게 자신의 성공을 보여 드리기 위한 것이고 그러기 위해서는 어떤 일이 있어도 그 조직의 정상을 차지하는 것이 C가 할 수 있는 최선이었다. 출세와 성공에 집착한 생존논리의 굴레였던 것이다.

C는 정치인들과의 교류를 넓히고 자신의 진급과 관련된 상급자들에게 남다른 물질과 영혼을 쏟으니 빠른 진급을 하면서 출세가도를

달렸다. 이를 지켜본 A, B는 서로 다른 생각을 가지게 되었다. B는 C가 최선을 다하고 있다고 적극 지지했지만 A는 달리 생각했다. 그 옛날 순수하고 정의로웠던 대화와 상반된 언행을 하며 그것이 곧 현명함이라고 자신 있게 말하는 C에게 진정성을 느낄 수 없었다.

사랑논리를 우선시하는 A는 C와의 대화에서 가끔씩 격론을 벌였고 서서히 소원해 지며 만남도 멀어져 갔다. C는 결국 정상의 자리에 다다르고 물질과 직위를 가장 큰 행복이라 생각하는 B와 같은 부류의 주위사람들에게는 무한한 지지와 존경을 받았다. C는 자신의 삶에 대한 자부심으로 가득 차고 후배들에게도 자신이 걸어온 길이야말로 성공의 비결이라고 훈시한다.

생존논리에 크게 성공한 자가 된 C는 스스로가 윗선이 되어 젊은 판사들의 소신을 혼란스럽게 하는 지시나 은근한 청탁을 즐기며 그들을 길들인다. 그리고 생존논리에 집착해야만 성공할 수 있다는 것을 역설한다.

그에 반해 사랑논리를 끝까지 우선시한 A는 C와 잘 어울리지 못하는 융통성이 없는 자로 평가받게 되고 C와 잘 어울리는 B는 융통성이 있는 자로 평가받게 된다.

C는 대성공을 거두었지만 문제는 반대편에 존재했다. 사회는 점점 더 어두워지기만 했다. 사법부 수장이면서도 가장 기본적으로 척결해야 할 '유전무죄 무전유죄'의 관례조차도 물끄러미 쳐다만 보고 손을 대지 못하는 자가 바로 C다. 재판에 이기려면 무조건 돈이 필요하다는 물질만능 사회를 소가 닭 보듯 하며 행동하지 못하는 자가 바로 C다.

사랑논리는 반드시 패배하며 '생존논리만을 바라보아야 성공한다'

는 사회풍토의 앞잡이 역할을 하고 있는 자가 바로 C다. 인간사회를 보이지 않는 몰락으로 치닫게 하는 중심에서 어쩔 줄 몰라 서성대다 몰래 숨어버린 자가 바로 C인 것이다.

그러나 탐욕에 길들여진 대중들의 다수는 C가 큰 명예와 성공을 이루었다고 인정한다. 그리하여 생존논리의 악순환은 계속되며 사회적 모순은 증폭되어 간다.

128 판사가 멋지게 보이는 세상

'판사님은 정말 멋있어. 정말 존경해.

판사님이 내 마음속에 있는 양심을 그대로 판결하셨어.

변호사도 없는 내 손을 들어주었어.

양심이 통하는 사회가 분명해.

억울한 누명을 벗었어.

상대방은 돈 많은 부자.

난 배움이 없고 가난했지.

분명히 감옥으로 직행할 줄 알았지.

어찌 이런 판사님 있을까?

기적이 일어나는 세상.

이런 분 계시니 양심대로 살아야 해.

더 밝고 건전하게 살아야 해.

예전엔 생각조차 못했던 마음 절로 생기네.

고마운 판사님. 영원히 사랑해요.'

요즘 젊은 세대가 즐기는 랩 가사 같지만 재판이 끝난 원고나 피고 100명 중에 이런 느낌을 받은 자가 과연 몇 명일까? 만일 10명이 넘는다면 그 사회는 행복이 약속된 사회다.

당연히 해야 할 판사의 임무임에도 감탄과 존경이 쏟아지고 기적과 같은 느낌을 받는 것은 왜일까? 명성이 높은 변호사를 선임해서 돈 칠갑하면 판결을 뒤집을 수도 있는 비정상적 사회를 반증한다.

사람들은 정의로운 사회를 거의 포기해 버렸다. 그래서 돈과 연줄을 축적해 놓는 데 여념이 없다. 자녀를 판사에게 시집 장가보낼 때 몇 개의 열쇠를 준비하는 것이 기본이다. 그냥 먹고 살면 될 것을 악착같이 돈을 쫓는 핵심 이유 중에 하나다.

중장년층의 절대다수는 자신이 판사가 되어도 정의로운 판사가 될 수 없을 것이라고 생각한다. 정의로운 판사는 뒷돈도 생기질 않고 상납을 거부해 진급도 하기도 어려우며 동료판사들과도 묘한 이질감이 생길 것이라고 생각하기 때문이다. 부장판사의 부친상이나 자녀 혼례에 인파가 몰리는 것도 판사의 인격보다 훗날의 청탁을 위한 안전장치이기에 도저히 불참할 수가 없다.

겉으론 모두 사랑이 넘치는 정의로운 사회를 외치면서도 왜들 이렇게 됐을까? 너무나도 간단한 이유가 있다. 사법제도와 물질탐욕의 세태가 딱 맞아떨어지기에 그 조직 속에 진입하여 출세가도를 달리는 자는 세월이 흐를수록 오염될 수밖에 없다.

쉬운 예를 또 다시 들어보자.

A, B의 친지 D, E가 있었다. D와 E가 재판을 하게 됐다. E는 B에게 달려가서 청탁했고 B는 절친한 C(판사)에게 간곡히 청탁한다. C는 B의 청탁을 외면할 수가 없다.

문제는 E와 재판하고 있는 D다. D 역시 A에게 달려가서 청탁한다. A는 C에게 부탁할 성품도 아니고 소원해진 C에게 부탁할 입장도 못되었다. 결국 D는 '재판'에 패소할 수밖에 없다.

B는 E를 승소시켜 친지들로부터 탁월한 융통성을 더욱 빛내고 D의 부탁에도 거절한 A는 융통성도 없는 샌님으로 조롱받는다. 이러한 법조계의 굴레는 국민들에게 이미 상식으로 굳어져 있다.

판사는 퇴직할 때까지 무수한 판결을 하며 그 판결 하나하나가 국회의원의 입법활동보다 대중의 피부에 더 와 닿는다. 우리들의 삶에 직접 연결되어 부딪치고 회자되는 얘깃거리와 직결되기 때문이다.

정치개혁과 교육개혁, 그리고 사법개혁이야말로 우리의 삶의 질을 보장하는 유일한 3대 개혁 과제다. 그것도 혁명적 개혁이어야만 가능하다.

129 초심을 외치는 자들의 착각

인간은 교육을 통해 성장하면서도 주위환경에 의해 많은 영향을 받는다. 어릴 적 그렇게 맑고 깨끗했던 아이들이 아름다운 세상을 노래하는 시인이 되기도 하지만 사회를 혼란의 도가니로 만드는 조폭이나 살인자가 되기도 한다.

그러나 그들 모두의 가슴속에는 한마음으로 향하고 있는 공통분모가 있다. 어릴 적 동심의 세계를 그리워하고 있다는 것이다. 예를들면 초등학교 동창회에서 느끼는 좋은 감성이 바로 그것이다.

그러나 동심은 초심과 다르다. 마음만 먹으면 언제나 돌아갈 수 있는 것이 동심이라면 그렇지 못한 것이 초심이다. 초심으로 돌아가겠다는 것은 도화지 위에 며칠 동안 애써 그려 놓은 그림이 마음에 들지 않는다고 순식간에 백지로 만들어 버리거나 수십 년 동안 잘못된 습관에 의해 구부러진 척추뼈를 하루아침에 바로잡겠다는 의지의 표현일 뿐이다.

탐욕과 깨우침을 잠시 잊어버리면 동심으로 돌아갈 수 있지만 탐욕을 버리고 깨우침을 얻어야만 초심을 유지할 수가 있다는 것이다. 그런데도 초심이라는 용어를 약방의 감초처럼 남발하는 자들이 있다. 바로 정치인들이다.

정치활동을 하다가 국민의 원성을 사면 초심으로 돌아가겠다고 무릎 꿇고 다짐한다. 그러나 국민들은 한 쪽 귀로 듣고 다른 쪽 귀로 흘려 보내버린다. 그 이유는 너무나 간명하다. 초심으로 돌아간 정치인을 보지 못했기 때문이다. 수십 년 동안 잘못된 관행과 습관에 의해 터져 나온 실수이기에 그만큼의 세월동안 심성을 닦아야만 초심으로 돌아갈 수 있다는 것이다.

그러므로 초심을 유지하는 데 심혈을 기울여야지 초심으로 돌아가겠다는 것은 순간적인 변명이 될 수밖에 없다. 그것은 마치 기초훈련이 다져지지 않은 축구선수가 헛발질하고 난 후 앞으로는 절대로 그런 실수를 하지 않을 자신이 있다고 말하는 것과 같은 것이다.

초심을 유지하기 위해서는 다음과 같은 5가지 사항을 반드시 실천에 옮겨야 한다.

첫째 끊임없이 인문적 지식과 체험을 통해 삶의 지혜를 배우려는 자세가 있어야 한다.

둘째 논리에 근거한 사색과 명상을 즐기며 삶의 연결고리와 균형추를 끊임없이 추구해야 한다.

셋째 주위사람들과의 만남을 가장 중시해야 하며 자신의 직위나 여건에 항상 감사하는 마음이 우러나야 한다.

넷째 이 세상에 태어날 때의 상황(빈손)을 잊지 않고 필요이상의 재화가 모이면 바로 즉시 나눔을 선택해야 한다.

다섯째 동심의 세상을 항상 그리워하며 주변사람들과의 대화와 토론을 흔쾌히 즐길 줄 알아야 한다.

위의 5가지 사항의 공통점은 배움을 목말라하고 탐욕을 버리며 나눔을 실천하는 것이다.

초심으로 돌아가겠다고 외치는 자여.

그대는 당장 학문을 익히고 직위나 명예에 연연하지 않으며 필요이상의 재산을 주위사람들과 함께 나눌 결심을 했단 말인가? 그렇지 않으면 그것은 초심이 아니며 위기모면을 위한 화려한 이벤트에 불과한 '발심'일 뿐이다.

그대의 행동과 습관을 뉘우치겠다는 의지를 내세우기 전에 초심으로 돌아가겠다는 외침 자체를 부끄러워해야 한다. 평소에 학문과 체험을 게을리하며 필요이상의 재화에 묻혀 나눔을 쳐다보지 않는 탐욕의 습관을 그대로 유지하면서 무슨 초심을 말할 자격이 있단 말인가? 그대들과 같은 배운 자들이 초심을 외치면서 탐욕을 부리니 배우지 못한 자들이 그대들에게 배울 것은 탐욕밖에 없다.

이것이 바로 온 세상이 탐욕으로 가득해지는 원인이다. 수십 년 동안 닦아온 철학도 한번의 탐욕에 걸려들면 무너져 내리는데 수십 년 동안 탐욕에 취해 있는 자가 어찌 초심을 말할 수가 있는가?

초심으로 돌아가겠다고 공언하는 자여.

제발 그 말은 하지 마라. 그대에겐 애초부터 초심을 유지하려는 깨우침이 없었기에 돌아갈 수도 없는 자라는 것을 스스로 공언하는 꼴이다.

댓글

사람들은 초심과 발심(출발)을 착각하며 살고 있다.

탐욕이 없는 인간태초의 본심(타당심)이 초심이라면 변질된 이성으로 어떤 목표를 설정하면 이미 탐욕(부, 명예, 성공, 직위 출세에 집착하는 욕구)이 포함되어 그 목표가 아무리 열성이 있고 성실해도 초심이 아닌 발심인 것이다.

동심과 발심은 마음만 먹으면 당장이라도 돌아갈 수 있지만 초심은 오랜 세월동안의 깨우침을 실천하지 못한 자는 유지할 수도 돌아갈 수도 없는 마음이다.

정치인들이나 일반대중들이 초심으로 돌아가겠다는 외침은 바로 발심을 말하는 것이다.

신인문이란 무엇인가?

130 신인문이란 무엇인가?

구인문이란 무엇인가?

인간의 본성을 열등시한 '이성우월주의 인문'이다.

'개인의 삶'과 '사회제도'라는 두 축을 이성에만 치우쳐 연결시키고 균형을 맞추려 하니 모순과 이중성이 나타나면서 끝없는 사회적 갈등과 분열을 초래할 수밖에 없는 '불통의 인문'이다.

한 눈으로 사물의 거리와 모습을 측정하고 그 이치를 살피려 하니 어찌 온전한 인문이 될 수가 있겠는가?

오묘한 자연의 이치를 그대로 닮아 있는 인간의 '절묘한 본성'을 동물의 본능 정도로 폄훼하거나 부끄럽게 여기는 '이성우월주의 인문'에서 무슨 사회적 공평과 화합을 찾을 수가 있겠는가?

이렇게 이성에 치우쳐 축조된 인문은 반드시 파생되는 것이 있다. 바로 변질된 이성이다.

동물의 세계에서는 볼 수 없는 '살인과 강간' '권력과 부에 대한 무한 탐욕과 대물림' 그리고 '선악사상과 유신사상' 등을 유발시키는 이성이다. 인간사회에 적대적 개념을 만연시켜 파멸로 치닫게 하는 이성인 것이다.

이처럼 인간사회의 갈등과 분열의 원인이 '변질된 이성'에 있음에도 이성에만 빠져 버린 구인문은 그 책임을 본성으로 돌렸다. 본성에 선과 악이라는 흑백개념을 주입하고 그 '악'이 인간세상을 파멸시키고 있다고 확신하며 인간을 '선'하게 만드는 것에 목표를 두었던 것이다. 인간사회에 '선의 가면'이 만연하게 된 이유다.

참으로 잘못된 선택이었고 바로 이것이 인간사회의 모순과 이중성이 시작되는 출발점이 되어 버렸다. 잘못된 설계도에 맞추어 긴 세월 동안 축조된 거대한 댐처럼 구인문은 결국 무너질 수밖에 없는 것이다.

구인문이 오늘날의 파멸적 사회를 치유할 수 있는 해결책을 명쾌히 제시하지 못하고 질질 끌려다니며 몰락해 가는 이유가 바로 여기에 있다. 이러한 구인문의 무기력함은 어디에서부터 시작된 것일까?

지금부터 그 뿌리를 살펴보자.

태초의 인간들은 본성에서 분리 독립된 두 가지 이성(합리적 이성과 변질된 이성)을 함께 지니고 있었다. 합리적 이성은 본성과 자연스레 융화되고 직위나 물질을 탐하지 않는 나눔과 화합의 이성이지만, 변질된 이성은 본성에 반하고 직위나 물질을 탐하는 독식과 갈등의 이성이다.

바로 이 '변질된 이성'이 인간사회를 모순과 이중성으로 만든 원흉이다. 이러한 변질된 이성이 인간사회 곳곳에 깊숙이 스며든 이유가 있다. 태초의 인간리더들의 절대다수가 '변질된 이성'이 탁월한 자들이었고 이들이 인간의 전통과 관습, 그리고 사회제도를 주도했기 때문이다.

동물은 이성이 없기에 대를 이어 가며 권력을 탐할 수가 없지만 변질된 이성이 뛰어난 인간은 대를 이어 가며 권력을 탐했다. 왕권주의야말로 변질된 이성의 대표적 사례인 것이다.

이러한 특권층들은 전통과 관습 속에 있는 신과 귀신, 선과 악 등의 이분법적 흑백문화를 특권에 유익한 논리로 끼어 맞추고 그들의 부당성에 반발하는 세력들을 약화시키거나 제거하는 데 이용했다. 겉으로는 백성들을 위한 사회제도인 것처럼 보이지만 내면에는 그들의 권력탐욕을 당연시하는 사회문화를 만들었으니 그 속에는 변질된 이성의 뿌리가 존재할 수밖에 없다는 의미다.

그 간단한 사례를 들어보자.

'예'는 문학, 사학, 철학만큼 중요한 인문의 영역이다. 그리고 '제례'는 인간이 매우 중시하는 '예'중의 하나다. 혈족들이 모여 정담을 나누며 조상을 기리는 아름다운 전통이다. 그러나 권력자들은 이러한 제례문화에 신비주의와 권위주의를 불어넣어 위엄과 웅장함을 과시하며 권력유지의 도구로 활용했다.

이러한 제례문화 속의 변질된 이성(탐욕)을 꿰뚫어 보지 못하고 전통과 관습이라는 절대성에 맹종하는 백성들도 재물과 출세와 직위를 바라는 제례문화에 동화되어 버렸으니 권력자들의 탐욕을 비판하고 나무랄 수도 없다. 모든 이들이 탐욕에 빠질 수밖에 없는 인간 사회가 되어 버린 것이다.

세상을 구하겠다고 나타난 인문학자(성현)들도 권력자들에게 '백성을 위해야 한다'는 말만 끝없이 되풀이했을 뿐 '백성들을 위한 권력이 되어야 한다'고 직언할 수는 없는 시대였기에 변질된 이성을 허용한 꼴이 되어 버렸고 결국 모순과 이중성을 수용할 수밖에 없는 인문이 되었다.

구인문이 오늘날 사회의 근원적인 문제들을 해결할 수 없는 결정적 이유다. 구인문이 지닌 처절한 숙명인 것이다.

이제는 구인문에 깊이 스며 있는 신비주의나 권위주의를 버리고 진정성과 타당성에 바탕을 둔 새로운 전통과 관습을 창조하여 태초의 인간에게 존재했던 야누스적 모순과 이중성을 해결해야 한다.

그렇다면 신인문이란 무엇인가?

인간의 본성과 이성을 균형 있게 배합하여 변질된 이성을 최소화시키는 인문이다. 모순과 이중성을 태동시켜 갈등과 분열로 얼룩지고 결국 불통의 인간사회를 만들어 버린 '구인문 속의 비논리'를 논리적 확신으로 여과해 내고 진정성과 타당성을 바탕으로 공평과 화합의 인간사회로 향하는 '소통의 인문'을 말한다.

타당해야 소통이 되지 않겠는가?

131 신인문적 삶

대자연이 창조한 만물은 양면성과 다양성으로 복잡하게 얽혀 있지만 단 하나의 단절과 불통도 없이 서로 거미줄처럼 연결되어 균형을 이루며 완벽한 조화를 뽐내고 있다.

새와 나무와 잡초와 다람쥐와 매미와 흙은 서로를 필요로 하며 멋지고 아름답고 풍성한 숲을 일구어 나간다. 그곳에는 그 어떤 미물이라도 무시와 왕따를 당하지 않기에 갈등도 증오도 존재하지 않는다. 오로지 '순리'라는 논리만으로 창조했기 때문이다.

그렇다면 인간사회는 어떠한가?

물론 대자연을 닮아 양면성과 다양성으로 얽혀 있다. 그러나 갈등과 분열과 증오와 불통이 끝없이 이어지고 있다. 구인문이 창조한 원초적 비논리(선악과 신과 귀신 등)가 사회의 양면성과 다양성의 논리 밑에 숨어 연결성과 균형성에 타격을 가하기 때문이다. 그것은 마치 생활습관이 체계적이고 합리적이지 못해 몸의 연결성과 균형성을 담당하는 자율신경계가 서서히 망가져서 나타나는 각종 질병과 같다.

원초적 비논리가 처음부터 문제가 있었던 것은 아니다. 이성보다 본성에 의지하며 살았던 태초의 인간들에게는 불안과 공포를 막아 주는 필수불가결한 생존개념의 큰 축이었다. 그러나 원초적 비논리의 허점을 잘 이용하면 엄청난 명예와 물질을 거머쥘 수 있다는 것을 알아차린 교활한 탐욕자들이 사회 곳곳에 나타나 부와 권력을 쥐기 시작했다.

그리고 이를 대대손손 이어 가기 위해 '선'이나 '신' 또는 '진실'의 탈을 쓰고 도덕과 윤리로 무장하기 시작했다(왕권과 종권이 그 대표적인 사례다). 이러한 자들이 성공한 자로 대접받고 사회적 리더로 존경받는 사회풍토가 인간사회를 지배하면서 계급사회와 양극화라는 치명적인 모순과 이중성을 낳았다.

이와 같이 원초적 비논리야말로 단절과 탐욕을 키우고 나아가서는 모순과 이중성을 낳는 씨앗이라는 것이다. 자신이 선택한 선이나 신

또는 진실을 위해서라면 증오나 살육까지도 마다하지 않겠다는 맹신적 집착이야말로 비윤리적 탐욕이며 이중적 행위인 동시에 모순이 아니고 무엇인가?

바로 오늘날 사회가 그렇다.

'선이나 진실'이라는 애매모호한 흑백개념이나 '신'이라는 비논리적 개념으로 인간의 윤리와 도덕을 바로잡아 평화와 행복을 꿈꾸고 있지만 오히려 '악과 귀신, 그리고 거짓'이라는 적대적 개념을 파생시키며 갈등과 분열과 증오와 불통의 사회로 치닫고 있는 것이다.

박새와 뻐꾸기의 관계를 예로 들어보자.

우리는 박새의 둥지에 탁란하는 뻐꾸기는 '악'이고 뻐꾸기의 알을 품고 키우는 박새는 '선'이라는 통념에 젖어 있다. 이러한 비논리적 개념이 전통과 관습 속에 얽혀 있는 인간사회는 자신과 다른 종교나 이념을 가진 자들이나 성폭행자, 묻지마 범죄자, 사기범, 폭력범, 살인범 등을 악의 무리로 인식하고 증오하는 습성을 자연스레 지니게 된다. 물론 타당하지 못한 일을 저지르는 자들에게 엄한 형벌을 주는 것은 마땅하다.

그러나 비논리적 흑백개념(선악이나 신과 귀신, 그리고 진실과 거짓 등)에 중독되어 원한이나 증오나 복수심을 키우는 인간사회는 결코 화합을 이끌어 낼 수가 없다.

그러나 신인문의 개념은 다르다. 뻐꾸기를 미워하거나 증오할 하등의 이유가 없다는 것이다. 뻐꾸기의 탁란은 자연의 이치에 따른 순리라는 것이다. 박새는 번식률이 매우 높기에 품고 있는 알들이 모두 부화되면 먹이부족으로 공멸의 위협을 받을 수 있으므로 '뻐꾸기의 탁란'이 오히려 박새의 생존에 도움을 주는 부분이 있다는 것이다.

아직까지 과학적 논리로 밝혀지지 않은 자연의 깊은 이치가 둘 사이에 연결되어 서로에게 생존의 안정을 준다고 확신하는 개념이다.

신인문적 개념에는 선의 무리도, 악의 무리도, 신의 무리도, 귀신의 무리도, 진실의 무리도, 거짓의 무리도 없다. 자신을 선이나 진실이나 신으로 생각해서도 안 되고 상대를 악이나 거짓이나 귀신으로 바라보아서는 더욱 안 된다. 오직 양면논리의 진정성과 타당성을 중시한다.

'내가 하면 로맨스고 남이 하면 스캔들'이라는 개념은 불통의 뿌리이며 결국 돌아오는 것은 갈등과 분열과 증오의 사회뿐이라는 것이다. 그러므로 사회를 불안과 공포에 빠뜨리는 범법자들은 악의 무리가 아니다. 타당치 못한 행위를 저지른 자일 뿐이다. 그들이야말로 구인문적 사회제도나 교육제도로 인한 피해자다.

아무리 착하고 부지런한 삶을 꿈꾸는 인문이라도 아무리 성공과 휴머니즘이 넘치는 인문이라도 아무리 신비함과 화려함과 웅장함이 깃든 인문이라도 아무리 아름다운 전통과 역사를 품고 있는 인문이라도 '비논리적 흑백개념'의 뿌리와 연결된 인문이라면 갈등과 분열과 증오의 감정을 유발시키는 불통의 인문인 것이다.

신인문적 삶은 너무나 간명하다.

바로 진정성과 타당성을 으뜸으로 하는 삶이다.

남들이 알아주든 알아주지 못하든 바보라 하든 현자라 하든 자신의 삶을 이치와 양심에 따라 살아가는 것이다. 실수했으면 실수했다, 미안하면 미안하다고 백번이라도 말하며 자존심보다는 양심과 양면논리를 우위에 두고 살아가는 것이다.

위엄과 권위를 보여 주려는 모습이나 행동도 안 되며 오직 자신의 진정한 실력과 능력만을 보여 주는 삶이다. 비범이 있어도 평범 속에 넣어 놓고 필요시에만 끄집어내야 하며 자신의 능력으로 이루어 낸 성공은 담아내고 그 성공 속의 탐욕은 걸러내는 삶이어야 한다.

132 소통과 논리와 깨달음

서로 친해진다는 것은 무엇일까?

영혼의 경계를 허물고 무슨 얘기라도 흉금 없이 나눌 수 있다는 의미다. 이러한 부인이나 친구나 형제나 연인이나 가족이 있다면 행복하지 않을 수 없다. 서로 다른 육체가 영혼의 경계를 허물고 깊은 소통이 가능한데 어찌 행복하지 않을 수가 있단 말인가?

그러나 새로운 사람들을 만나 영혼의 경계를 허무는 것은 너무나 어렵다. 부부지간에도 대화가 결핍된 경우가 허다하며 처음에는 친하게 만나다가 어떤 대화를 계기로 소원해져 만나지 않는 경우가 비일비재하다.

멀어진 이유가 무엇인지를 깨닫고 있는 자도 있고 그 자체를 모르고 있는 자도 많다. 그 사이에는 불통이라는 장애물이 끼어 있다. 상대방의 언행에서 자신과 맞지 않는 심각한 부분을 발견하거나 자신의 언행에서 상대방과 맞지 않는 심각한 부분이 노출되면 소통에 빨간불이 켜지는 것이다.

그렇다면 자신과 맞지 않는 언행이란 무엇을 말하는가?

바로 상대방의 언행 속에 비논리가 존재한다는 것이며 이러한 비논리가 답답함을 만들어 거부감이나 불쾌감을 불러일으킨다. 이와 같이 불통의 내면에는 비논리가 끼어 있어 갈등과 증오를 만들고 소통의 내면에는 논리의 계단이 가지런하여 만남과 사랑이 끝없이 펼쳐진다. 종교나 이념보다 수학이나 과학이 세계적으로 완벽하게 소통되는 이유도 바로 여기에 있다.

그렇다면 불통에서 벗어나 소통으로 향하는 방도가 있을까? 그것은 너무나도 간명하다. 자신의 삶의 방식 중에서 비논리적 개념을 가려내어 여과해 내는 것이다.

영문도 모르고 맹신하고 있는 것이 무엇이며 사색도 없이 암기하고 있는 것이 무엇인지를 찾아내어 그 이치를 따져 해답을 구해야 한다. 이를 위해 스승이나 선배의 조언, 그리고 책과 여행과 체험이 필수적이다. 소통의 영역을 넓혀 나가는 것이다.

이와 같이 참다운 삶은 원활한 소통에서 비롯되고 인문 또한 소통이 가장 우선적 과제다. 인문이 논리를 기반으로 해야 하는 핵심적 이유다. 철학이든 사상이든 종교든 이념이든 소통에 장애가 되는 인문이라면 비논리적 인문이며 인간사회를 갈등과 분열로 만드는 인문인 것이다.

그렇다면 깨달음이란 무엇인가?

소통의 폭과 깊이를 확장시키기 위해 이성과 감성이라는 양면의 논리를 조합하는 능력을 배양시켜 누구와도 화합할 수 있는 통섭의 마음을 얻는 것이며 이것이야말로 자아실현적 행복에 다다르는 것이다.

133 이성적 깨달음과 감성적 깨달음

삶이란 무엇인가?

수많은 현인들이 온몸을 불사르며 사색해 왔던 핵심적 주제다. 그들은 가장 아름답고 멋지며 행복한 삶을 깨우쳐 대중들과 함께 나누려 했던 것이다. 그 결과 대중들에게 '이성적 깨달음'에 대한 교훈을 주었으며 역사적 인물이라는 평가와 함께 권위와 명예도 얻었다. 그러나 너무나 뼈아픈 실책이 있었다.

대중들과 함께 행복한 삶을 나누는 데 실패했다. 오늘날 대다수의 인간들이 나눔과 양심보다는 축적과 탐욕을 우선하며 살아가다가 불행에 빠지고 있는 것이 바로 그 증거다. 역사적 현인들이 출현하기 이전의 사람들보다도 더 심각한 탐욕과 이중성에 젖어 있다.

사람들이 이성적 깨달음을 향한 현인들의 삶에 감동하면서도 그 삶을 따르려 하지 않는 이유는 무엇일까? 그것은 김수환 추기경이나 이성철 종정의 삶보다는 유재석이나 송해의 삶을 원하고 있는 것에 비유할 수 있다.

감성보다 이성에 몰두했던 현인들의 근엄한 모습에서 '이성적 깨달음'이라는 감동보다는 '완벽함'이라는 부담감이 더욱 무겁게 다가오기 때문이다. 현인들이 간과한 가장 큰 실책인 것이다. 이성적 깨달음은 감성의 품위를 더욱 높이기 위한 것이어야 하는데 감성을 제어하거나 억제하는 소극적인 개념을 벗어나지 못했던 것이다. 반쪽의 깨달음으로 삶을 바라보고 있었던 것이다.

그렇다면 감성적 깨달음은 무엇인가?

삶의 현장에서 깊고 폭넓은 체험을 통해 즐거움과 통쾌함은 물론이고 두려움과 부끄러움, 그리고 역겨움과 수치스러움의 경험까지도 거쳐야만 터득되는 깨달음이다. 이성적 깨달음이 사단(인의예지)이나 배려에 대한 깨달음이고 지식과 사색으로 달성된다면, 감성적 깨달음은 칠정(희노애락애오욕)이나 카리스마에 대한 깨달음이며 반드시 폭넓은 체험을 거쳐야 달성된다. 온갖 체험의 삶으로 터득해 낸 훌륭한 도공, 화가, 시인, 소설가, 음악인, 그리고 시골촌장님이나 부모님들의 깨달음이 여기에 속한다.

현인들이 이러한 감성적 깨달음을 간과한 이유가 있다. 이성보다 감성위주로 살아가는 인간사회에 대한 부정적인 측면만을 바라보며 사색했고 생존과 사랑을 위한 다양한 체험보다 권위와 명예, 그리고 존경심에 삶의 가치를 두었기 때문이다. 여러 사람 앞에 귀엽거나 우습게 보이는 것도 멀리했으니 요즘 유행어로 '망가지는 것'이 싫었던 것이다.

이와 같이 신인문적 깨달음은 이성과 감성을 우뇌와 좌뇌처럼 중시하는 깨달음이다. 이러한 신인문적 사회를 이룩하기 위해서는 다양한 체험을 학점으로 평가하는 교육시스템을 더욱 개발하고, 교육자나 공직자, 그리고 법조인이나 정치인 등을 꿈꾸는 자는 생존이나 사랑을 체험하는 과정을 반드시 거치는 제도를 마련해야 한다. 이러한 체험과정도 없이 자격시험만으로 사회적 리더를 발탁하는 제도는 감성적 깨우침이 결핍된 리더를 배출하게 되어 갈등과 분열의 사회를 치유할 수 가 없다.

도인이나 종교인이 세상을 바꿀 수 없는 이유도 여기에 있다.

지식과 사색으로 지혜의 폭을 넓히고 속세에서 다양한 체험으로 지혜의 깊이까지 터득한 자만이 스스로는 물론이고 사회까지 행복으로 물들게 한다. 바로 이성적 깨우침과 감성적 깨우침의 배합능력인 것이다.

134 영혼과 물질로 바라본 4가지 인간

첫째. 철학적 영혼이 넘치는 자

이들은 흘러넘치는 영혼의 깨우침을 주위에 더 쉽게 나누기 위해 사색하고 정돈하는 데에 생의 대부분을 할애하기에 물질축적에 집중할 시간도 관심도 없다.

서민의 생활수준에 만족해 하며 오로지 철학적 영혼에 목숨을 건다. 그러므로 물질이 넘칠 수도 없고 넘친다 해도 나누기 바쁘다. 물질이 넘쳐도 나누지 않는 자 중에 영혼이 넘치는 자를 보기란 참으로 힘들다는 의미다.

오늘날 정치무대는 많은 물질을 가진 자가 유리한 선거제도이기에 영혼이 넘치는 참다운 정치인을 보기 힘든 이유 또한 여기에 있다.

둘째. 물질이 넘치는 자

이들은 철학적 영혼을 사색할 시간을 줄이고 물질을 채우는 데에 몰입하여 물질적 성공을 이룬 자이다. 그러기에 자신이 축적한 물질이 목숨처럼 아깝다.

이들 중에는 자신의 영혼도 넘친다고 착각하는 자도 있고 결핍된 영혼이라도 물질로 대체할 수 있다고 확신하는 자도 있다. 더 많은 물질축적을 위해 종교나 이념을 활용하는 자도 있다. 그리고 자신의 물질이 넘치는 것이 아까워 가난한 자와 벽을 쌓아 소통을 외면하고 귀족행세를 하는 자도 있다.

그것은 마치 넘치는 물을 아래로 보내기 싫어 계속 둑을 높이고 그들만의 영역을 만드는 짓이며 그곳에서 수영이나 낚시를 즐기면서 그 아래서 농작하는 논바닥이 갈라지고 있는 것을 보고도 모르는 척하며 생색만 내고 있으니 어찌 참다운 삶이라 할 수 있겠는가?

그러한 물질보존이 가문과 후손을 위한 명예로 확신하기에 그 물질을 활용하여 권력까지 넘본다. 오늘날 대다수의 정치인이 이 유형에 속한다. 그리고 그들의 후손들도 물질의 편안함 속에 생활을 하기에 철학적 영혼에 대한 사색과 체험을 개똥철학 정도로 여기고 부모의 물질과 권력만을 평가하고 답습하니 학문이 뛰어나도 큰 인물이 나타날 가능성이 그만큼 희박하다.

영혼이 결핍된 자는 아무리 엄청난 물질을 쥐고 있어도 언젠가는 불행을 자초하게 된다. 그리고 언젠가는 그들이 확신했던 명예의 개념이 야유로 돌변함을 잊어서는 안 된다.

진정한 명예를 가진 훌륭한 인물이 어찌 물질과 권력탐욕을 부린 역사가 있었던가?

셋째. 이념적 영혼이 넘치는 자

영혼을 탐하는 자들이다. 철학적 영혼이 넘치는 자와는 다르다. 자신의 편(이념)으로 당기려는 목적으로 나눔을 즐긴다.

물질탐욕을 버리라고 외치면서도 자신의 이념을 퍼뜨리고 세력을 확장시키기 위해 스스로는 물질을 탐할 수밖에 없다.

넷째. 영혼도 물질도 부족한 자

영혼을 깨우치려 하지도 않고 물질을 축적하지도 못해 두 가지 가난에 허덕이는 자이다. 대중들의 다수가 여기에 속한다. 이들에게 영혼과 물질의 관계를 깨닫게 하여 삶의 가치를 부여하는 교육제도와 사회제도를 만드는 자가 바로 정치인이다.

135 성실과 노력의 신인문적 개념

성실과 노력은 지식과 지혜보다 선행되어야 할 인간의 덕성이다. 스스로를 사랑하는 것이 행복의 첫 관문이라면 성실과 노력은 그 관문을 열어젖히는 데 필요한 열쇠와 같다. 당장은 편리하지만 세월이 흐르면 흐를수록 자신에게 스트레스를 끊임없이 증가시키는 행위를 '게으름'이라 한다면 성실과 노력은 그 반대편에 있다. 그러므로 불행을 피할 수 있는 가장 기본적 방패가 바로 성실과 노력인 것이다.

그러나 유의해야 할 것이 있다.

성실과 노력의 목표가 어디를 향하고 있느냐다.

영혼의 풍요로움에 있다면 지혜의 축적을 의미하며 무한할수록 좋다. 주위사람의 영혼을 알게 되는 리더십의 근간이기에 여러 분야의 사람들과 소통이 탁월해져서 행복의 계기를 만들어 준다.

그렇지만 성실과 노력의 목표가 물질의 풍요로움에 치우쳐 있다면 반드시 임계점을 설정해야 한다는 것이다. 자신의 명예와 권력을 위해 주변사람들의 생존과 사랑을 갉아먹는 성실과 노력은 탐욕일 뿐이고 자신을 추하게 만들기 때문이다.

성실과 노력의 상징인 개미도 물질탐욕을 위해 그것을 사용하지 않는다. 조직을 혼란시키는 원흉이 된다는 것을 본능적으로 알고 있기 때문이다. 그러므로 진정한 자는 물질축적을 위한 성실과 노력의 임계점을 정하고 그 임계점에 다다르면 곧바로 영혼의 풍요를 위한 성실과 노력으로 전환시켜야 한다.

바로 사회적 소통과 화합의 지혜다.

그것은 애벌레에서 성충으로 자라나는 곤충의 변이과정에서도 입증된다. 애벌레는 충분한 영양분을 섭취하면 더 이상의 먹이를 마다하고 성충으로서의 단계에만 몰입한다는 것이다. 만일 계속 먹이를 먹는 데 골몰하면 성충으로 변이되지 않으며 거대하고 흉측한 애벌레로 일생을 마치게 되는 불행을 알고 있기 때문이다.

물질축적에만 평생을 골몰하면서 살아온 자들이 인생의 종점에 오면 부끄럽고 추한 자신의 모습을 발견하게 되는 이유는 바로 여기에 있다. 이와 같이 '성실과 노력'에 대한 구인문과 신인문의 시각이 다르다.

평생 동안 과도한 축적만을 위해 '성실과 노력'을 사용해도 도덕적 문제를 강력히 제기하지 못하는 것이 구인문의 개념이라면, 임계점의 변이과정을 무시하고 과도한 물질축적에 몰입하기 위한 '성실과 노력'은 자연의 이치를 벗어나는 도덕적 몰염치이며 거대하고 흉측한 애벌레의 모습일 뿐이라는 것이 신인문의 개념인 것이다.

136 양극화 해소를 위한 신인문적 혁명

누구나 성공하길 원한다.

목표를 세워 열심히 일하고 새로운 영역에 도전하며 끝없는 창의력을 발휘하는 것도 성공을 위한 열정이라 말할 수 있다. 성공을 통해 자신의 삶을 풍요롭게 만들 수 있기 때문이다. 특히 후손들의 안정된 삶까지도 충족시키니 어찌 성공을 외면하랴.

물론 성공인이라고 해서 모두 행복할 수는 없다. 바늘이 가는 곳에 실이 가듯 성공을 하면 과잉물질이 따르고 그 물질에 집착하여 속물적 성공인으로 변질되어 버리면 불행을 자초하기 쉽다. 그것은 마치 명분에 의해 얻어진 실리임에도 실리에만 빠져버리면 결국 명분을 잃어버리는 결과를 초래하는 것과 같다.

성공하여 과잉물질을 쥐고 있는 자의 주위에는 탐욕자들이 몰려들고 예전부터 알고 있던 어진 자들조차도 탐심을 가지게 되니 자신의 주위에서 진정한 자를 찾기란 하늘에 별따기이다. 그러므로 성품이 예민해지거나 사나워지고 의심이 늘어나며 자신도 모르게 물질탐욕에 더욱 심취하면서 서서히 불행해지는 것이다.

그래도 어쩔 것인가? 엄청난 재산을 바다에 던지겠는가? 결국 자녀들에게 고스란히 상속시켜 주는 방법 외에 다른 방도가 없다(물론 성공인들 중의 극소수는 전 재산을 사회로 환원하기도 한다). 엄청난 재산축적은 가문의 영광이며 명예의 상징처럼 여겨 왔던 전통과 관습에서 벗어나기 힘들기 때문이다.

그렇다면 이러한 엄청난 재산을 상속받은 자녀들은 과연 행복할까? 성공의 체험도 없이 물려받은 과잉물질에 중독되면 '어깨 힘주기'에 바빠 '영혼다듬기'를 소홀히 하게 되어 지혜롭지 못한 삶이 될 수밖에 없다. 과잉물질을 상속해 준 부모들로부터 불행의 업보까지 함께 받은 것이다.

이와 같이 가난한 자들은 물질이 결핍되어 불행하게 되고 부자들은 과잉물질로 불행하게 되니 사회전체가 불행하다. 양극화를 해소시키는 것이 바로 국민화합이요, 국민행복인 이유는 바로 여기에 있다.

그렇다고 해서 부자들에게 높은 세율의 부유세를 만들어 가난한 자들을 위한 복지제도의 재정을 마련하려는 1차 방정식만으로는 문제가 풀리지 않는다. 나무만 보고 숲을 보지 못하는 제도인 것이다. 부자에게 설득력이 없고 강요만하는 조세제도나 복지시스템은 오히려 실패한다.

조세저항이나 기업의욕 저하, 그리고 국외이주나 재산 해외유출 등의 부작용을 초래하여 경제가 위축되고 일자리가 줄어드는 악순환으로 연결되어 복지재정이 더욱 어려워질 수 있다. 결국 사회적 갈등과 분열만 심화시킬 뿐이다. 부자와 가난한 자 사이에 연결고리를 만들어 서로의 가치관을 이해해 주고 인정하는 '물질순환시스템'을 자연스럽게 구축해야만 진정한 나눔과 화합의 사회를 이룩할 수가 있다.

엄청난 재산을 자녀들에게 상속하여 대를 이으려는 부자들의 '자녀사랑'에 걸맞는 사회시스템을 합리적으로 조성시켜 재산상속의 패러다임을 변화시키면 사회복지정책과 연결된다. 물질탐욕에 집착하여 서로 다투는 자녀들을 바라보며 '엄청난 재산을 상속해 주는 것보다 더 현명한 방법이 없을까?'하고 고뇌하는 부자들이 의외로 많기 때문이다.

국가는 그들의 고뇌를 덜어줄 수 있는 '사회 환원복지제도'를 만들어 유산상속에 대한 새로운 개념을 갖게 한다면 성공에 대한 그들의 진정성과 국가재정의 건전성이 동시에 높아져 양극화 해소에 결정적 역할을 하게 될 것이다.

그렇다면 '사회 환원복지제도'란 무엇일까?

세계적으로 명성을 얻은 학자나 정치지도자, 그리고 엄청난 재산을 국가에 헌납하는 자들의 후손들에게 풍요의 삶을 보장해 주는 복지(교육, 교통, 의료, 문화, 스포츠, 결혼, 장례 등)제도다. 이 제도는 자신의 성공은 물론이고 진정한 가문의 영광과 명예를 안겨줌으로써 성공에 대한 개인의 욕망과 복지에 대한 국가재정을 동시에 해결할 수 있는 윈윈의 제도가 될 것이다.

'사회 환원복지제도'의 구체적인 예를 들어보자.

이 복지제도에 자격요건을 갖춘 자의 후손에게 유아원부터 대학원까지의 전교육과 해외유학(5년), 그리고 국내 각종 교통수단과 국외항공편(년 20회), 그리고 요람에서 무덤까지의 의료와 국가에서 운영하는 모든 문화, 스포츠, 시설 등을 국가가 책임지는 제도다.

사회 환원복지제도는 다음과 같이 5단계로 구분한다.

첫째 6대 직계 손(고 고손)까지 평생 복지혜택이 주어지는 경우.

1. 전 인류가 존경하는 세계적 명성을 얻은 학자.

2. 대통령에 당선되어 임기의 절반, 이상을 마친 자.

3. 세금납부액 전국 1위를 5회 이상 기록한 기업주.

4. 1조원 이상의 재산을 국가에 헌납한 자. 단 본인의 직계가 없거나 원하지 않고 '국민나눔'을 원할 경우 50명까지 선택권이 주어지며 1, 2항의 경우 10년이 지난 후 평가투표에서 국민의 60% 이상의 지지를 받아야 한다. 그리고 4항의 경우 초과헌납금 100억 원당 1명의 국민을 추가 선정할 수 있다.

둘째 5대 직계 손(고손)까지 평생 복지혜택이 주어지는 경우.

1. 세금납부액 전국 1위를 2번 이상 기록하고 10년 이상 존속한 기업주.

2. 세금납부금이 전국 10위권에 5회 이상 진입한 자.

3. 2000억의 재산을 국가에 헌납한 자.

단 본인의 직계가 없거나 원하지 않고 국민나눔을 원할 경우 20명까지 선택권이 주어지며 3항의 경우 초과헌납금 100억 원당 1명의 국민을 추가 선정할 수 있다.

셋째 4대 직계 손(증손)까지 평생 복지혜택이 주어지는 경우.

1. 세금납부액이 전국 100위권에 10회 이상 진입한 자.

2. 500억의 재산을 국가에 헌납한 자.

단 본인의 직계가 없거나 원하지 않고 국민나눔을 원할 경우 10명까지 선택권이 주어지며 2항의 경우 초과헌납금 100억 원당 1명의 국민을 추가 선정할 수 있다.

넷째 3대 직계 손(손자)까지 평생 복지혜택이 주어지는 경우.

1. 세금납부액이 전국 500위권에 10회 이상 진입한 자.

2. 100억의 재산을 국가에 헌납한 자.

3. 국회의원이나 장관을 10년 이상 수행한 자.

단 본인의 직계가 없거나 원하지 않고 국민나눔을 원할 경우 3명까지 선택권이 주어지며 2항의 경우 초과헌납금 50억 원당 1명의 국민을 추가 선정할 수 있다.

다섯째 자녀에게 평생 복지혜택이 주어지는 경우.

1. 세금납부액이 전국 1000위권에 10회 이상 진입한 자.

2. 30억의 재산을 국가에 헌납한 자.

단 본인의 직계가 없거나 원하지 않고 국민나눔을 원할 경우
2명까지 선택권이 주어지며 2항의 경우 초과헌납금 30억 원당
1명을 추가 선정할 수 있다.

'국민나눔'의 경우에 본인이 의사결정을 할 수 없는 상황이 발생하면 배우자, 자녀 순으로 선택권한이 승계된다.

이러한 '사회 환원복지제도'가 국가 법률로 정립되어 있으면 재산상속의 문제로 괴로워하거나 고민하는 부자들은 관심을 가지게 되고 기업들 또한 국가발전과 기업투자 활성화, 그리고 세수증대와 재정건전성에 큰 기여를 하게 될 것이다.

그리고 성공인들이 진정으로 존경받는 사회분위기가 저절로 형성

되어 사회화합의 핵심적인 실마리가 되며 세계적 복지제도의 모델이 될 것이다.

이와 같이 전 인류가 공감하는 '혁명적인 사회제도'를 만들어 지구촌 전체의 전통과 관습으로 승화시켜 나갈 때 비로소 전 인류의 행복시대가 도래된다. 이것이 바로 신인문적 개념의 양극화 해소방안의 대표적 사례다.

137 나눔의 지혜

지구에 생명이 출현하게 된 원동력은 무엇인가?

그 어떤 혹성보다도 자연스러운 나눔이 가능했기 때문이다. 연결과 균형과 순환의 환경이 너무나 자유로웠기에 서로가 끝없는 나눔을 행하면서 진화를 거듭했고 생명이 탄생된다. 땅이 융기하여 형성된 산이 비바람의 침식작용으로 계곡이 형성되고 그곳의 돌멩이가 계곡물을 따라 내려와 강 하류의 자갈이 되며 다시 해변의 모래가 되는 것도 모두 나눔의 원리다.

나뭇잎이 떨어지고 거목이 쓰러지면 흙이 되어 나누고 이글거리는 태양이 수증기를 만들면 구름이 되어 온 세상에 비를 내려 골고루 나누었다.

이와 같이 만물은 서로 나눔을 행하면서 발전했고 그 중에서도 나눔의 혜택을 가장 많이 받아 진화의 정점에 오른 자가 바로 인간인 것이다.

그러므로 나눔을 되새겨 법과 제도의 핵심적인 정체성으로 설정하는 것은 자연에 대한 인간의 도리이며 당연한 순리다. 만일 나눔의 이치를 거스르는 제도로 향하면 언젠가는 그에 상응하는 치명적인 대가를 치를 수밖에 없다.

그러나 오늘날의 민주주의라는 사회제도는 나눔의 책임보다 축적의 자유를 우선하며 자연이 가르쳐 준 나눔의 깊은 이치를 비웃고 있다. 수천수만 명이 풍족하게 먹고 살 수 있는 물질을 독식하기 위해 수단과 방법을 가리지 않는 탐욕자를 부끄럽게 하기는커녕 부러움의 대상으로 만드는 사회제도에 물들어 버린 것이다.

아무리 훌륭한 민주국가라고 일컬어도 과잉물질을 즐기는 탐욕자에게 유익한 제도를 용인하는 국가라면 서민의 생활을 고달프게 하는 반민주국가이며 아무리 선진사회라고 자화자찬해도 계급사회와 양극화를 심화시키는 사회제도라면 반민주사회다. 지금 민주주의의 표본이라고 일컫는 미국이나 영국에서 월가의 데모가 벌어지는 것도 반민주적 사회에 대한 민중의 몸부림이다.

인류역사에서 일어난 모든 민중봉기는 자연의 이치인 '나눔'을 거부하는 대상들에 대한 분노인 것이다.

서민의 수천수만 배 이상의 재산을 가진 탐욕자들은 자신의 실력만으로 형성된 축적임을 확신하고 있다. 그들의 재산은 인간이 만든 법이나 제도의 틈새나 방임 속에서 환경적이고 사회적 도움을 받은 행운임을 빨리 깨우쳐야 한다. 국가와 국민이 이룩해 놓은 땀과 노력, 그리고 사회적 인프라를 이용하지 않고서는 불가능한 재산이라는 것이다.

그러나 그 축적을 자신의 능력인 양 뽐내며 나눔을 외면하고 갑부나 재벌이 되어 온갖 사치와 과시문화를 퍼뜨리고 있는 것이다. 그들은 축적의 실력을 가진 탐욕자일 뿐 나눔의 능력을 가진 진정한 성공자가 아님을 뼈저리게 뉘우쳐야 한다.

지혜로운 자는 필요이상의 축적이 되면 어떤 나눔에 대한 성숙된 계획을 미리 준비하고 있기에 평소에 멋지고 아름다운 나눔을 실천하며 후회 없는 삶을 살지만 탐욕자는 필요이상의 축적이 되어도 더 큰 축적을 위해 평생을 달리다가 나눔에 대한 계획을 미리 준비하지 못해 후회스런 삶을 살고 간다. 그것은 마치 산을 오르는 데에 집착하다가 어둠이 깔린 산을 내려오면서 불안과 조바심에 떠는 것과 같다.

시장에서 제대로 먹지도 못하고 수십 년간 콩나물을 팔아 모은 전 재산을 대학재단에 기부하는 할머니가 있는가 하면 피땀을 흘리며 모은 수백억의 전재산을 사회에 환원하는 기업가나 교수도 있다.

이런 자들 역시 나눔의 이치를 깨우칠 생각을 하지 못하고 수십 년 동안 '왕소금'이라는 수식어가 따라다닐 정도로 절약에만 몰입하여 축적에 성공한 탐욕자이지만 늦게나마 엄청난 용기와 결단으로 탐욕의 올가미에서 탈출하여 나눔을 선택했으니 갑부나 재벌보다는 백배 천배 낫다.

지혜로운 자가 넘치는 물질을 즉시 나누는 이유는 뭘까?

그 이유는 너무나 간명하다. 나눔을 행해야 할 시점에도 끝없이 축적하는 행위야말로 인간탄생의 이치를 깊이 헤아리지 못하는 무지함의 극치이며 자연과 양심을 속이는 일로 확신하기 때문이다. 그러므로 넘친다고 느끼면 그 축적의 부끄러움에 즉시 나눔에 몰두할 수밖에 없다.

그러나 부끄러운 이유조차 깨닫지 못한 갑부나 재벌들은 지혜로운 자의 나눔을 보며 멍청한 나눔으로 비웃을 수밖에 없는 것이다.

138 외눈박이와 양눈박이

오늘날 절대다수의 인간들은 외눈박이의 삶을 살고 있지만 스스로는 양눈박이로 생각하고 있다. 그들은 재물과 명예를 획득하기 위해서 배우는 것이고 명문대 입학은 '가문의 영광인 동시에 성공과 행복의 첩경'이라고 확신하며 자녀의 합격을 위해 부처나 예수를 찾아가 합격을 비는 자도 있다.

그리고 이런 행위들을 자식들에게까지 부끄러움도 없이 당당히 말한다. 절대다수의 통념이기에 굳건한 상식이 되었고 대중을 이끌어야 할 지식층은 더욱 심각하다. 이러한 변질된 상식은 자본주의의 틈새와 주파수가 맞아떨어져서 대중들에게 더욱 널리 번졌고 인간사회는 심각한 상황에 빠져 버렸다.

이러한 사회는 변질된 이성에서 파생된 변질된 상식을 사회적 통념으로 믿어 이중성과 모순에 빠져 들기에 스스로가 외눈박이인지를 깨달을 수가 없다. 그러므로 진정한 양눈박이를 위험한 비현실주의자로 취급하면서도 '비현실적 현실'을 어쩔 수 없는 현실로 인정하며 아무런 꿈도 이상도 대안도 없이 서서히 무너져 내린다.

물론 극소수 양눈박이들도 있다.

그들은 '배움이란 생존을 위한 축적의 차원을 넘어 영혼과 물질을 나누는 지혜를 얻기 위한 것'이고 취업이나 가문의 영광을 위한 명문대는 사라져야 하며 개인의 부귀영화나 사후세계를 위해 종교를 믿는 것은 매우 부끄러운 일이라고 확신한다. 그리고 꿈과 대안을 반드시 가지고 있다.

그러나 절대다수 외눈박이들은 이러한 개념을 이루어질 수 없는 환상이라고 비웃는다. 재물과 명예를 가질 수 없는 무능한 자의 변명이며 세상물정도 모르는 먹통이나 아웃사이더들의 궤변으로 일축해 버린다.

이와 같이 외눈박이와 양눈박이는 '배움의 개념'부터 서로가 다르니 배울수록 서로가 더욱 멀어지고 불통이 된다. 더욱 심각한 문제는 이러한 갈등과 불통을 해결할 능력이 결핍된 외눈박이들이 사회 각 분야의 리더로 채워진다는 것이다. 외눈박이 대중들은 외눈박이 리더들의 탐욕적 삶을 거부감도 없이 자신의 성공모델로 삼으며 긍정적 지지를 하고 있는 것이다.

이러한 외눈박이 인간사회를 양눈박이 사회로 변화시키는 데에 가장 큰 장애물이 되어 버린 제도가 있다. 바로 민주주의의 핵심인 '다수결 제도'다. 외눈박이가 절대다수인 인간사회에서의 다수결 제도는 외눈박이의 개념을 존중하는 사회제도를 벗어날 수가 없어 포퓰리즘을 양산시켜 국가를 파멸로 몰아가는 위험성을 안고 있다. '대다수가 찬성하는 길은 바른 길이다'라는 개념은 양눈박이 인간사회일 때 성립되는 논리이기 때문이다.

이와 같이 외눈박이 리더가 인간사회를 이끌게 된 이유는 무엇일까? 사회를 위한 나눔의 원칙과 철학의 중요성을 명쾌히 알려주기보다 개인적 축적과 성공에 초점을 맞추어 지식경쟁만 시키고 있는 '외눈박이 교육제도' 때문이다.

양눈박이 사회로 나아가기 위해서 가장 필수적인 교육은 바로 인성교육이다. 그러나 오늘날 인성교육의 내면을 들여다보라. 인성교육의 핵심인 윤리나 도덕교육에 심각한 결함이 존재한다. 겸손과 양보와 예절과 감사의 정체성 속에 철학적 논리가 성숙되어 있지 않다는 것이다. 권위주의적 전통이나 맹목적 암기수준의 인성교육에 불과하다.

이러한 관습적이고 비논리적인 인성교육을 받아 기성인이 되면 겸손과 양보와 예절과 감사의 개념을 사교술이나 위선술, 그리고 아부의 개념으로 변질시켜 탐욕의 수단으로 사용하게 된다. '왜 인간사회에는 겸손과 양보와 예절과 감사의 영혼이 필요한가?'에 대한 철학적 근거를 정립시키는 인성교육 시스템을 완성하지 못하면 인간사회의 혁명적 개혁을 바랄 수가 없다.

이러한 개혁이 거의 불가능한 핵심적인 이유가 있다. 바로 외눈박이 정치리더들로 가득 차 있기 때문이다. 그들은 영혼의 터를 닦는 인성교육을 시켜야 한다고 목청을 높이지만 그 시스템을 완성시킬 수 있는 정치철학적 논리를 갖추지 못하고 있다. 바로 외눈박이 리더의 한계이기 때문이다.

그러나 이제는 달라지고 있다.

대중들은 언론과 지식의 발달로 논리와 사색의 눈을 뜨기 시작했고 외눈박이 정치리더들의 부조리와 정치적 무능을 간파하기 시작했다. 여태까지 고통과 갈등과 분열과 불통만을 안겨 주는 외눈박이 정치리더들에게 진저리를 내고 있다.

바로 양눈박이 정치리더를 찾고 있는 것이다.

양눈박이 정치리더가 나타나면 가장 먼저 교육의 혁명을 일으킨다. 그 중에서도 인성교육에 철학이라는 뼈대를 심는 데 목숨을 걸 것이다. 진정한 인성교육이 교육현장에서 활성화되면 서서히 양눈박이 인간사회로 복원되고 사회의 각 분야에는 자연스레 양눈박이 리더들로 가득하게 된다는 것을 알고 있기 때문이다.

이러한 인간사회로 발전되면 '다수결 제도'의 가치가 되살아나 각종 사회제도에 혁명적 변화가 일어나고 포퓰리즘이 먹혀들지 않는 진정한 민주주의가 도래된다는 것이다.

139 문화란 무엇인가?

문화는 무엇인가?

그리고 왜 인간의 곁에만 존재하는가?

그리고 왜 인간들은 문화를 끝없이 추구하는가?

인간에게 문화라는 컨셉보다 더 귀중한 것이 있을까?

인간의 역사가 문화와 문명의 역사인 것만을 봐도 그 중요성을 가히 짐작할 수가 있다.

그럼 지금부터 문화의 속살을 어루만져 보자.

하늘, 땅, 바다, 섬, 강, 비, 눈, 가뭄, 나무, 풀, 돌, 물, 바람, 공기,

별, 무지개, 번개, 천둥, 노을, 옹달샘 등과 같이 자연을 뜻하는 명사 뒤에 문화라는 단어를 붙일 수가 없다. 그러나 자본주의, 바둑, PC방, 외식, 의류, 택배, 화장품, 의료, 결혼, 스포츠, 인테리어, 자동차, 선글라스, 주방, 휴대폰, 술, 펀드, 기독교, 성, 춤, 노래, 창작, 토론 등과 같은 인위적인 명사 뒤에 문화라는 단어가 붙으면 매우 자연스럽게 어울린다.

그리고 문화일보, 문화식당, 문화재단은 즐겨 사용하는 용어지만 문명일보, 문명식당, 문명재단이라는 용어는 잘 사용하지 않는다. 이것은 무엇을 의미하고 있을까?

문화는 인간이 창조한 대상에만 붙일 수 있으며 문명과도 분명히 다른 부분이 존재한다는 것을 알 수 있다.

이와 같이 문화를 계속 창조해 온 인간의 저력은 무엇인가?

바로 인간만이 지니고 있는 4가지 심성 때문이다.

첫째. 호기심이다

인간은 동물과 달리 신기하거나 의아스러운 것에는 집요하게 관심을 가지고 이해하려 한다. 그리고 '그래 바로 이것이었구나'라고 깨우칠 때의 흐뭇함은 이루 말할 수가 없다.

둘째. 호달심이다

인간은 동물과 달리 호기심으로 깨우친 것을 친하게 지내는 자에게 전달하려 한다. 그리고 '그래 바로 이것이었구나'라고 깨우치는 그들을 보는 흐뭇함 또한 이루 말할 수가 없다.

셋째. 호논심이다

인간은 동물과 달리 성대의 기적을 통해 대화의 탁월함이 가능해지면서 호기심과 호달심을 더욱 효율적으로 표현하기 위해 논리를 즐거워했다. 이것은 논리와 논리가 결합된 합리를 낳았고 그 합리를 통해 호기심과 호발심이 더욱 가속화되는 계기를 만들었다.

넷째. 호애심이다

인간은 동물과 달리 인간적인 사랑을 매우 즐거워했고 호기심과 호달심과 호논심도 호애심을 성취하기 위한 수단이었다. 이러한 사랑의 욕구는 조직 문화를 발전시키는 계기를 만들었다.

문화를 탄생시킨 4가지 심성은 왜 생겼을까?

태초의 인간들은 본능에 매달려 있는 동물의 삶을 바라보며 뭔가 새롭고 품격 있는 생존과 사랑을 그리워했다. 부모형제를 생각하고 깨끗한 음식을 먹기 위해 그릇도 만들며 사랑을 쟁취하기 위해 춤과 노래와 그림을 그리며 즐거워했다.

자신은 물론이고 주변사람들도 반가워하는 무언가를 창조하여 품격 있는 생존과 사랑을 독차지하기 위해서는 4가지 심성이 필연적이었다는 것이다.

지혜가 부족한 자는 생존의 품격만을 가지고도 행복으로 착각하며 만족해 할 수 있을지 몰라도 지혜로운 자는 두 가지의 품격을 동시에 품어야만 행복했다. 그러므로 생존의 품격을 위해 풍요로운 물질을 찾아 헤매고 사랑의 품격을 위해 폭넓고 깊은 영혼을 향한 열정을 뿜어낸다. 물질도 성공도 명예도 권력도 영혼도 두 가지의 품격을 떠받치기 위한 보조품일 뿐이다.

이러한 인간의 몸부림은 지식과 지혜를 갈구하는 앎의 몸부림이 되었고 그 앎에 대한 몸부림은 결국 주위에 알리려는 몸부림에 빠지고 이것을 서로 공유하는 문화의 몸부림으로 향하게 된다.

이렇게 앎에 대한 학습과 전달의 과정에서 자연스레 성취되는 품격 있는 생존과 사랑을 느끼며 행복을 만끽한 것이다. 즉 앎에 대한 몸부림이 없이 행복을 만끽하려는 것은 허황된 생각이며 탐욕과 불행의 근원이 된다는 것이다.

'논어'의 첫마디인 '배우고 익히면 또한 기쁘지 아니한가?(학이시습지 불역열호)'는 문화와 행복의 뿌리가 무엇인지를 간단하고 명쾌하게 알려 주고 있다.

그렇다면 문화란 무엇인가?

인간의 DNA 속에 내재하는 4가지 심성으로 인해 지식과 지혜를 갈구하고 깨우쳐 주위까지 전달하여 나누려는 욕구가 사회적 소통과 교류를 통해 물질(또는 육체)과 영혼의 연결논리로 집대성되어 인간사회의 가치관과 행동양식이 되어 버린 총체를 말한다. 그러므로 문화 속에는 인간적 향취가 난다.

140 문화와 문명

누구나 문화인으로 인정받기를 바란다.

'입주 후 당신의 문화적 품격이 달라집니다'라는 아파트 분양 현수막에 대부분의 사람들은 거부감을 표출하지 않을 정도다.

과연 호화 아파트에 입주하면 문화인이 될까?

문화라는 용어가 너무나 남용되고 있다. 누구라도 '내가 혹시 문화 매너리즘에 빠져 있는 것은 아닌가?'하고 스스로 반문해 보아야 한다. 문화와 문명은 인간의 삶에 절대적 영향을 미치고 있기에 반드시 그 정체성을 구분할 줄 알아야 한다.

문화와 문명의 확연히 구분하지도 못하면서 철학과 역사, 그리고 문학과 종교와 정치를 논하고 진정한 삶의 행복을 추구하려는 것은 인수분해도 제대로 못하면서 미적분을 풀려는 것과 같기 때문이다.

그렇다면 문화와 문명의 핵심적인 차이점은 무엇일까?

생존과 사랑에 도움을 주는 것이 문명이라면 생존과 사랑이 스며들어 있는 것이 문화다. 생존과 사랑의 효율을 높이는 보조품 역할을 하는 것이 문명이라면 생존과 사랑의 가치를 높이는 핵심부품이 문화다.

기술이나 산업처럼 삶과 생활에 많은 편리함을 주는 것이 문명이라면 지혜나 예술처럼 삶과 생활에 스며들어 있는 것이 문화다.

단순히 음식을 담기 위해 그릇을 만드는 기술이 문명이라면 그 그릇의 모양과 새겨진 무늬에 인간성을 담아내는 것이 문화다.

TV나 컴퓨터, 그리고 휴대폰 그 자체는 인간성이 존재하지 않는 문명이지만 그것을 이용하여 즐기는 내용은 인간적이기에 문화다. 자전거나 자동차의 중요부품을 만드는 기술은 문명이지만 운전하거나 경주하여 인간적인 면모가 표출되면 문화다.

문명은 휴머니즘이 빠져도 존재할 수 있지만 문화는 휴머니즘이 빠지면 존재할 가치가 없다.

이러한 문명과 문화의 균형과 연결고리를 형성시키면서 나눔과 화합과 공평의 길로 향해야 하는 것이 바로 인문이다.

그러나 구인문은 그 연결고리조차 찾지 못하고 문명 위에 문화를 살짝 덮어놓은 형상을 하고 있으니 인간들의 영혼에 인간성이 사라지고 있다. 속에 들어 있는 내용물보다 그 위에 얇게 덮어진 계란에 더 관심을 두는 '오무라이스 문화'가 판을 치고 있다. 문명의 고기 덩어리 위에 문화의 향기를 코팅시키는 관습과 욕망이 이 사회를 지배하고 있다는 것이다.

이와 같이 나눔과 양심에 근간을 두어야 할 오늘날의 문화가 축적과 두뇌에 근간을 둔 문명의 급속한 발전을 따라가지 못해 지쳐 있다. 문명이라는 보조품이 문화라는 핵심부품을 밀쳐내고 스스로가 인간 세상의 주인처럼 행세하고 있다. 문명에 질질 끌려 다니는 문화의 모습이 너무나 서글프고 파멸적이다. 컴퓨터나 스마트폰에 중독된 아이들의 모습이 그 대표적 사례다.

이처럼 문명이 문화를 좌지우지하는 이유는 뭘까?

그것은 너무나도 간명하다.

문명은 물질의 논리 속에서 태동되었고 그곳에는 비논리가 섞여들 수가 없어 공감과 소통을 이끌어 내며 급속도로 발전해 왔지만, 문화는 영혼의 논리 속에서 태동되었고 그곳에는 논리와 비논리가 섞여 장애물로 작용하면서 맹신과 불통 속에 그대로 머물렀던 것이다. 그것은 마치 질그릇 문명이 탁월한 머그잔 문명으로 발전했지만 귀신을 섬기는 성황당 문화는 예나 지금이나 그대로인 것과 같다.

논리의 수준이 낮은 곳은 논리의 수준이 높은 곳으로 흡수되어 버리는 '논리의 대법칙'에 따라 문화는 문명의 그늘에서 헤어날 수가 없다는 것이다.

물질문명의 발달로 탄생된 '명품'이 대중사회를 휩쓸고 이것이 대중문화로 둔갑하여 자신의 정체성마저 던져 버리는 오늘날의 인간사회가 이를 증명하고 있다. 이처럼 문화와 문명의 격차가 심각한 나라일수록 문화의 향기가 그만큼 줄어들기에 인간성이 사라진 비정상적인 인간들이 증가한다.

반사회적 인격장애자들(사이코 패스나 소시오 패스)이 급증하는 나라들이 그 대표적인 사례다. 그리고 이들 중에서도 정치사회적 리더가 배출되어 사회적 분열과 갈등과 혼란을 야기시키고 나아가서는 국가적 전쟁도 일으킨다.

문화의 향기가 부족한 국민은 그만큼의 사회적 불안과 공포를 안고 사는 것이다. 그러므로 오늘날의 정치인들은 문명과 대등한 사회문화를 제도화할 수 있는 열정과 능력을 지녀야 한다.

구인문 속에 존재하는 뿌리 깊은 비논리를 깊이 들여다보는 혜안을 갖추지 못하고 선진문화를 외치는 정치인들이야말로 '국민행복 시스템'을 창조할 수 없는 자이며 결국 자신도 모르게 국민을 속이는 사이비 정치인이 될 수밖에 없다.

'인문'은 바로 '인간문화'이며 '인간문화'는 바로 사회제도의 근간이기 때문이다. 정치인들이 문화의 뿌리인 인문에 대한 통찰력을 지니고 있어야 하는 이유도 바로 여기에 있다.

오늘날 아이들이 '팝콘 브레인'이 되어 가고 어른들은 '머니 브레인'이 되어 가며 정치인들은 개인의 명예와 성공에 중독된 '노블리제 브레인'이 되어 인간사회가 파멸로 치닫는 것은 물질문명을 제어하지 못하는 인간문화의 무기력함에 있다.

바로 구인문의 한계를 그대로 보여 주고 있는 것이다. '신인문'이라는 의식변혁의 물결이 넘쳐흘러 세상 사람들의 영혼을 바꾸어 놓지 못하는 한 인류는 파멸의 계곡을 헤어날 방법이 없다.

신인문을 근간으로 한 인간문화와 사회제도의 대혁명이 너무나 시급하다.

141 인문학자들이여!

지혜에 무심한 자는 단순한 행복이라도 만족해 하며 살아갈 수 있지만 부분적 지식을 지혜로 착각하고 대중들에게 이를 알리려는 자는 자신의 행복은 물론이고 사회의 행복까지 파괴시킬 가능성이 크다. 쉽게 말하자면 '반푼수가 집안 망친다'는 속담과 일맥상통한다.

인문 또한 마찬가지다.

인간이 인문에 무심하면 동물처럼 살아갈 수는 있지만 비논리적 뿌리를 가진 인문을 올바른 인문인 양 가르치려 하는 자가 대중적 인기를 얻어 사회적 리더로 부상하면 갈등과 분열이 심화되는 인간 사회로 향할 수밖에 없다.

인문학이란 개인과 사회의 사랑과 행복과 평화를 위해 사통팔달의 연결고리를 만들어 소통을 극대화시키는 체험적 학문이다. 그러나 오늘날의 인문학자들은 학문의 진정성을 꿰뚫어 보지 못하고 있다.

인문의 뿌리를 한두 가닥만 연결시켜 인기를 얻고 저명인사가 되면 자신의 미완성 인문학만을 부풀리며 세월을 허비하는 자가 있는가 하면 비논리적 전통과 관습을 더욱 확대시키는 자도 있다. 어떤 이들은 인문학을 부와 명예와 성공의 수단으로 연구하고 있다.

인문학자가 되기로 결심한 자는 가장 먼저 자신에게 맹세해야 할 것이 있다. 이 세상 마지막까지 탐욕이 없는 서민적 삶을 살아가는 것이다. 인문학자가 부와 명예와 성공과 출세에 집착하면 살인마보다도 더 큰 죄인임을 명심해야 한다. 왜냐하면 잘못된 인문이 인간의 정치, 사회제도에 적용되면 엄청난 혼란과 갈등, 그리고 살상의 역사를 만들어 내기 때문이다.

그것은 인류의 역사가 너무나 적나라하게 증명하고 있다. 지구상에 인간이 출현하여 문화를 창조한 세월(약 2만년 이상)동안에 인간 스스로가 만든 비논리적 인문(신과 귀신, 그리고 선악 등)에 의해 산 채로 신의 제단에 희생되거나 종교나 이념에 의한 전쟁에 휘말려 처참한 죽음을 당한 사람들이 수십억 명에 이를 것이다.

이처럼 엄청난 살생의 역사는 비논리적 인문이 모순을 낳고 그 모순은 불통과 단절로 표출되며 인문의 몰락까지 돌진하고 있다. 인문학자들은 그 책임감을 통감하고 속죄해야 한다.

그러나 그들은 속죄와 참회의 고백이 두렵거나 쌓아 온 명예가 아쉬워 침묵으로 일관하다 미완으로 떠나고 그 인문학을 뒤집을 수 있는 인문학이 나올 때까지 인류사회의 모순과 고통과 갈등은 점점 더 악화되고 있다.

인문학이 '사랑과 행복의 기준'을 논리적으로 만들어 내지 못하였기에 인간사회는 행복의 미로를 헤매다 행복의 가면을 쓴 물질탐욕을 만났고 사치와 과시를 즐기며 파멸의 늪으로 급속히 빨려들고 있다.

인류의 최대다수 최대행복의 해법을 찾아내야 하는 사명감으로 깊은 사색과 논리에 젖어야 할 그대들이 부귀영화나 개인적 명예에 중독되고 있으니 인문학의 뿌리는 소통과 순환의 고리가 끊어지고 잘려나가 꽃병 속의 인문학만 화려하게 만발하도다!

142 지식인들이여!

개인과 사회의 행복을 위해 선봉적 역할을 해야 할 위치에 있는 지식인들이여! 그 중에서도 물질과 성공과 출세의 탐욕에 배어 있는 지식인들이여! 그리고 마지막으로 높은 직위를 돌다리로 삼아 대형 비리를 서슴없이 저지르고 뉴스거리로 등장하는 지식인들이여!

그대들은 과연 무엇을 배웠는가? 그리고 왜 배웠는가?

'야심찬 속물'이 되기 위해 그토록 배웠는가?

그대들보다는 배움이 적었던 션과 정혜영 부부, 그리고 김장훈, 박상민 등의 연예인들을 알고 있는가? 션과 정혜영 부부는 내 집 마련의 꿈을 버리고 전세방에 살면서도 후진국의 굶고 있는 어린아이 수백 명에게 1인당 35,000원씩을 후원하고 있다고 한다.

가수 김장훈도 십 수년 동안 무려 수십억 원 이상을 사회에 기부하고 있고 가수 박상민 역시 아무도 몰래 십 수년 동안 사회에 기부했다고 한다.

대만의 액션배우 성룡도 자신의 재산 4천억 원을 모두 기부했다고 한다. 그는 죽을 때 숟가락 몽둥이 하나라도 가져가지 않겠다고 했고 자녀들에게도 재산을 일체 주지 않겠다고 다짐받았다고 했다. 그리고 재산헌납을 결심한 후 너무나 홀가분하다고 했다. 성룡이야말로 스스로가 알든 모르든 간에 새로운 인문을 본성적으로 깨우치고 있는 인간다운 인간일 것이다.

그들이 거리를 나서면 주위 사람들이 반가워하고 환호를 한다. 그들은 진정한 사랑과 행복을 느낄 것이다. 그리고 그들을 보는 주위 사람들도 행복바이러스에 감염되어 마음이 따뜻해지고 부드러워지며 즐겁다.

이와 같이 반가운 사람이나 반가워하는 사람이 많은 인간 사회일수록 행복한 사회다. 그러므로 그들은 행복한 사회를 만드는 사람들이다.

탐욕에 찬 지식인들이여!

그대들도 밖에 나가면 그대가 전혀 모르고 있는 사람이 달려와 악수를 청하며 반가워 어쩔 줄 몰라 하는 경험을 가지고 있는가? 그리고 스스로 진정 행복하며 행복한 사회를 위해 일조하고 있는가? 스스로 가슴에 손을 얹고 사색해 보라.

배운 자의 삶은 따로 있다.

엄청난 부를 축적하고도 그것을 함께 나누지 않고 '돈만 있으면 무엇이든지 할 수 있다'라고 생각하는 자들에게 '그게 아니다'는 것을 확인시켜 주는 삶이며, 물질이 턱없이 부족하여 쪼들린 생활에 지쳐 '돈이 없으니 모두가 우습게 본다'라고 생각하는 자들에게 '잘못된 생각'이라는 것을 깨우치게 하는 삶이다.

배움의 기회를 얻었으니 배움의 기회를 잃은 자들에게 그 빚을 갚는 것이야말로 너무나 당연한 지식인의 삶이 아닌가?

그러나 오늘날 현실은 어떠한가? 배우지 못한 자들까지도 그대들의 모습을 흉내 내고 있지 않는가?

지식인들이여!

이제 배움이 물질과 출세로 은근히 연결되어 있는 구인문을 박차고 새로운 인문의 시대에 스스로 동참해야 한다. 언젠가는 그대들의 후손도 물질과 그대들과 같은 자들에 의해 물질에 의한 양극화로 찌들고 힘겨운 생활을 감당해야 하는 인과응보의 사태가 반드시 발생한다는 것을 알고 있지 않는가?

배움을 물질탐욕의 에너지로 활용하고 배우지 못한 자들을 불통자로 낙인찍어 멀리하며 그대들끼리만의 소통만이 고귀한 이성인 듯 착각하고 특권층이 되는 것이 행복인 듯 즐거워함을 이제는 부끄러워할 줄 알아야 한다.

지식인들이여!

인간세상은 그대들의 마음에 달려있다.

143 부자들이여!

물질 탐욕형 부자들은 법망을 교묘히 피해서라도 자녀들에게 재산을 물려주는 데 심혈을 기울이고 그것을 완벽히 해내면 자신의 능력이라 생각한다. 그리고 그 노하우를 간절히 바라는 같은 유형의 부자들에게 으스대며 알려 주고 스스로 지혜롭다고 착각하며 흐뭇해 한다.

그리고 아들 역시 부모의 재산을 관리하는 것이 가장 중요한 일처럼 되어 있다. 만일 아들이 부모의 엄청난 재산을 더 늘리지 못하고 줄어들면 그 연유가 무엇인가를 묻기도 전에 무능한 아들로 몰아붙인다. 사회적 관습의 분위기가 그렇기에 압도당할 수밖에 없다.

구시대 인문의 틀 속에서 보면 너무나 당연한 이치고 가문의 영광이며 훌륭한 일이다. 그러나 새로운 인문의 틀 속에서 보면 인간으로서는 가장 타당치 못한 비인간적 행위이고 수치스러운 집념일 뿐이다.

일반적으로 100억 이상의 재산을 가진 부자는 재산 관리하는 데에 인생의 많은 부분을 소모해야 한다. 그 시간과 두뇌를 행복에 대한 사색과 지혜를 깨우치는 데에 사용했다면 인간문화를 그만큼 높은 수준으로 끌어올리는 선봉자 역할을 했을 것이고 그것이야말로 가치 있는 삶이다.

부자들이 물질을 더 확보하는 데에 혈안이 되어 있을수록 대다수의 가난한 자들은 그만큼 허리띠를 졸라매고 먹고사는 데에만 시간을 사용하다 보니 행복을 깨우치는 데 필요한 사색의 시간을 그만큼 가질 수가 없어 결국 물질의 포로가 되어 일생을 마감한다.

이와 같이 부자는 부자대로 가난한 자는 가난한 대로 물질에 대한 집착 때문에 행복을 깨우치는 시간을 그만큼 가질 수 없다는 것이다. 다시 말하면 물질의 양극화는 진정한 문화의 창달에 핵심적 장애물일 수밖에 없다는 것이다.

부자도 가난한 자도 물질의 관리나 물질의 결핍에 대부분의 시간을 소모해야 하고 그만큼 사색의 시간을 빼앗겨 양쪽 모두 불행을 자초하는 것이다.

문제는 이러한 인간사회의 불행에 대한 책임이 부자들에게 더 많이 있다는 것이다. 그들은 '가난한 자들이 게을러서 놀고 있을 때 성실하게 일하고 아껴서 부자가 되었는데 무슨 책임이 있는가?'라고 반문하겠지만 결코 그렇지만은 않다. 이 사회에는 더 성실하고 진정하며 능력을 가진 가난한 자들이 부자들의 수보다 훨씬 많고 탐욕을 절제하는 배려가 있어 물질과 직위라는 행운을 잡는 데 나서지 않았음을 부자들은 명심해야 한다.

부자들이여!

이제부터 생각을 바꿔 넘치는 물질을 주변부터 베풀어라.

그리하면 진정한 자본주의 시대가 열리고 인문이 한층 더 성숙되며 인간사회의 소통과 행복의 폭이 한층 더 넓어질 것이다.

144 정치인들이여!

지구나이 46억년을 1년으로 축소 설정하면 6500만 년 전 공룡의 멸종이 약 5.16일 전의 일이고 3만 년 전 현생인류의 탄생이 약 3.43분 전의 일이며 공자의 탄생은 17.15초 전이며 예수의 탄생은 13.72초 전의 일이다, 그리고 지금으로부터 145년 전이 바로 약 1초에 해당한다.

이 145년은 과연 무엇을 의미하나?

1869년부터 오늘날까지의 세월을 말하며 그 이전에 인류가 사용했던 총에너지보다 더 많은 에너지를 낭비했고 환경도 수천 배 이상 오염시킨 세월이다. 1년 동안 공들여 만들어진 지구라는 멋진 집을 1초라는 순간에 폭파시켜 버린 자가 바로 인간이라는 것이다. 지구가 얼마나 무서운 속도로 망가지고 있는지를 느끼고 있는가?

인간은 윤리와 도덕, 그리고 양심과 철학을 중시하는 만물의 영장이라고 자화자찬하지만 지구의 입장에서 보면 천하의 몹쓸 놈이요, 윤리도 도덕도 양심도 철학도 없는 파멸적 동물이다. '어찌 이런 괴물이 나타나 대자연을 파괴하고 있는가?'라고 한탄할 것이다.

이제 화석원료(석유나 천연가스 등)도 35년 후면 지구상에서 사라진다고 한다. 인간이 다 소비한 것이다. 그 때가 되면 비행기와 전투기, 그리고 대형화물선과 항공모함, 그리고 기름자동차들은 쓸모가 없다. 수출입도 난관에 부딪히고 전쟁조차도 무의미하기에 군인이나 조종사나 선장, 택시기사 등은 아마 농업에 종사하게 될 것이다. 각종 산업이 에너지부족으로 생산력이 크게 약화되어 실업률이 폭등하고 유통비용이 폭증하여 자급자족의 농경생활로 회귀할 수밖에 없다.

지금부터라도 평화공존과 무관한 에너지를 낭비하는 분야(군사훈련, 자가 승용차, 사치 향락산업 등)를 서서히 멈추게 하고 에너지 절약 방안을(버스, 부품규격화, 재활용 등) 확대하여 전세계가 함께 동참할 수 있는 법안을 만드는 권한을 가진 세계적 정치지도자가 절실하다.

이 법안이 시행되면 화석연료 사용량은 엄청나게 절약되어 후손에게 그 에너지를 물려줄 수 있으며 대체에너지 개발의 시간을 그만큼

벌 수 있다. 이러한 역할을 담당해야 할 유일한 분야가 정치다.

그러나 정치인은 환경과 에너지에 대한 실체적 대안도 없이 권력유지에만 몰입하고 있다. 이념과 포퓰리즘으로 국민을 희롱하며 에너지고갈과 재정파탄, 그리고 환경파괴라는 '폭탄 돌리기' 게임을 즐기고 있는 것이다.

정치인들이여!

이제는 사회여론에 끌려다니며 마치 경제인처럼 행세하는 정치를 던져 버리고 대중의 영혼을 살찌우고 사회여론을 만들어내는 설득의 정치로 에너지 보존과 지구환경을 살려야 한다. 만일 인간이 멸종되고 포유류의 일부만 남아 2000만년의 진화 끝에 다시 신인류가 나타난다면 그 때의 고고학자들은 이렇게 결론을 내릴 것이다.

'2000만 년 전에 지구에 나타난 인간들은 스스로를 만물의 영장이라고 자처하며 수많은 종교를 만들고 그 종교이념이 제각각 다른 신들을 탄생시키면서부터 신들의 영혼에 따라 인간의 영혼이 갈가리 찢어지며 전쟁을 시작했고 그 이후 영혼의 분열을 막아보겠다며 나타난 정치는 종교보다도 더 정예화된 군대를 만들면서 더 큰 전쟁과 대학살을 자행했다.

그리고 정치권력이 선거제도에서 나오는 민주주의가 탄생되고부터는 난해하고 힘든 정치철학을 요하는 정치와 교육과 사법의 혁명적 개혁보다는 경제나 복지같이 대중들의 눈높이에 맞추어 표밭을 일구는 '외형적 성과주의'에 올인하는 포퓰리즘 정치가 득세하면서 폭발적인 환경파괴와 에너지 과소비로 이어지며 멸종해 갔다'라고….

정치인은 경제인과 다르다.

145 출판인들이여!

인간은 기록하는 동물이다.

태초의 인간들 중에서 감성이 뛰어난 자들은 동굴의 벽이나 바위에 자신의 생각이나 느낌을 그림이나 암호로 남겼다. 그들은 왜 기록을 남겼을까?

그 이유는 두 가지다.

첫째는 자신의 창조적 능력을 표출하기 위한 감성적 즐거움이었고, 둘째는 생존과 사랑에 유리한 고지를 차지하기 위한 이성적 몸부림이었다. 이러한 창조적 능력은 기록으로 남겨져 후세들의 영혼에 영향을 주었고 전통과 관습이나 사회문화로 이어졌다.

역사란 인간이 창조한 기록문화를 집대성한 것이며 오늘날 인간사회의 정체성을 조각한다. 이러한 기록문화는 인간사회를 풍요와 행복을 주기도 하고 가난과 불행을 주는 양면이 존재한다는 의미다. 자신과 자신의 후손만의 영달을 목표로 한 기록문화도 사회유익의 개념으로 화려하게 포장되어 대중문화로 자리 잡게 된 것도 있다는 것이다.

대중들은 이 두 가지 기록문화를 구분하지 못하고 모두 맹신하며 자신도 모르게 중독되어 있다. 예를 들어 선과 악, 그리고 신과 귀신 등이 스며든 기록문화다. 이러한 적대적 개념의 흑백문화가 제례문화나 종교문화, 그리고 어린이 동화 등 사회전반에 스며들어 대중들에게 '선이나 신의 가면'을 씌우고 이중적 영혼을 부추기며 대중사회를 병들게 하고 있다.

이러한 병든 기록문화를 여과해 내고 수준 높은 대중문화로 자리 잡게 하는 유일무이한 분야가 있다. 바로 태초의 기록문화의 혈통을 이어받은 출판문화다. 출판문화가 바로 서야만 지식인들의 영혼이 올바르게 형성되고 대중적 언론과 미디어, 그리고 정치까지 그 영향을 미친다.

거꾸로 말하면 출판문화가 올바른 인문으로 무장되어 있지 않으면 그 외의 분야는 아무리 올바른 길을 찾으려 해도 '삐뚤어진 기둥 위의 지붕'처럼 바른 모습을 유지할 수가 없다.

출판은 이처럼 중요한 분야다. 출판이야말로 성공을 위한 사업이기 이전에 인류를 위한 사명이다. 그러나 오늘날의 출판인들은 자신의 중차대한 직분을 잘 모르고 있다. 그리하여 적대적 개념의 비논리적 흑백문화를 억지 논리로 짜맞추고 대중들의 관심을 집중시켜 소모적 논쟁거리로 확대 발전시키거나 자신을 제외한 다른 분야의 문제점만을 부각시켜 비판과 개혁의 칼날을 세우며 어깨를 으쓱거리고 있다.

자신의 눈에 낀 대들보는 보이지 않고 남의 눈에 낀 가시를 가리키며 조롱대거나 격노하고 있는 것이다. 주객이 전도된 형상이다. 어찌 인간문화가 올바로 서겠는가?

출판인들이여!

그대들은 태초의 기록자들의 후예이며 인간사회의 행복을 좌지우지하는 창조의 태반임을 알아야 한다. 그대들의 영혼 속에 들어 있는 생각들이 바로 미래사회의 모든 제도로 구체화되고 있음을 직시해야 한다.

그러므로 그대들은 지식인으로서 만족해서는 안 되며 지성인의 자태를 지녀야 한다. 그대들은 정치인, 법조인, 언론인, 종교인, 교육인보다도 더 중요한 사명을 갖고 있다는 자부심으로 가득 차야 한다. 그대들이야말로 탐욕을 버리고 이 세상을 이끄는 '타당한 논리의 쌍두마차'가 되어야 한다. 인간의 미래는 바로 그대들이 내뿜는 열정과 사색의 방향에 따라 결정되기 때문이다.

신인문 출판문화가 절실하다.

§ 에필로그

인간의 몰락이 다가오고 있다.

그 몰락의 핵심적 원인은 바로 인간의 탐욕이다.

온 세상이 영혼과 물질에 대한 탐욕으로 가득하다.

동물이나 어린아이에게는 찾아볼 수도 없는 성인들의 탐욕은 도대체 어디서 나왔을까?

그것은 너무나 간명하다.

본성은 욕심을 낳았지만 이성은 탐욕을 낳았다. 인간이 가진 두 가지 이성(합리적 이성과 변질된 이성) 중에 변질된 이성이 바로 탐욕을 낳은 원흉이다.

이러한 탐욕은 모순된 사회제도를 만드는 핵심적 매개체가 되어 '이념갈등으로 인한 전쟁'과 '부의 편중으로 인한 양극화' 그리고 '사치와 과시로 인한 지구환경의 파괴'로 이어지면서 인간의 몰락이 온다는 것이다.

구인문 역시 이러한 인간의 몰락을 막을 해결책을 만들지 못해 그저 물끄러미 바라보며 함께 몰락하고 있다.

그 이유는 두 가지다.

첫째는 탐욕을 걸러내고 꿈과 욕심만을 가지게 하는 논리적인 인문을 만들지 못하고 '탐욕과 욕심을 함께 버리라'고 외치기만 했으니 마치 축구는 위험한 운동이니 달리지 말고 하라는 격이고, 둘째는 이성 속에 탐욕의 결정체가 들어 있다는 것도 모른 채 욕구나 욕심 밖에 없는 본성에서 탐욕의 뿌리를 찾기 위해 선악이라는 비논리적 개념까지 도입하려 하였으니 마치 해답이 없는 곳에서 해답을 찾고 있는 격이다.

좀 더 쉽게 접근해 보자.

인간들은 동물들의 먹이다툼을 탐욕의 상징처럼 말하지만 그들은 본성만으로 살아가야 하기에 아무리 사납게 다투어도 욕심일 뿐 탐욕이 아니다. 그러나 인간은 본성과 이성으로 살아가기에 맛있는 음식을 혼자서 먹으려는 본성적 욕심을 이성으로 억제하고 함께 나누어 먹는 품격을 지니고 있지만 그 이성에 의해 파생된 변질된 이성으로 성공과 출세와 물질축적에 집착하는 탐욕도 있다는 것이다.

오늘날의 갑부나 재벌들을 보면 더욱 분명해진다.

그들은 자녀들에게 구인문의 글귀를 단골메뉴로 인용하면서 탐욕을 버리고 예의와 격식을 갖추도록 교육을 시킨다. 그러면서도 어린 자녀들에게 수십억의 주식을 편법으로 상속하려는 데 혈안이 되어 있다. 이러한 탐욕의 극치를 자녀에 대한 사랑과 배려로 생각하는 이중성과 교활함에 빠져 있는 것이다.

이러한 불로소득을 증여받는 자녀들은 땀과 노동을 통해 자신과 물질의 가치를 깨우치려 하지 않는다. 그들은 다양한 체험을 할 수가 없는 환경 속에 갇혀 부모로부터 탐욕을 위한 치밀한 전술과 전략을 배우며 탐욕의 대를 잇는 데 여념이 없다.

이와 같이 탐욕이 배려와 상식으로 통하는 세상이 바로 오늘날 구인문의 한계이며 현주소다.

'노블리스 오블리제'라는 용어도 따져봐야 한다.

탐욕자들의 이중성을 감싸 주는 전형적인 개념이다.

물질탐욕의 증거(재산)를 산더미처럼 쌓아 놓고 있다는 것 자체가 이미 도덕적 의무를 져버리고 있는 것이기 때문이다.

한 사람이 엄청난 부를 축적하면 할수록 더 많은 서민들이 더 많은 경제적 고통을 당하는 것은 상식이다. 서민에게 고통을 주는 자는 도덕적 의무를 따지기 이전에 부도덕이라는 것이 신인문의 논리다.

'노블리스' 자체가 계급을 의식하는 비도덕적 용어인데 '오블리제'라는 용어와 함께 사용하는 것 자체가 이중성과 모순의 극치를 보여 주고 있다는 것이다. 이처럼 논리는 없고 생색만 있는 '노블리스 오블리제'야말로 계급(귀족)적 사고이며 사라져야 할 용어다.

이와 같이 구인문의 구조적 모순은 리모델링(인문개혁)으로 해결할 수 없다. 수천 년 동안 계급사회로 인한 양극화와 물질탐욕, 그리고 끝없는 증오와 전쟁으로 얼룩져 있는 인류역사의 발자취가 너무나도 분명하게 반증해 주고 있다.

기둥뿌리를 뽑는 인문혁명만이 인류를 구원할 수 있다.

이 길을 가장 먼저 닦아야 할 사람이 있다.

바로 직위나 학식이 높은 자들이다. 그래도 이들 중의 극소수는 신인문의 논리에 깊은 관심을 가지고 집중하는 영혼들이 존재하기 때문이다.

이들이 가장 먼저 실천해야 할 일이 있다.

갑부나 재벌의 탐욕을 지성인답게 꾸짖으며 스스로는 반드시 서민적 삶을 살아가는 것이다. 배움의 가장 큰 목적은 스스로 탐욕을 버리면서 탐욕자들에게 나눔의 행복을 깨우치게 하는 일이기 때문이다. 이러한 지성인들이 점점 늘어날수록 1%의 슈퍼물질자들은 재산증식의 기쁨과 희열을 부끄럽고 치욕스럽게 생각하는 사회로 진화하기 때문이다.

그리고 오늘날 사회를 올바로 이끌어야 할 법조인과 교육인, 그리고 언론인도 깊이 참회하기를 바란다. 특히 정치인과 출판인은 대중 앞에 무릎을 꿇고 참회해야 한다.

신인문의 현실화는 이렇게 시작되는 것이다.

마지막으로 이 책을 만들도록 생명을 준 부모님, 그리고 사색과 지혜를 깨우쳐 준 험난했던 인생체험과 사랑을 깨우쳐 준 주위의 모든 분들, 정말 감사하고 사랑합니다.

신인문이란 무엇인가

1판 1쇄 인쇄 / 2014년 04월 10일
1판 1쇄 발행 / 2014년 04월 20일

지은이 / 박용수
편집 기획 / 김범석
교정 교열 / 임성례
디자인 / 라인북

펴낸이 / 김영길
펴낸곳 / 도서출판 선영사
주 소 / 서울시 마포구 서교동 485-14 영진빌딩 1층
TEL / (02)338—8231~2 FAX / (02)338—8233
E—mail / sunyoungsa@hanmail.net
Web site / sunyoung.co.kr

등 록 / 1983년 6월 29일 (제02—01—51호)

ISBN 978—89—7558—054—3   03130

·잘못된 책은 바꾸어 드립니다.
·이 책은 헤움디자인(주)에서 제공하는 서체로 제작되었습니다.